高校大学生创新创业教育改革实践路径研究

韩畅畅 ◎ 著

线装书局

图书在版编目（CIP）数据

高校大学生创新创业教育改革实践路径研究 / 韩畅畅著. -- 北京：线装书局，2024.4
ISBN 978-7-5120-6098-2

Ⅰ．①高… Ⅱ．①韩… Ⅲ．①大学生－创业－研究 Ⅳ．①G647.38

中国国家版本馆CIP数据核字(2024)第088706号

高校大学生创新创业教育改革实践路径研究

GAOXIAO DAXUESHENG CHUANGXIN CHUANGYE JIAOYU GAIGE SHIJIAN LUJING YANJIU

| 作　　者：韩畅畅 |
| 责任编辑：曹胜利 |
| 出版发行：线装书局 |
| 　　地　　址：北京市丰台区方庄日月天地大厦B座17层（100078） |
| 　　电　　话：010-58077126（发行部）010-58076938（总编室） |
| 　　网　　址：www.zgxzsj.com |
| 经　　销：新华书店 |
| 印　　制：廊坊市广阳区九洲印刷厂 |
| 开　　本：710mm×1000mm　1/16 |
| 印　　张：13 |
| 字　　数：200千字 |
| 版　　次：2024年4月第1版第1次印刷 |
| 定　　价：78.00元 |

前　言

目前我国就业市场严峻，大学生在毕业时往往面临着艰难的就业空窗期，毕业生人数过多，形势严峻。大学生创业可以拉动就业市场，缓解就业压力。我国目前正在极力推荐大学生开展自主创业，政府也推出一系列鼓励措施，启动资金的支持、创业技术的指导、政策的配合与人才的聚集等，为大学生创业提供便利条件。大学生在校期间进行创业，不仅有助于缓解大学生就业压力，还有助于学生积累社会经验，在过程中发现自身优势，为自身增加资本，促进社会发展。

大学生创业者作为团队的决策者，具有良好的管理能力尤为重要，只有具备良好的管理能力，可以将整个团队凝聚起来，整个团队才能更好地进步，工作效率才能提高。除了需要具备良好的管理能力，大学生创业者还需要具备市场分析能力，创业本就是一件有风险的事情，大学生创业者只有具备良好的市场分析能力，才能更好地判断市场前景，抓住机遇、把握时机，做出正确的决断，对公司执行的项目做最准确的判断，为后续发展奠定良好基础。

在当今社会，科技发展快速，很多工作机器都可以代替人工开展，大大节省了人力成本，各种公司出现一系列裁员行动，这不仅标志着在职人员就业困难，也表明毕业生就业时会出现的困难。因为科技进步、岗位紧缺，即使大学生能力及知识面越来越广泛，也无法阻挡就业困难的局面，随着岗位的减少、大学生数量的增加，毕业生面临着毕业即失业的局面，很多大学毕业生赋闲在家。面对这一难题，国家推出新政策，鼓励大学生自主创业。创业作为另一种形式的就业，不仅有助于缓解毕业生工作困难的局面，也有助于为社会提供更多岗位，帮助更多人获得就业机会。

由于作者水平有限，时间仓促，书中不足之处在所难免，恳请各位读者、专家批评指正。

目 录

第一章 社会创新概述 ……………………………………………… 1

第一节 社会创新与"大众创业、万众创新" ……………………… 1

第二节 社会创新模式在不同领域中的应用 ……………………… 3

第三节 小岗村、中关村与人人创客 ……………………………… 26

第四节 激发中国社会创新活力的策略 …………………………… 35

第二章 创业的内涵解读 …………………………………………… 44

第一节 创业的内涵概述 …………………………………………… 44

第二节 创业的动机与动力 ………………………………………… 71

第三节 创业的主客体关系研究 …………………………………… 83

第三章 创业机会与创业风险 ……………………………………… 106

第一节 创业机会识别 ……………………………………………… 106

第二节 创业机会评价 ……………………………………………… 115

第三节 创业风险识别 ……………………………………………… 122

第四章 大学生创新创业教育路径分析 …………………………… 137

第一节 创业者创新创业观念教育 ………………………………… 137

第二节 创业决策能力教育 ………………………………………… 155

第三节　创新创业教育工作方法探索 ··· 163

第五章　高校大学生创业教育的实施 ··· 180

　　第一节　大学生创业教育的基本理念 ··· 180
　　第二节　大学生创业教育的发展概述 ··· 189
　　第三节　实施大学生创业教育的体系构建 ··· 194

参　考　文　献 ··· 200

第一章 社会创新概述

第一节 社会创新与"大众创业、万众创新"

当人类文明从工业社会向知识和服务社会转型时,社会文化、组织结构以及人的行为方式都会随之发生重大变化。新旧更替随处可见,创新领域也不例外。种种迹象表明,创新范式正在发生变化,这种变化是根本的,是"创新的创新"(innovation in innovation)——一种被称为"后熊彼特创新机制"(post-Schumpeterian innovation regime)的创新范式正在悄然兴起,那就是"社会创新"。

社会创新本质上就是众人参与的创新。创新不再是政府、科研院所和企业研发中心的专属,越来越多的社会人士也能参与其中。社会创新同时也是对人的世界观进行的一场认知革命。

一、对"大众创业、万众创新"的思考

鼓励社会成员广泛参与创业与创新,为他们创造良好的社会价值导向,是值得肯定和提倡的。如果要进一步认识和理解"大众创业、万众创新",则需要更深入的逻辑分析。

首先,在充分就业的情况下,大众创业会减少劳动力供给,发动大众进行创业,就会给就业市场带来负面影响,从经济发展的角度看,需要衡量就业和创业哪一个对经济影响更大。同时,还需要厘清创新和创业之间的关系,创业不一定有创新支持,创新成果也不一定会促成创业。没有创新支撑的创业,对社会就业有带动效应,对国家发展有活跃经济的作用,但对经济增长的作用有待考证。尤其在充分就业的情况下,创业与就业哪个对经济影响更大?关键看创业是否有创新依托。一般情况下,大公司在创新方面活跃度不高,所以包括美国在内的发达国家十分鼓励发展中小企业,从某种意义上来说也是鼓励创新。也就是说,除非

创业是有创新基础的，否则很难断言创业优于就业；如果创业是有创新支撑的，创新创业就会促进经济增长。

其次，如果社会就业不充分，提倡创业是有空间的，但此时失业者或对就业不满意者会自发性地创业。在这种状况下，政府除了倡导大众创业之外，更为重要的是降低创业的成本，放松城市管制，清除创业创新的人为壁垒，为有意愿、有能力的创新创业者提供一个自由、公平的竞争环境。在不充分就业情况下，创业与创新之间没有必然的联系。因为人们在意的是工作机会，这个工作机会可能是他人给予的，也可能是自己创造的。

二、"大众创业、万众创新"与社会创新之间的关系

二者的相似之处在于，它们都是一种创新创业的社会行为，都提倡让创新和创业走出大学和科研机构。

首先，社会创新是有科技需求、有平台、有组织的创新模式，平台和组织能够发挥聚集创新要素的作用。随着社会创新模式逐步兴起，一些专门从事开放创新服务的平台或网络也随之快速成长，其中比较知名的平台有 InnoCentive、X 大奖、TopCoder、"哈佛催化剂"等。这些平台虽然服务领域各有侧重，但其基本运作方式是相同的，即为有解决具体科技问题需求的部门（科技需求方），和愿意为这些问题提供解决方案的人（科技供给方）搭建一个平台和空间，提供专业的组织和中介服务。社会创新有别于"大众创业、万众创新"的重要一点是社会创新是有平台、有组织、有较完善的评估系统。目前，国内的众创空间更多的是为具有共同兴趣爱好的人提供一个可以共享的物理空间，并没有具体的创新需求，也没有专业的平台和组织者，更没有为解决具体的科技挑战而将供需双方组织在一起。

其次，社会创新模式下政府是创新的需求方，而不是供给方。比如，在社会创新模式下，美国的政府机构部门都会通过社会创新的方式向公众"发包"科技难题，鼓励社会人士参与"科技挑战赛"，大赛的奖励和规则公开、明确，通过挑战赛来推动科技进步。比如，美国国家航空航天局（NASA）的开放式创新工程是寻求开发一些研究和技术问题的创新性解决方案，这些问题往往是在短期或是长期内持续影响载人航天领域中人的健康和工作的挑战。NASA 会将这些挑战通过第三方开放创新平台（如 InnoCentive、Yet2.com 和 TopCoder）发布给国内外的参与者。这些试点项目已经证明，社会创新模式能够有效解决 NASA 所面

临的研究和技术问题。再如，具有浓郁军方背景的政府机构美国国防部高级研究计划局（DARPA），其无人驾驶汽车项目和机器人项目都采用了社会创新的方式向全球发起"超级挑战赛"。目前，在"大众创业、万众创新"的大潮中，政府的角色更多的是鼓励大众投入其中，推动创新创业的供给，而没有与之对应的需求。如果供给多于需求或者相对盲目地供给，都有可能引发泡沫或是过剩的风险。

再次，社会创新需要社会信任做支撑，如果没有社会信任，社会创新不会持久发展。开放性是社会创新模式的显著特点，在开放的氛围中如何保证参与者的智力和技术成果不被盗用和窃取？参与者的利益保障和参与过程的公正透明除了需要专业平台具有很高的组织能力之外，更需要社会信任的支撑。社会创新模式之所以在美国能够成功，一个很重要的因素是其建立在社会信任基础之上。

第二节 社会创新模式在不同领域中的应用

社会创新作为一种开放式创新模式，在社会各个部门都有运用，无论是在政府及其附属机构部门、高校及专业的科研机构、非营利性组织和社团，还是在企业等商业组织，甚至在一些家庭中都越来越受欢迎。更有趣的是，社会创新活动会将更加开放的文化和精神带到这些原本相对封闭的部门，这将有利于激发这些部门之间的合作和创新，从而进一步推广社会创新模式。

一、政府机构：DARPA超级挑战赛和NASA的开放式创新

（一）NASA的开放式创新项目

NASA的开放式创新项目试图寻求一些研究和技术问题的创新性解决方案，这些问题往往是一些在载人航天领域面临的关于人的健康和工作的挑战。

NASA会将这些挑战通过第三方开放式创新平台，如InnoCentive、Yet2.com和TopCoder，发布给国内外的潜在参与者。这些试点项目已经证明，开放式创新模式能够有效地解决NASA所面临的研究和技术问题。

(二)NASA的开放式创新动机

2005年,NASA对如何支持雄心勃勃的太空探索计划——星座计划(Constellation Program)做出了决定。所谓星座计划,就是一次将多人送到月球,并在月球工作生活数月,其最终目标是将人类送往火星,然后在那里展开至少为期两年的探索和研究。因此,这项宏伟计划需要以一种意想不到的方法来准备和计划,以便人类更好地在生活空间和基本生存上取得平衡。

星座计划需要巨额投资,但在计划的启动和运行过程中,研发经费却被削减了45%。NASA的太空生命科学理事会(Space Life Sciences Directorate,SLSD)主管杰夫·戴维斯(Jeff Davis)博士说:"我们已经知道这些资金是不会再补给了,并且我们认为无法把剩下的45%的工作扔下不管,因此,我们需要以一种全新的方式完成整个计划。"于是,戴维斯和他的团队开始寻求新的工作方式和资金来源,甚至尝试进行自我创新。

2006年年初,戴维斯及其团队对星座计划进行了一次愿景分析,发现了该计划可能出现的4种愿景,最后,他们选择了其中一种愿景——形成外部联盟来撬动星座计划的内部工作。2007年,他们实施了外部联盟计划,通过外部创新平台来协同实施星座计划。但在具体实施过程中,却同样面临着诸多问题。如同戴维斯所言:"清楚地界定星座计划的所有工作是一个彻底的过程,接下来是评估哪些工作需要我们内部完成而不能泄露出去,然后绘制工作图表,最后还要对图表中每一个区域的工作内容的创新模式进行甄选,如创新商城、创新社区、创新精英或是创新联盟,确定哪一个模式最为适合。在上述过程中要十分小心,有大量的分析工作要做,否则就会错失机会。"完成上述过程他们用了4年的时间。

2009年12月,NASA在InnoCentive上先后公布了3个创新竞赛:"在太空中使用的食物保鲜包装材料(技术)""一套用于太空舱的紧凑、有氧和抗阻力运动装置"和"通过数据预测太阳活动"。2010年,美国行政管理和预算办公室(Office of Management and Budget)公布了使用奖金来激发创新的指导意见,NASA的努力已经作为一种联邦政府层面的战略得到认可。自此,戴维斯和他的团队通过开放式创新网络平台InnoCentive开始了开放式创新的试点项目。

(三)NASA 的开放式创新项目

如上所述,2007 年,NASA 太空生命科学局编制了一套创新联盟战略,以期寻求外部的力量共同解决相关研发和科技难题。该战略非常明确地指出,通过开放式创新的参与者提供的方案来解决 NASA 所面临的外部挑战。加州大学伯克利分校开放式创新中心的亨利·切萨布鲁夫(Henry Chesbrough)教授认为,开放式创新实质上就是一个范式,当企业需要技术创新和升级时,也应该利用外部思想,并协同内部思想一起迈向市场。开放式创新战略要求 NASA 能够将其面临的研发和技术问题分解并转化成不同的挑战,然后通过第三方开放式创新平台设立挑战奖项,鼓励更多不同背景和领域的人参与其中。

与传统的内部创新模式相比,开放式创新能够给 NASA 带来更多更具创新意义的技术、研究、服务和软件代码等。为此,他们还在开放式创新平台 InnoCentive 上专门创建了"NASA 创新馆"(NASA Innovation Pavilion),通过该平台,NASA 已经解决了十多项挑战。2010 年年底,NASA 已经完成了开放式创新的试点项目,并对开放式创新在未来解决 NASA 面临的研发和技术问题上进行了评估和推荐。推荐会上评估和对比了外部获取解决方案与内部获取解决方案两种模式的成本,包括实际的服务成本、员工投入的时间和培训时间等,不管使用哪种商业模型进行测算和对比,开放式创新的成本都要低于传统的内部创新模式。除此之外,开放式创新带来的另一个巨大价值是节约时间,与需要花费数年时间来完成一项具体的挑战相比,通过开放式创新这一模式,就可以在短短的几个月,甚至几周的时间内完成界定问题、发布、方案提供、评估等整个过程。

节约成本和时间是开放式创新模式显而易见的价值,除此之外,它还有一个更大的潜在价值,那就是多样化。为了使用开放式创新模式,NASA 需要将其面临的具体的专业性问题转换和翻译成通用的语言来进行表述,这样便可以让来自世界各地各领域的人参与其中。通过 NASA 的试点项目可以看出,这些参与者或在一项挑战中进行合作,或与 NASA 结成了合作伙伴关系。与传统创新模式相比,开放式创新给 NASA 带来了更加丰富和多样化的合作者以及更多的机遇。

既然开放式创新有诸多好处,NASA 在试点项目结束后便制定了更加明确的步骤和目标,以尽可能有效地利用和适应开放式创新模式,进而加快政务开放的步伐。

(四)NASA 开放式创新平台的合作——以 InnoCentive 为例

从前文可知，NASA 的开放式创新是通过与第三方开放式创新平台的合作来推行的。截至目前，共有 3 个开放式创新平台参与其中，包括最早合作的平台 InnoCentive 以及后来的两个平台 Yet2.com 和 TopCoder。现在以 InnoCentive 为例说明 NASA 在该平台上实施的项目。NASA 与 InnoCentive 一起在 InnoCentive 平台上专门设立了"NASA 创新馆"，通过该平台，NASA 已经向公众发布了 11 项挑战项目，其中 9 项已经完成，还有 2 项正在进行中。

当然，NASA 除了与 InnoCentive 合作之外，与其他的开放式创新平台也展开了合作，如 Yet2.com 和 TopCoder。2014 年 8 月，NASA 就将一项巨额奖金竞赛放在了 TopCoder 平台上——平流层飞艇设计竞赛。NASA 计划投资 400 万美元用于平流层飞艇设计竞赛，要求该飞艇具备人造卫星的基本功能，但成本要比火箭和卫星低很多。平流层飞艇是一种可以长期悬浮于平流层的高空浮空器，用于对地球表面进行军事与民用侦察。竞赛于 2015 年举行，要求飞艇能够漂浮在 2 万米高空超过 20 个小时，有效负荷达到 20 千克，并能携带监控设备和太空望远镜。

(五)DARPA 超级挑战赛

美国国防部高级研究计划局（DARPA）是美国国防部重大科技攻关项目的组织、协调、管理机构和军用高级技术预研究工作的技术管理部门，主要负责高新技术的研究、开发和应用，所承担的科研项目多为风险大、潜在军用价值大的项目，一般也是投资大、远期、跨军种的项目。自成立以来，DARPA 的发明创新影响深远，其中包括互联网、全球卫星定位系统（GPS）、医用机器人、智能假肢、即时翻译设备、无人驾驶汽车、高超音速飞机、隐形战斗机……DARPA 已经为美国成功研发了大量先进武器，为美国积累了雄厚的科技资源储备，同时引领着世界军民高科技研发的潮流。

现在，DARPA 将目光转向无人驾驶汽车和机器人领域。我们可能不会质疑 DARPA 所投资的研究项目，但其所采用的研究方式却是我们意想不到的：无人驾驶汽车项目和机器人项目采用了开放式创新模式——众包。为此，DARPA 向全球发起了超级挑战赛。更令人难以相信的是，DARPA 的所有挑战类项目都是公开进行的。

(六)DARPA 超级挑战赛的历史背景

无人驾驶汽车曾经是很多国家多年追求的目标。比如，日本在 1977 年便开始了这方面的探索，德国的恩斯特·迪克曼斯（Ernst Dickmanns）教授开发的无人驾驶汽车 VaMP、意大利的 ARGO 项目、欧盟的 EUREKA 普罗米修斯项目等，另外还有包括美国在内的其他国家也在探索着。

DARPA 的超级挑战赛是世界上第一次无人驾驶汽车的长距离竞赛，这也是该领域的首次开放式创新尝试。国际上其他科研机构在无人驾驶汽车领域仍然采用传统的商业模式和学术方法。超级挑战赛由美国国会授权 DARPA 组织开展无人驾驶汽车大赛，奖金额度为 100 万美元，以激励机器人开发。美国国会的最终目标是想在 2015 年之前用机器人取代 1/3 的地面军力。大赛是开放性的，欢迎世界各地的团队和组织参加，只要团队中至少有一名美国公民即可，参与的团队成员来源广泛，高中、大学、企业和其他组织的都有。2004 年，也是大赛的第一年，便吸引了超过 100 个团队前来注册，他们为本次大赛提供了更加多样化的技术背景。大赛的第二年，也就是 2005 年，已经有来自美国 36 个州和其他 4 个国家的 195 个团队进入比赛。

我们相信，作为美国国防科技最核心部门的 DARPA，仍然会继续其前沿科技领域的"超级挑战"。公开挑战赛的创新方式不仅给 DARPA 带来了远超预期的结果，而且也以惊人的速度推动着前沿科技火速前进，这些成果的取得主要源于开放式创新对社会创新资源的充分激发和使用。在美国，公开挑战赛的方式在政府部门、科研机构、商业机构等各类组织中越来越受欢迎。

二、企业组织：IBM的新商机

社会创新作为企业创新的新范式，其特点主要表现为：

综合性。企业社会创新包含的范围比较广泛，不局限于某项具体的技术创新、产品创新、管理创新、营销创新等，企业社会创新更加倾向于上述创新的组合或是综合。

开放性。企业社会创新需要跨越企业的边界，综合利用企业内部和外部资源，有意识地利用信息和知识的流入及流出来加速企业创新，同时利用外部创新来扩张市场和扩大影响力。

多方参与。员工、顾客、供应商、环保主义者、非政府组织、政府等多方利益相关者是企业社会创新的重要驱动因素、参与者和实现者，只有让更多的利益相关者更加深入地参与其中，企业社会创新才能获得源源不断的动力和成果。

超社会责任。企业社会创新已经远远超越了现有企业社会责任的要求，企业社会责任向企业社会创新的转化建立在创新（innovation）、影响（impact）和投资（investment）的基础上，包括寻找更新、更好的解决方案以提供更多的价值；考虑多重底线的影响而非单一利润导向；长期投资而非简单慈善。

下面以IBM的案例对企业的社会创新加以诠释。

IBM研究院在全球的6个国家中拥有8个研发中心和共计3200名研究人员，是世界上最大的企业研究组织。IBM前任董事会主席兼CEO彭明盛（Sam Palmisano）每年都会访问位于美国纽约的约克镇高地的研发总部，以视察进展状况。

2006年年初，当彭明盛再次视察研发总部时，热情洋溢的科学家向其展示了研发的最新进展情况。其中一项科技是精准预测天气变化，甚至可以告诉一个学校之后会下多深的雪，学校就可以据此决定是否停课。另一项技术是"网络建筑"，购物者可以访问3D商店，并可以看到真实产品的3D展示。另外，还有一项新的软件技术能够实现实时翻译，比如将中国中央电视台的中文解说实时翻译成英文字幕。

之后，彭明盛约见了IBM首席科学家保罗·何恩（Paul Horn）。何恩说，"很明显，他非常满意"，但是彭明盛已经开始考虑下一个挑战了——如何将这些创新成果成功地商业化。IBM在这方面的表现不是特别有效。彭明盛说："让我们以一种全新的方式将这些创新更快地推向市场吧，或许我们可以跳出箱子想一想。"他认为，有IBM全球346000名优秀员工的支持，一定能够找到更快的方法将依托新技术的产品推向市场。

执行人员考虑用"Jam"一词来推进这些创新的商业化。"Jam"是IBM专有词汇，特指在线"大规模平行会议"（massively parallel conference），2001年首次被IBM开发。随着越来越多的员工选择在家工作，或是在客户端办公，而很少选择来IBM的办公室，"Jam"也由此诞生——由一系列相关链接的公告板、相互衔接的IBM内网网页，再加上一个集中控制系统，回复3天左右的时间内员工提出的重要问题，这样可以给员工一种参与和被倾听的感觉，同时还会产生很多有价值的思想和创意。刚开始，Jam可以同时容纳成千上万的人同时在线。2001年，Jam上已有52000份帖子，问题涉及的范围很广，比如"在一个日益变化的组织中如何工作""我们如何能够在IBM的指导下成长为C型雇员（C-suite）"。后来，Jam激发了一些改善IBM运营的创意，这个精心设计的系统可以浏览和评论大量帖子，成为激发公司产生行动的大课堂。

IBM决定使用新的Jam系统，但不同的是更新过的系统将能容纳更多人——"创新Jam"诞生。先后共有150000名IBM的员工、家庭成员、商业伙伴、客户、高校研究者参与了"创新Jam"，这是一个由来自104个国家和地区的参与者参与的24小时在线讨论系统，被"创新Jam"选出来的项目将会获得1亿美元的资金支持。这是一种发现IBM技术潜在价值的全新方式，它包括发现目标、进行分类和讨论、创建网站等8个过程，具体如下：

1. 确定目标。通过头脑风暴找到更快、更好的商业化IBM新技术。

2. 确定分类和科目，以供讨论。通过提供足够的技术创新信息，以引发讨论和激发新思想。

3. 建设网站。网站是提供技术信息数据和供参与者讨论的地方。所有专供Jam使用的网站都由IBM内部非常专业的人员开发，网站设计得非常友好，参与者可以比较方便地发布自己全新的思想。

"创新Jam"是两步Jam中的第一阶段，主要集中在2006年的7月，IBM此时在"创新Jam"网站上公布关键技术信息，并在此讨论新技术的应用。9月，Jam进入第二阶段，参与者可以再次完善他们最初的提议和想法，根据提议和想法的不同，他们被分成几个小组，每个小组都配置了专门的Jam网站，他们可以在专门的网站上共同努力把重要的想法转化成商业计划。

4. Jam阶段一。阶段一持续了72个小时，通过头脑风暴，人们在网站上为IBM的25个技术集的创新提供了大量的商业化想法，但是，事情并不像当初料想的那样，很多参与者登录之后仅只是看看而已。但参与者仍然提供了超过46000个提议，他们热情洋溢地表述了很多潜在的赚钱提议。其中一位来自印度的参与者这样写道："我们经常用数码相机拍摄照片和视频，但是电脑的储存空间有限，所以应该有一个网站能够供人们上传照片和视频，另外还应该有一个植入数码相机的装置，可以通过它将照片和视频传输和储存到远程服务上。"

一则评论这样描述"创新 Jam":"迄今为止,世界上最大的网上头脑风暴会议。"即使超过了 150000 位参与者,Jam 依旧能够实现有效管理,并挖掘出头脑风暴带来的成果。人们可以自由地表达他们的想法,Jam 是本着每一个想法都有价值的主张进行管理的。当然,Jam 也同时面临着很多大型头脑风暴活动所面临的困难。

5.Jam 阶段一后期。IBM 50 位高级经理和专业人士在 IBM 的研发总部——约克镇高地会集评论集聚的帖子、被志愿者强调的帖子、原始的帖子。他们一共被分成 9 个小组,其中每组 5~8 个人,每个小组负责一个相关议题。这些小组共同完成了"大创意"的雏形。

当然,头脑风暴中会产生很多不切实际,甚至与 IBM 业务毫无关系的想法。一位小组的组长说:"在网络上引导讨论要远远难于引导现实中的头脑风暴,很难让每一个人都按照既定轨道行驶,当你睡了 8 个小时之后,会发现很多论点都不知道是从哪里冒出来的。"

6.Jam 阶段二。参与者在 Jam 上修改阶段一产生的创意。让众多参与者集中在"大创意"上进行讨论是非常困难的,很多人在头脑风暴过程中只关注自己的想法和提议。

虽然在阶段二中要求参与者对阶段一中的提议进行完善,而且小组的管理者和专业人员已经非常细心地将对阶段一形成的"大创意"进行引导,但是结果发现,很少有建议是真正基于以前的提议的。

另外,经理们发现在 Jam 上产生的这些"大创意"很少有绝对原创的,那些提出"大创意"的人过去几乎都已向 IBM 的管理者们提出过。那么,Jam 的价值似乎是在更大的范围内将已有的思想和创意集合在一起。也就是说,Jam 帮助 IBM 倾听了之前已经被提到过的"大创意"(但目前尚无人知道怎么做),同时也倾听那些组成"大创意"的小提议,另外也可能有助于经理们思考如何将已有的创新成果成功推向市场。

7.阶段二回顾。类似于阶段一的回顾,同时使用了软件自动聚类(e-clustering)和人工回顾的方法,最终识别出了适合 IBM 业务组合和需求的真正创意。

早在 20 世纪 90 年代末,IBM 就首次开发了一款文本挖掘(text mining)软件,用来发现和运用复杂文本中最有价值的评论和思想。文本挖掘软件的原理是检查正常语句的单词,然后再将单词聚类。当软件开始检测 Jam 上的帖子内容时,发现很多句子中都含有"医疗"一词,或是同义词"健康",同时还包括"账单""收据"或是"支付",软件会据此创建一个 Jam 类别,叫作"医疗支付",相关的帖子就会被自动归类。如果经理们对医疗金融感兴趣,他可以立即回看该类别的所有帖子。

但是,软件同时也自动生成了很多虚假类别。比如,软件发现很多帖子中都有"会议"一词,并据此自动创立了"会议"类别。但实际上,"会议"只是参与者的随口一说,而不是真正的意指。由于软件的错误,专业人员还必须重新回顾和判别帖子的内容。据此,在 Jam 阶段一和阶段二过程中,专工和软件共同合作,有效地将帖子进行了归类。在阶段一中,50 位高级经理和专业人员用了一周的时间回顾帖子,并将其归为几十个"大创意"。在阶段二中,同样 50 个人对修正过的帖子进行了回顾,考虑哪些创意具有真正的商业价值,并且能够在 IBM 实现。

8. 提出新业务。彭明盛宣布,1 亿美元将会投向 10 个新的业务领域。经过阶段二,高级经理们已经准备对 IBM 应该进入的潜在业务领域进行提议。其中一些业务领域之前就曾被 IBM 的专业人士提议过,比如 3D 网络。另外一些在 Jam 过程中产生的新业务已经开始快速推行,如"大绿色"创新项目,旨在通过技术管理水资源,从而创建一个环境导向的新业务。2006 年 12 月,彭明盛宣布了能够获得 1 亿美元支持的 10 项新业务。

智能医疗支付系统(Smart Health Care Payment Systems)。通过小型个人装置,如智能卡,来覆盖整个理疗支付和管理系统,智能卡将自动追踪金融交易,处理保险理赔和更新个人健康电子记录。该项业务已经被成功孵化,一些产品现在已经成为 IBM 医疗业务方案的一部分。

简化式业务引擎(Simplified Business Engines)。开发一个直观的、易用的、预先打包好的 Web2.0,将其投放市场,专为中小型企业提供定制服务,它们可以根据自身的需求,利用 IBM 为其定制应用程序。该项业务已经成功渡过孵化阶段,现在作为一个业务平台服务于 IBM 的软件和系统业务单元。

实时翻译服务(Real-Time Translation Services)。在主要的语言之间提供先进的实时翻译服务,该项服务在很多产业和环境下具有广泛的应用前景,如医疗、政府、旅行和运输。该项目现已获得资金支持,以探寻各种商业模式和潜在客户。

智能公共网络（Intelligent Utility Networks）。通过植入智能的实时检测、控制、分析、模拟和优化系统，增加世界电网的可靠性和可管理性，该试点项目已经开发，并开始应用于公共事业。目前，该技术已经成为IBM公共事业部的核心产品。

3D网络（3D Internet）。与合作者携手，把最好的虚拟世界和游戏环境建设成一个无缝的、基于标准的3D网络。3D网络将是全球商业和日常业务运作的下一个平台，该项业务目前正在致力于工具开发，该工具可以由他人使用，实现自我开发界面友好的3D网络系统。

"数字化我"（Digital Me）。提供安全、友好的用户服务，该服务能够简化储存、管理和长期获取大幅增加的个人信息，包括数码照片、视频、音乐、健康和财务记录、个人身份证明文件等等。现在该业务已经被分为两个项目：一个是分析多媒体内容的管理服务，另一个是以用户为中心的个人信息管理服务。两个项目都被转移至IBM的研究部门，以做进一步的探索和开发。

无网点大众银行服务（Branchless Banking for the Masses）。该业务能够支持现有的和新的金融机构为一些新兴市场的人们提供远程的基本金融服务，比如支票、储蓄、支付和小额贷款等。该业务继续在新兴市场与各大银行合作，建立可行的小额信贷枢纽。

公共交通集成信息系统（Integrated Mass Transit Information System）。创建一个需求导向的综合管理和实时数据传播系统，该系统包括了所有城市和地区的交通体系，从而实现公交、铁路、高速公路、水运和航空的优化配置。该项新业务已经收到了来自英国、新加坡、澳大利亚和迪拜等国家和城市的订单，并更名为"智能交通系统"（Intelligent Transportation System）。

电子健康医疗记录系统（Electronic Health Record System）。创建一个标准的系统，能够支持自动更新，获取个人健康医疗记录，并与全球支付者、供应商交易系统一起集成病人数据信息。IBM已经决定放弃这个项目，因为其高管认为，关键决策者不准备投资于电子健康医疗记录系统。

"大绿色"创新（"Big Green" Innovation）。组建一个IBM的全新业务单元，集中将公司先进的专业知识和技术用于解决环境问题，如先进的水处理模型，通过先进的纳米技术和高效的太阳能发电系统实现水过滤。该业务已经被成功出售，并进行了初步的项目试点。

IBM"创新Jam"的成功之处在于帮助IBM实现创新。当然，这并不是管理大众在线讨论的唯一方式，也不是每一个大企业集团都能用于实现创新的最好方式。但是，不论哪个大型组织或网络想获得创新，对"创新 Jam"有一个全面的了解是非常必要的，它向我们展示了一个极其复杂的大规模在线讨论过程，并揭示了可以成功处理这些复杂问题的方式和方法。

任何事物都有两面性，任何试图利用大规模在线讨论方式的组织都要权衡利弊。对于 IBM 和其他一些公司来说，一个广泛参与的、耗费时间和精力的 Jam 是非常好的方式。保罗·何恩现在已经从 IBM 退休，成为纽约大学的一位科学家，他在回忆"创新 Jam"时总结说："Jam 是头脑风暴的一种方式，并且在头脑风暴中首先需要了解的是：考虑所有的提议，甚至包括那些看似不靠谱的提议。这意味着，你可能会获得大量垃圾信息，但是该方式却迫使你独立于企业之外进行思考。此时，你会被无穷的思想和提议充斥着，此时你已经信息饱和，所以你必须想办法抽身，并对这些提议进行筛选。"

"创新 Jam"的方式被 IBM 成功运用，同样也得以在其他组织中应用：2007 年，IBM 推出了一项服务，就是为其他组织推行 Jam，第一个应用领域是汽车供应商，这个 Jam 是在设备供应商协会的主持下，通过聚集汽车零部件制造商和他们的客户（汽车制造商）共同完成的。

三、学术研究：众包的力量

（一）哈佛医学院的社会创新——"哈佛催化剂"

与企业研发相比，学术研究更加具有社会性，公开透明是其重要特征。科学家们通过领域内的专家审查在一流期刊上发表文章来获得声誉和晋升。是否能够获得更多的研究经费也是基于先前的研究成果、研究人员在该领域的信誉以及研究计划的潜在影响力和可行性，所以，竞争非常激烈，只有不到 10% 的论文会被一流的学术期刊接受，只有 10%~20% 的研究计划会获得资助。

内行专家评审制度造成的问题显而易见。首先，扼杀了交叉创新的可能。评审都是在专业领域内进行的，没有交叉创新的机会，而很多真正的创新往往是通过交叉来实现的。其次，不代表正确的研究方向。由于领域内的带头人决定着该领域的创新方向，这个方向的选择往往是依据带头人个人的已有研究和专长领域确定的，但该方向不一定是未来真正的发展方向，在少数人决策的制度下，其他研究者没有表达专业意见的机会，更没有参与决策的机会。最后，造成了资源垄断。每个领域的带头人只有少数几个,他们之间往往在学术和个人方面都有交往,结果是国家分拨的资源只在不同领域中的少数几个人中流转和分配。

为了打破学术领域中科研创新的封闭和集中,哈佛大学医学院进行了大胆的探索和尝试,将社会创新模式引用到学术研究领域。哈佛大学医学院拥有超过2万人的教研人员和研究生队伍,其医学研究处于世界最高水平,每年从美国国家卫生研究院获得研究经费近14亿美元。这样看来,哈佛大学医学院属于传统学术创新模式的既得利益者,为什么还要打破传统模式呢?这就是一所世界顶级大学的不同之处,他们更多地会从根本上考虑解决问题的方式,而不是思考如何能够守住当前的利益。也只有这样,才能保持其世界领先地位。

(二)"哈佛催化剂"的成立

为了实现从研究到临床的对接,2008年哈佛大学医学院成立了临床与转化科学研究中心,并将其称之为"哈佛催化剂"。"哈佛催化剂"明确提出,新的机遇与挑战要求法学院、商学院、政治学院、工程与应用科学学院以及教育学院的同行与医学院及其卫生保健机构的研究人员相互影响、相互作用,合作开发新的疾病预防、诊断或治疗方法。

其实,"哈佛催化剂"的组织形式远远超出了哈佛内部的院系,除了涵盖哈佛大学的10个学院之外,还有18个医疗保健中心、波士顿大学护理学院、麻省理工学院、剑桥大学健康联盟、哈佛大学清教徒医疗保健中心和众多的社区合作伙伴。因此,"哈佛催化剂"采用的是跨学科、跨机构的运作模式,是一个致力于改善人类健康的"泛哈佛大学"(Pan-Harvard University)机构。

"哈佛催化剂"是哈佛大学将开放的社会创新模式运用到传统学术研究领域的一次大胆尝试。正如任何革新都会引来非议一样,许多内部人士都对该尝试持有异议:这样的实验可能会疏离学科带头人,而他们可能是最知道问题所在的人;此外,这样的实验也无法保证公开征集的研究计划能有突破性进展。虽然有这样的顾虑,但哈佛大学的领导人则认为将开放的社会创新模式引入传统学术创新领域仍然不失为一种有效途径。

"哈佛催化剂"的实验不仅是为了找到解决疑难问题的新方法,还是为了探索科研过程的所有步骤和方式,从而做到更大范围的开放和竞争。从形成研究问题到评估研究计划,再到鼓励开展科学实验来为解决顽固难题带来新的思路和方法,其中的难点在于,做这些的同时还要与传统科研过程相结合。

(三)开放式地选择科学研究方向

在科学研究领域,问题的提出可能比提供答案更加重要,正如爱因斯坦所言,一个问题的形成常常远比其解决方案更为重要,问题的解答可能仅仅与数学或是实验技能相关,而提出新的问题、新的可能性以及从新的角度看待老问题则需要充满创造力的想象,这才真正标志着科学的进步。为了打破传统的少数人决定创新问题和方向这种模式,"哈佛催化剂"引入社会创新模式,首先开放"问题"端,让更多来自不同背景的人士参与其中,从更大范围内征集科学研究的选题。"公开竞赛"同样成为"哈佛催化剂"面向公众征集研究问题的方式,从而决定了学术研究的方向和领域。这种方式能够克服传统创新模式的缺点,从而产生出一些全新的研究视角、研究思路和研究领域。

"哈佛催化剂"与专业的网络公开竞赛平台——InnoCentive合作,开展了对研究选题的征集。2010年,这项"治愈Ⅰ型糖尿病,有什么是我们不知道"的竞赛广告在哈佛大学、InnoCentive和《自然》杂志上得到了广泛宣传,参赛者有6周的时间准备自己的问题。参赛者无须给出问题的解决方案,也不必拥有研究资源,只要提出清晰界定的问题和(或)假设,以全新的、有前景的方向推动Ⅰ型糖尿病的研究即可。也就是说,参与者只要清楚地定义需要进一步探索和研究的问题或领域即可,这些选题可以是Ⅰ型糖尿病的任何领域:分子成因、检测和诊断、新疗法、优化治疗方案、病患照料看护等。参与者可以组队参与,也可以单独参与,InnoCentive将为他们提供网络沟通和提交平台。

另外,竞赛组织者还声明参与者无须把知识产权转给"哈佛催化剂",这等于说在参与者提交问题时,给了"哈佛催化剂"使用其创意的免版税、永久、非独家的许可以及提出经费申请以开展实验的权利。作为补偿,"哈佛催化剂"提供了3万美元的奖金,用于奖励获奖的参与者。

这一项目先后共有来自17个国家的779人参与。他们背景各异,很多参与者与糖尿病研究并没有直接关系,仅有11%的参与者具有Ⅰ型糖尿病的专业研究背景,47%的参与者对糖尿病有一些了解,而42%的人对该领域完全不了解。最终有163人共提交了195个问题,删除重复和不完整的问题后,有150个问题被认定可以接受评估。这些问题覆盖的治疗领域广泛:免疫学、营养学、干细胞、组织工程学、生物机制、防御和病人自我管理等。经研究发现,这 150 个问题的关注点与现有文献以及 I 型糖尿病研究者正在探索的问题有显著不同。从而证明了将开放的社会创新模式引入学术研究中能够提供全新的研究方向、视角和领域，有效降低了传统模式中选错研究方向的风险。

（四）开放式地评估研究方向

传统的业内专家评审制度难免带有个人的主观色彩，并且少数专家评估全新的、重要的研究领域的能力要明显低于集体的智慧。"哈佛催化剂"的研究计划评估过程遵循了社会创新模式的开放性原则，邀请了多位专业领域大相径庭的专家们共同评估研究方向。为评估这 150 个问题，"哈佛催化剂"邀请了众多评估者，每一个问题都要经过多次评估。先后有 6 批哈佛大学的教职员工被邀请作为问题的评估人，共有 142 人参与了这 150 个问题的评估，在一个完全双向匿名的审查过程中产生了 2130 份评估报告，在评估过程中，参赛者的身份、所属单位或资历都不为评估者所知。从评估结果来看，6 批评估者对最佳选题的选择颇有差异，最终的评估结果是以所有评估小组的平均分数作为依据的。

与传统的业内专家评审制度相比，由资助机构选择 3 名本行业的专家来评估方案，开放式的评估模式更加客观、结果更可信。通过开放式的评估，来自多个领域、不同级别的哈佛大学教职员工对 150 个问题进行独立评分，最终选出了 12 个最具影响力和可行性的问题。而这些被选出的问题，如果以传统评估模式来看，肯定会被抛弃，看看获胜者的专业背景你就明白这句话的意思了：12 个问题的获胜者包括一名患有 I 型糖尿病的人力资源专家、一名大学四年级的学生、一名生物统计学副教授、一名家人患有糖尿病的退休牙医、一名生物医学教研人员以及一名内分泌学专家。

（五）交叉式地组建跨学科团队

有趣的是，12 个问题的获胜者能够获得选题奖金，但并不意味着他们可以成为这个问题的真正研究成员。与传统的谁申请谁负责研究的形式不同，"哈佛催化剂"在科研团队的组建上进行了重新选择，选择的方式更加开放，团队成员之间的学科背景更加多样化。他们最终将这 12 个问题分成 5 个类别，其目的是进一步吸引更多具有专业背景的研究者。为了让更多的人知道，"哈佛催化剂"除了使用传统的广告方式进行宣传之外，还启用了哈佛大学医学院的一个数据库来寻找这些领域的研究者，因为这个数据库的记录可以显示哪些人可能适合这些问题的研究。寻找潜在研究者要通过一个比较复杂的算法，将 5 个领域的 12 个问题与数据库中论文的关键词做匹配，而不是与研究主题匹配，这样可以突破现有的糖尿病研究领域范围，找到那些曾经做过和现有问题相关的，但不一定是糖尿病研究的研究者。通过匹配找到了 1000 多位可能拥有研究能力的科学家，他们中的一些人已经是糖尿病研究领域的佼佼者，还有很多人的研究领域和专长与糖尿病并没有直接关系。名单选出之后，"哈佛催化剂"分别给他们发送了邮件，邀请他们参与研究。

该算法除了进行关键词匹配之外，还有另外一个功能，即将潜在研究者的专业背景进行交叉性匹配，以便组建互补性的研究团队。所以，被选出的 1000 多人中，有半数通过随机选择的潜在研究者除了收到邀请之外，还会同时收到其他科学家的名字，并会建议其组成 3 人或 4 人的团队，建议的团队人选是经由算法认定的具有互补性知识技能的人，如果这些人联合起来组建团队，可能会产生突破性的研究成果。这样的团队组建方式是传统学术研究中不曾使用的，完全突破了学术领域的惯常做法。通过该方式，最终有 31 个研究团队产生，31 名实验室主任中的 23 人都是通过这个算法找到的，而其中的 14 人之前并不是糖尿病领域的研究者，这是开放式创新的价值体现。随后，"哈佛催化剂"通过独立第三方对这 31 个团队进行了选评，最终有 7 个团队获得了资助，而这 7 个团队中有 5 个团队是由那些非专业的 I 型糖尿病研究者领导的。

虽然 I 型糖尿病的开放创新模式只是"哈佛催化剂"采用社会创新模式的一次尝试和探索，但它带来的影响却是巨大的。这种尝试证明了即使在外界看来最具学术权威的研究机构，同样适用社会创新模式。之前集中、封闭的"专家评审制"的所有阶段——确定选题、进行评估和组建团队，都可以被分解和开放。将开放的社会创新模式引入传统的学术研究领域，不但可以突破"专家评审制"的诸多弊端，还能把真正全新的视角、选题、研究团队带入一个已有的研究领域中。通过分阶段向背景更多元的参与者开放，"哈佛催化剂"达到了预期的目标。

值得注意的是，"哈佛催化剂"在引入开放的社会创新模式时，并没有完全否定传统的研究方式，而是将二者有机结合。具体做法就是，将之前由少数业内专家决定的科研过程进行多阶段分解，即选题、评估、团队组建和评审分离，并在每一个分离的阶段添加一个开放的维度——让更多拥有不同知识背景的人参与其中。这样一来，已处于该领域内的专业研究者并不会感到被系统性地排除在外，同时也给了领域之外的具有不同专业背景的人一个参与的机会。所以，这种将社会创新模式引入传统学术研究领域的做法，是让开放式创新成为一种被广为接受的创新方式，而不是对过去做法的全盘否定。

目前，"哈佛催化剂"已经把这种开放的社会创新模式融入到现有的研究过程中，不断从哈佛大学的其他院系寻求方案。受其启发，美国国家卫生研究所、克里夫兰诊所（Cleveland Clinic）和青少年糖尿病研究基金会（Juvenile Diabetes Research Foundation）等其他学术研究机构也开始逐渐探索如何将开放的社会创新模式引用到自身的研究中。"哈佛催化剂"的尝试告诉我们，开放的社会创新模式不局限于技术人员和创业者，那些成就卓著、经验丰富的由创新驱动的科学研究机构也可以从这种开放的创新模式中获益。

四、私人科学：激活人类基础研究

创新社会化、科研资助私人化，两者都是对创新的创新。社会创新是一种自然的、自发的行为。近几十年来，由于政府公共资金的短缺，以"公私合作"方式来资助基础研究的做法已经广泛盛行于各个发达国家，甚至在美国还出现了私人资本直接投资基础科学研究——私人科学。

2013年4月，奥巴马召集了美国最知名的科学家聚集白宫。他再次强调了技术创新在促进经济增长中发挥的作用，同时公布将投入1亿美元到"下一个伟大美国工程——揭开人类大脑的奥秘"中去。另外，奥巴马还强调了政府在从将人送上月球到创造因特网的科学探索历程中所担任的主导角色。根据奥巴马的描述，"大脑计划"将是这一伟大传统的延续，也是对科研经费支出严重削减的有力反驳。奥巴马说："错失机遇而让其他国家迎头赶上的损失是我们输不起的……我们必须抓住机遇，我不希望下一个创造工作岗位的发现出现在中国、印度或德国，我希望能够发生在这里。"

不难发现，美国科学研究领域中的资金来源和科研实践正在发生着显著变化。20年前，微软联合创始人保罗·艾伦（Paul Allen）捐献了5亿美元，在西雅图创立了一个大脑科学研究所。另外一个名为弗雷德·卡夫利（Fred Kavli）的科技和房地产亿万富翁，在耶鲁大学、哥伦比亚大学和加利福尼亚大学创建了大脑研究所。此次政府在人类大脑研究上的投入将激励和丰富个人在该方面的研究，同时，对科学研究的慈善资助也坚定了奥巴马政府的计划。

随着政府大幅削减科研经费支出和私有部门及个人越来越多地参与其中，原有的政府主导科研的格局可能会被打破。科学技术长期以来都是美国国力和自豪感的源泉，现在却变得越来越像一个民营企业。在华盛顿，经费削减使得越来越多的实验室关门，科学家们也面临着被裁员的危机。一些计划中的研究项目也已经被搁置，尤其是那些风险大、自由度高的基础研究项目。然而与此形成鲜明对比的是，从硅谷到华尔街，科学慈善事业正变得越来越火热。就像美国最富有的人试图重塑自己一样，他们试图通过科学研究推动社会进步。

这种变化的出现让科学界既心存感激，又充满忧虑。目前，无论是从研究的深度还是广度上看，公共财政仍然在美国研究领域中占据支配地位。但是，私有科学会以何种速度兴起，会对原有的科研体系造成何种影响，都是未知数。为此，美国国家科学基金会最近专门对此进行了研究。

（一）私人科学研究兴起

生物化学家马丁·阿普尔（Martin Apple）曾经一度对私有科学研究持怀疑态度，但经过调查，他已经改变了自己的这一观念，并认为总体上，私有科学研究将有助于加快科学发展的步伐。到底是什么改变了他的观念？据他说，是他看到了一种持之以恒、年复一年追求宏伟目标的精神和信念。"他们把小儿麻痹症作为目标，持续研究直至问题最终得到解决——以前没有任何人能够做到这样，"马丁接着说，"事实上，他们（私人科学）拥有市场和政府都不具备的力量"。

如果美国联邦的财政战争和个人财富增长持续进行下去，那么这种影响将会继续增大。事实的确如此，一份《纽约时报》的分析显示，大约有40位美国最富有的科学捐赠者已经签署了一份承诺，将他们的绝大部分财富捐赠于科学研究，这些财富加起来已经超过了2500亿美元，这已经成为美国科学研究的一种新趋势。

（二）埃里森医学基金会——私人科学研究的新模板

当甲骨文公司创始人CEO拉里·埃里森（Larry Ellison）在斯坦福大学听到一位获得过诺贝尔奖的生物学家关于人工智能的专题报告时，他被深深地吸引了。那是20世纪90年代初，运用计算机破解基因之谜还是件新鲜事，埃里森说:"我还从来没有经历过这样的事情。"之后,埃里森多次邀请美国洛克菲勒大学的生物学家约书亚·莱德伯格(Joshua Lederberg)教授到家中做客,他们谈论过很多话题,从埃里森早期对分子生物学的兴趣到巨大的财富可以有巨大的作为,等等。

基于他们之间的友谊,1997年,埃里森医学基金会成立。迄今为止,已经有数百位生物学家从中获得了研究经费,其中就有3位生物学家获得了诺贝尔奖。埃里森在美国《福布斯》杂志评选的世界最富有的人中排在第5位,他已经先后在科学领域捐赠了约5亿美元。当然,埃里森在科学慈善家中并不是捐赠最多的,也不是最有影响力的(比尔·盖茨可能最有名,他为全球公共健康医疗领域捐赠了大约100亿美元),但他却为私人科学领域塑造了一个新模板。

在传统的政府资助科学研究的模式中,受资助的研究领域和研究问题、受资助的研究者和团队、受资助的额度和期限都是由美国科学代理机构的专家决定的,如美国国家科学基金会和美国国家卫生研究院中的专家通过权衡学术价值和社会价值,从众多的申请中决定哪些申请可以获得资助。有时,一些专家以推动全领域发展为名,可能会建议实验室耗资数十亿美元购买大型仪器设备,这可能会滋生学术官僚和学术腐败。相比之下,私人科学属于个人行为,所以更加鼓舞人心。

(三)施密特海洋研究所

温迪·施密特(Wendy Schmidt)捐赠科学研究的灵感来源于一次潜水活动。2009年,她来到加勒比地区的石榴岛屿观看珊瑚礁,这是她第一次潜水,当她潜到水下后睁开眼睛时,她被海底世界的景象惊呆了。回来之后,她与丈夫进行了沟通,丈夫埃里克·施密特(Eric Schmidt)是谷歌前任CEO,他们认为目前国家在海洋领域的科学研究投入不足,在2000年政府投资最多时只有28艘船供研究者使用,而现在已经减掉了1/3,将来还有进一步减少的可能。因此,他们决定投入超过1亿美元的资金,在加利福尼亚州的帕洛阿尔托设立施密特海洋研究所(Schmidt Ocean Institute),研究所的正中央是一艘足球场大的船,与其他研究用船不同的是,该艘船上还设有桑拿浴和停机坪。施密特在接受采访时说:"我们希望能够迅速推进科学研究的步伐。"

这些来自各行各业的科学慈善家捐赠的科学项目遍及多个领域。被誉为石油和天然气开采之父的乔治·米切尔先后向粒子物理学、可持续发展和天文学领域共捐赠了 3.6 亿美元，其中包括著名的价值 3500 万美元的巨型麦哲伦望远镜（the Giant Magellan Telescope）。在米切尔先生去世之前接受采访时，他说："宇宙太大了，可现在还没有一张像样的地图。"

私人科学的故事仍在持续着。艾利·布罗德（Eli Broad）在房产和保险领域中获得了巨额财富，他捐赠了 7 亿美元用于支持哈佛大学和麻省理工学院研究基因疾病。戈登·摩尔捐赠了 8.5 亿美元用于物理学、生物学、环境和天文学方面的研究。罗纳德·佩雷尔曼（Ronald O.Perelman）捐赠了 3000 万美元专门用于女性疾病的研究，在其投资的支持下，研发了治疗某些乳腺癌的突破性药物——赫塞汀（Herceptin）。另外，微软前技术总监纳森·梅尔沃德投入巨资发掘了霸王龙遗骸的化石。类似这样的例子还在不断上演着，与此形成反差的是联邦财政支持科学研究的拨款日渐削减。

（四）政府支持性科研前景黯淡

2012 年 12 月，白宫公布了来自奥巴马科学和技术顾问团的研究，该研究警告美国的科学研究水平在下滑，并强调了其他国家的科学竞争对手正在崛起，最后呼吁政府政策的大力支持。专家们在信中这样写道："如果没有足够的资金支持科学研究，美国将失去在创新和发明方面的领导地位。"2009 年，美国联邦财政在基础科学领域的经费预算是 400 亿美元，2013 年预算骤减 1/4，只剩 300 亿美元，这也是历史上科研经费降幅最大的一年。

削减科研经费的负面效应还造成了裁员：由社会科学家组成的小组最近调研了 3700 位科学家和技术管理者，调研结果显示 55% 的被访者说他们的同事已经失业或者即将面临失业。美国国家卫生研究院主任弗朗西斯·柯林斯（Francis S.Collins）博士在接受采访时说，2013 年是他在职期间最为黑暗的一年，获得资助的科研项目减少，同时还伴随着裁员和项目削减。在过去的数十年中，获得联邦财政支持的研究中，有超过 100 个人获得了诺贝尔奖。这样的削减真让人"无比沮丧"。

对于私人科学的兴起，白宫的报告中并没有过多的陈述，只用"不予评判"一笔带过。然而，这些大笔捐赠科学研究的慈善家们也有忧虑，他们的普遍担忧是，如果他们在基础科学领域捐赠的多，联邦政府就会减少在该方面的支出。Kavli 基金会主席罗伯特·康恩说："这一直是我们最大的忧虑。"该基金会近期已经承诺将捐赠2.5亿美元支持基础科学研究。"慈善是不能替代政府资助的，所以，做慈善也不能大肆宣扬。"康恩接着说。在美国，确实有很多在科学领域的捐赠都是匿名的，或是悄悄进行的。

2013年，一次流星爆炸造成俄罗斯1200人受伤。之后，美国科学、太空和技术委员会（Committee on Science, Space and Technology）主席拉马尔·史密斯（Lamar Smith）宣布将在太空安装新的传感器，因为这"对我们的未来非常重要"。接着，他举行了听证会，会上展示了一个星载望远镜，该望远镜能够扫描到太阳系中可能威胁地球安全的那些加速运动的岩石。该项工程的研究资金来自eBay、谷歌和Facebook等企业领导人的捐赠，同时也来自很多匿名捐款。史密斯说："我们必须更好地认识到哪些是私营部门可以做到的，以便更好地帮助我们保护这个世界。"

在过去的数十年中，该项工程应该隶属于美国航空航天局。该项目负责人爱德华·卢曾经是宇航员和谷歌执行官。在听证会上，他大概测算了飞船的费用，约4.5亿美元，大概只占政府预算的一半。也就是说，如果由政府资助和主导该项工程，成本可能是9亿美元，而由私人部门主导的该项科学研究的成本费用只要一半就够了。可见，私人科学不仅为基础科学研究投入了大量资金，还能够更加有效地利用科研经费，从而提高科研的投入产出比。委员会的成员还积极呼吁，私人科学的努力为削减联邦政府的无效开支指明了方向。

柯林斯博士在最近的一次采访中承认，慈善家在填补政府资金缺口和抓住新机遇上是"异常重要"的，并强调科学"还从来没有迎来过如此兴奋的时刻"。尽管如此，他和其他专家后来很快补充道：私人投入太少了，不足以替代公共支出。美国国家卫生研究院每年的单独预算约为300亿美元，其中有一半用于基础领域研究。美国先进科学促进协会主席威廉·普莱斯（William Press）博士说，至少到目前为止，私人捐赠"仍属于杯水车薪"。

（五）"未知数"的私人科学

到底有多少私人捐赠流向了哪些科学研究领域？这些钱是如何被支配的？总体上，政府对上述问题知之甚少。科学人士分析指出，了解上述状况非常重要，因为若不了解的话，政府就无法对国内的科学研究有全面的认识，进而会影响到整个国家的科学规划。国家在做科学研究预算支配时，既要考虑学术问题，又要考虑社会问题。所以，在他们做出重大的科学决策时，政府需要确保这些钱不能只流向优秀的科研机构,还要考虑性别、种族和收入等各种因素。

约翰·扬科夫斯基是美国国家科学基金会的高级分析师,他不仅资助科学研究,还追踪科学预算。他说:"我们应该调研此事,但由于经费紧张,我们并没有做。"很明显,这项任务是艰巨的,政府的科学预算是集中的,而私人的捐赠则是分散的,很难统计。美国国家科学院多次敦促政府加紧监控这些"未知数资金",扬科夫斯基博士说,最近,国家科学基金会开始了试点调查,可能需要一年的时间来完成。如果预算允许,可能会对此展开全面调查。

正如私人科学领域在自下而上地进行着,对私人科学领域的调研也在自下而上地开展着。与等待国家科学基金会的集中调研相比,来自麻省理工学院的菲奥娜穆雷展开的民间调研更加简单和快捷。穆雷是麻省理工学院创业学教授,她采用不同的角度进行调研,她调研的对象不是敏感的捐助者,而是受资助者,尤其是那些国家研究型大学的受资助个人或团体。为了简化工作,她选取了研究经费支出最多的50所大学,其中包括哥伦比亚大学、斯坦福大学、杜克大学、哈佛大学、密歇根大学和约翰·霍普金斯大学等。

穆雷博士的研究发现,私人捐赠约占高校研究经费来源的30%,她由此指出,私人捐赠在科学领域的兴起可能使"富有的领域、大学和个人变得更加富有"。新的赞助人层出不穷,这已经成为校园中最引人注目的趋势之一,私人资助科研的兴起,成为科学慈善的新殿堂。在马萨诸塞州的坎布里奇市——麻省理工学院和哈佛大学的所在地,每年吸纳着数百亿美元的私人捐赠。比如,拉贡研究所(Ragon Institute)获得1亿美元私人捐赠,用于免疫学方面的研究;科赫研究所(Koch Institute)获得1.5亿美元,用于癌症研究;斯坦利中心(Stanley Center)获得1.65亿美元,用于精神病学研究;威斯研究所(Wyss Institute)获得2.5亿美元,用于生物工程研究;麦戈文研究所(McGovem Institute)获得3.5亿美元,用于大脑研究;怀特海德研究所(Whitehead Institute)获得4.5亿美元,用于生物医学研究;博德研究所(Broad Institute)获得7亿美元,用于基因组研究。

(六)私人科学的未来

20世纪80年代初,加州理工学院的生物学教授勒罗伊·胡德(Leroy Hood)向美国国家卫生研究院提议进行首次DNA测序,以此快速识别人体每个细胞中的数十亿遗传单位。然而,他的这个伟大提议被美国国家卫生研究院拒绝了，于是他不得不另寻出路。后来，他获得了私人部门的资助，来完成这项重大的生物工程，支持者是一家名叫 SolPrice 的仓储连锁巨头，该公司后来与美国零售巨头好市多（Costco）合并。

胡德博士在 DNA 测序上取得了突破性进展，联邦政府看到了希望，于是投资了 38 亿美元，成立"人类基因组计划"（Human Genome Project），来识别人体细胞中所有遗传单位。最近，个人基因组学（personal genomics）已经成为一个新兴的热门研究领域。根据胡德博士所言，科学慈善已经"成为前沿的推动者"。

多年来，私人资金潮涌般投向科学领域，这使得传统的、以政府资助为主的科学研究模式发生了转变。之前，由政府或其代理机构拟定科学研究方向和领域，并资助其进行研究，随后会有私人部门的研究跟进；现在，私人科学的兴起可能会成为政府支持科学研究领域的参照物。比如，在资助基因测序、转化医学、奥巴马政府的"人脑计划"等方面，政府不再设置日程表，而是开始跟随私人科学的步伐行事。

20 年前，得克萨斯州的一位工程师阿努什·安萨里（Anousheh Ansari）在电信领域积累了大量财富，她捐资 1000 万美元，设立了第一个私人飞行器奖项，该飞行器要能将 3 个人带上太空。安萨里的成功促进了私人设置科学奖项的繁荣。随后，很多私人捐助者都通过这种方式设置了几十种科学奖项。这一潮流也同样影响着政府，政府也随之设立了上百种科学奖项，以更加公开和公平的方式促进和激发科学研究。根据白宫的一项研究，美国联邦政府的科学奖项设置主要源自"慈善机构和私人部门设置科学奖项的成功"。

有时，私人捐赠者也会去帮助政府，尤其当政府科学预算减少时。2006 年，由于政府预算削减，位于长岛的一个巨大的粒子加速器有可能被关停。此时，家住长岛的知名对冲基金投资人詹姆斯·西蒙斯（James Simons）博士筹集了 1300 万美元进行救援。得益于西蒙斯博士的捐助，研究小组能够继续探索导致宇宙诞生的亚原子层爆炸。

如果富有的捐赠者是可以依赖的，那么私人资助科学研究的规模和范围都将大大提升。相信他们可以依赖的一个重要原因是他们做出了庄严的承诺。2010 年，盖茨夫妇和沃伦·巴菲特联合宣布了一项活动，截至目前，美国 500 名亿万富翁中已经有约 1/5 的人签署了该活动，承诺将自己的大部分财富捐赠出去。一篇刊登在《时代周刊》上的文章公布了他们签署的承诺书，承诺书显示将有超过 40% 的富翁计划将财富捐献在科学、健康和环境领域。签署人的财富总和已经超过 2500 亿美元，他们承诺的最低捐献额已经超过 1250 亿美元。有多少捐献最终会投向科学领域，目前尚不明确，但有些人已经公布了几个非凡的科学目标。比如，来自北达科他州的石油大鳄哈罗德·哈姆（Harold Hamm）和妻子苏·安（Sue Ann）写道："我们希望在有生之年根除糖尿病。"来自犹他州的亿万富翁洪博培（Jon M.Hunsman）说，他的慈善目标是"一定要攻克癌症"。

巨型麦哲伦望远镜的捐赠者乔治·米切尔在去世之前表达了他对美国科学的担忧：美国的科学已经失去了原有的竞争优势。他以"希格斯玻色子"（Higgs boson）为例，表示正是因为美国科研经费的削减，关闭了芝加哥附近的关键观测设备，使英国成为该领域的领跑者。米切尔先生说："我们没有任何借口失去领先地位，我们需要解决这个问题。"私人科学的捐赠者以及他们的追随者表示，随着十多年来捐赠数额的激增，有可能激发美国经济的增长，并帮助美国抵御全球的挑战者。他们强调说，"在华盛顿持续削减经费的情况下，私人捐赠就显得越发重要了"。

靠科技致富的人可以直接投资基础科学，其他人也可以通过创新方式投入其中。麻省理工学院斯隆管理学院金融学教授、具有华人第一金融学家之称的罗闻全（Andrew Lo）成立了一个投资于针对癌症药物的初期阶段研究的众筹基金，该基金计划募集 300 亿美元，可以同时支持 150 项研究。虽然，只有少数的治疗方案被证明是有效的，但罗闻全预测该基金还是可以盈利的，年化收益在 7%~10%。只有大规模投资的情况下，才能有效降低早期阶段的研究风险。罗闻全的研究结果改变了人们普遍认为基础研究不盈利的观点。基础研究可以盈利，不仅富人可以投资，一般人也可以投资，通过规模化的投资，有效降低基础研究的高风险。传统创新模式的局限性在于其过于保守、审核漫长，从而无法起到鼓励创新的作用。私人资助科研，不但选题开放、鼓励创新、具有更大范围内的风险容忍度，同时还能够兼顾盈利目标，这些是传统创新模式无法比拟的。

第三节 小岗村、中关村与人人创客

美国大多数科学家和企业家都有着"科学执迷情结",这使得美国的致富在很大程度上归功于"科技致富"。中国政府有很强的号召力和组织能力,但鉴于社会创新的特点,其鼓励社会创新的方法亦有所不同。降低创新创业者的政治风险、政府减少人为设置的障碍、为创新创业者创造一个自由宽松的环境,可能比直接号召、组织和"搞运动"式的做法更加有效和持久。

一、小岗村、中关村与人人创客

对于绝大多数中国人来说,"社会创新"一词还是比较陌生,并且社会创新的倡议和研究在中国也刚刚开始。但实际上,如果我们把社会创新去广义地理解为一种自下而上、开放式的创新模式,社会创新不但已经在中国发生,而且在中国的改革开放历程中起到了具有历史性意义的作用。无论在体制创新领域还是在技术创新领域,我们都可以找到有代表性的社会创新案例。比如,在体制创新方面,发生在安徽省凤阳县小岗村18位农民签下的"生死状",开创了中国家庭联产承包责任制的先河,孕育和散播了中国改革开放的种子,成功解决了中国人的温饱问题。在高新科技领域,自发形成的北京中关村电子产品交易市场也已经成为中国的"硅谷"。与思科、通用电气等跨国公司类似,社会创新模式在中国企业中的关注度越来越高,个别领先企业已经开始探索,海尔公司的"人人创客"就是典型案例。但总体上,社会创新模式在中国的发展还比较迟缓,并且存在一些认知和实践上的问题。

(一)由18位农民改变的中国历史——家庭联产承包责任制

20世纪70年代,中国国内社会动荡,生产力始终没有得到恢复。人民公社制度设想社会主义的"集中生产"和"按需分配"。诚然,土地已经被集中到集体所有,农民不再拥有土地,农民在集体的土地上集体劳作。虽然"按需分配"是人民公社的制度,但在没有经营自主权和剩余索取权的情况下,农民缺乏生产积极性,严重影响了产量,农民的口粮得不到保障。

1978年11月24日晚上,在安徽省凤阳县凤梨公社小岗村严立华家低矮破陋的茅草屋中，有18位村民在召开一次关乎全村人命运的会议，他们最终签署了一份不足百字的《包干保证书》。《包干保证书》有三条核心内容：一是分田到户；二是不再伸手向国家要钱要粮；三是如果干部坐牢，其他社员要保证把他们的孩子养活到18岁。

1979年10月的金秋时节，小岗村当年的粮食总产量达到66吨，相当于全队1966—1970年5年粮食产量的总和。"包产到户"是集权向分权的转变。农民不但有了经营自主权，还有了剩余索取权，生产积极性得到了极大的释放。但是，社会舆论对"包产到户"形式的批评不绝于耳。1980年5月31日，邓小平在一次重要谈话中首次公开肯定了小岗村的开创性做法，并认为农村的改革已经是势在必行。1982年1月1日，中共中央出台了历史上第一个"农村工作一号文件"，将"包产到户、包干到户"作为社会主义集体经济的生产负责制。

以上就是家庭联产承包责任制诞生的历程。由于农民有了自主经营权和剩余索取权，他们可以充分发挥自身的专业生产技能，发展多种经营。家庭联产承包责任制实际上是打破了人民公社体制下土地集体所有和集体经营的集中农业耕作模式，实现了土地集体所有权与经营权的分离，实现了以农户为单位的承包经营新模式。经过短短的十多年时间，中国广大农村地区便迅速甩掉了贫穷落后的帽子，解决了温饱问题，逐步走上了富裕之路。

18位农民冒着生命危险签订的《包干保证书》，属于自下而上的农村生产经营体制创新，是中国现代历史上最为典型的社会创新行为。后经邓小平的肯定以及中央的推广和制度化，成就了一项改变中国历史的体制创新。18位农民在危机时刻自发性的创新改变了中国人民受饥挨饿的历史，创造了以世界7%的土地养活世界22%人口的旷世奇迹。

小岗村的案例可以说明一个事实，即在中国进行社会创新还需要冒风险，有时候甚至是很大的政治风险。因此，鼓励创新的方式可以是"事后肯定"，但我们更需要的是"事前"降低创新者的政治风险，消除他们的顾虑。

（二）中美创新集群对比——中关村能否超过硅谷

几乎与凤阳县小岗村18位农民冲破固有体制的同一时期，科技领域也在酝酿和上演着一场创新，地点就在代表中国创新创业高地、具有中国"硅谷"之美誉的北京中关村。

与发生在农业领域的农村家庭联产承包责任制相似，中关村的诞生也是自发的、自下而上打破固有体制束缚的社会创新过程。但不同的是，本次创新的主角不是农民，而是科研人员。

1980年10月，中国科学院研究员陈春先在中关村率先创办了第一个民办科技机构——北京等离子体学会先进发展技术服务部。1978—1981年间，陈春先3次访问美国，重点考察美国硅谷，中美之间的重大差异刺激了他。归国后，他提出在中关村建立"中国硅谷"的主张，探索加快科技成果转化的新路。新路的核心就是国家的科技创新从严格的计划体制向市场体制转变，技术人员走出科研院所，在遵循科技转化和市场经济规律的前提下，依法自筹资金、自负盈亏、自主经营和自主决策。

陈春先是在进行一场体制外的"实验"，其运作方式和分配方式与传统科研体制格格不入，由此引发的社会舆论可以用"一石激起千层浪"来形容。有人公开批评陈春先和他的"服务部"，说他们"搞乱了科技人员的思想，搞乱了科研秩序"。在社会舆论的重压之下，服务部被封门查账，业务骨干备受打击，服务部面临着解体的命运。可是，陈春先不甘心接受这样的命运，于是他尝试通过新华社撰写内参的方式来引起中央领导人的重视。最后，当时的国家领导人做出批示，认为"陈春先同志的做法是完全对头的，应予鼓励"。

1982年10月，党中央、国务院确定了"经济建设要依靠科学技术，科学技术工作必须面向经济建设"的基本方向，这意味着从理论上解决了中关村的争议。截至1986年年底，中关村各类开发性公司已近100家，各类开发经营电子产品的民营科技企业集群初步显现，被称为"中关村电子一条街"，中关村也被认定为我国第一个国家自主创新示范区。

经过40多年的发展，中关村已经发展成为国内第一的创新集群，承载区域从"一条街"扩展到"一区多园"，产业从电子发展到包括电子信息、生物医药、新能源、新材料、先进制造、节能环保等多个高新科技产业。在全国100多个国家级高新科技园区中，中关村的园区总收入、入驻企业数量、从业人员数量、工业总产值和净利润等多项指标均稳居前列。与国际上知名的创新集群相比，中关村增长力强劲，甚至有些指标在表面上已经超过了世界一流创新集群。

清华大学经济管理学院的陈劲教授对比了美国硅谷和马萨诸塞州创新集群，位于美国东部马萨诸塞州波士顿的128号公路和美国西部加利福尼亚州的硅谷可谓美国经济增长和科技进步的两大发动机。通过创新集群等重要指标的对比发现，中关村在某些指标上已经发展成为具有超强实力和巨大发展潜力的创新集群。根据这些指标，有些学者预测"中关村将成为未来全球第一的创新集群"。

中关村的确在以惊人的速度发展着。21世纪初，中关村与硅谷仍然存在巨大差距，当时硅谷已经具有完整和成熟的创新创业生态体系，包括一整套研发系统和风险投资体系，而中关村还是一个信息产品集散地、贸易中心、销售中心和市场中心。如今，从一些统计指标来看，中关村与硅谷的差距似乎已经不大，甚至中关村的某些指标已经超过硅谷。关于中关村能否成为或是超过硅谷的问题早在2000年就被讨论过，当时《科学新闻周刊》记者陶海清以《中关村能成为下一个硅谷吗》为题采访了李开复。总结李开复的一席谈话，得出三个核心观点：中关村可以成为下一个硅谷，但中关村不必处处模仿硅谷；硅谷是市场经济的自发性产物，而中关村还是一个政府主导的产业集群；硅谷是一个奇迹，只有深入理解奇迹是如何发生的，才能把中关村建设成为一个有中国特色的"硅谷"。

硅谷是世界优秀人才"创新与创业精神的栖息地"，大多数创新创业者是基于"改变世界""改变生活"的想法。而中关村的创新创业者是在模仿"硅谷"模式，可以将中关村模式更加形象地比喻为"将硅谷的创新创业中国化"。总体上看，硅谷的创新创业是开拓性的，而中关村仍然是模仿性的。硅谷是为世界存在的，而中关村是为中国存在的——如果我们忘记了硅谷和中关村这一本质上的区别而简单地相信一些漂亮的静态指标，我们会犯下致命的分析错误。

笔者非常赞同李开复的第二个核心观点，虽然与硅谷一样，中关村模式的诞生也是自下而上的市场经济产物，但是在20世纪80年代之后，中关村的发展得到了更多的政策扶植和政府的直接投入支持，这使得中关村与硅谷相比，"还是一个政府主导的产业集群"。在政府主导模式中，创新者、创业者、企业之间的竞争不充分，创新和产品都很难经受国际市场的考验。李开复的第三个观点最为关键，即我们需要深入理解硅谷奇迹是如何发生的。

硅谷模式是社会创新的范例，其包含了三个基本结构性要素。一是企业内部，建立的是一种横向协作的社会创新，通过跨职能部门的工作小组、更加流动性的人力资源、决策过程下放、使用工作站、重新设计和策划商业模式等活动进行；二是企业之间打破传统的行业限制，社会创新表现为构建更低纵向集成水平的网络化系统，包括丰富的信息交流和交易关系，形成网络内相互联结的系统化局面；三是更大层面的社会创新网络，包括高校、社群以及涉及更广泛区域的合作性创新网络。

二、中国企业对社会创新模式的探索——海尔"人人创客"

一些领先的跨国公司已经开始在多个方面运用社会创新，比较典型的是开放式创新，利用多种方式鼓励和吸引社会中的个人、社群、团体等多元化主体广泛参与，比如宝洁、道氏化学、IBM 和霍尼韦尔等，已经从实施的开放式创新战略中获得丰厚的利益。中国企业的一些先行者也进行了不同程度的尝试，但主要还是停留在客户参与创新的阶段。目前，有一家曾经引领中国企业改革创新的企业，已经开始了对一种全新创新模式的尝试，而这种模式正是国际领先企业正在推行的社会创新模式的一种，这就是海尔开启的"人人创客"时代。

（一）"人人创客"的由来

20 世纪 80 年代初，海尔还是一个濒临倒闭的集体制小厂，经过 40 多年的创新、开拓与发展，现如今已经成长为全球白色家电第一品牌。虽然海尔在中国城市化和现代化过程中取得了巨大的成就，但它在互联网时代却面临着巨大挑战。海尔应该如何应对挑战？经过研究，海尔集团董事局主席、首席执行官张瑞敏得到的答案是——只有创业没有守业！成功企业的再创业，最为艰难的是如何突破已有的经验和思维定式，也就是做到"自我否定"，或称之为"自以为非"。张瑞敏认为，在互联网时代，海尔每一个人都是自己的 CEO，每一个人都应该成为创业家。

（二）为什么要实施"人人创客"战略

首先，顺应时代潮流。企业若要做到基业长青，必须能够跟得上时代的步伐。人类社会的每一个时代都有其主旋律和主导产业。企业长青的唯一出路是通过业务组合和组织结构的不断调整和变革，引领或顺应时代的潮流。但是能够做到这一点的企业少之又少，因为否定自我、否定成功比击败竞争对手和承认失败要难得多。很多曾经非常优秀的企业由于缺乏否定自我的勇气和魄力，纷纷倒在了时代前进的路途中。比如，在手机行业，摩托罗拉被诺基亚取代，诺基亚被苹果和三星取代，本质上都是因为被替代者没有跟上时代的发展：摩托罗拉代表的是模拟时代的技术，诺基亚代表的是数码时代的技术，而苹果代表的是互联网时代的技术，跟不上时代的结果只有一个——死亡。所以，在海尔只有一句话，"没有成功的企业，只有时代的企业"。做企业不能只想着成功，所谓的成功只不过是踏准了时代的节拍。对于时代，张瑞敏有自己的认识和体验。互联网时代的变化和挑战就是三条：第一，零距离，信息零距离；第二，去中心化，互联网上所有的人都是中心，每个人都是发布者、评论者，符合用户要求、需求的就可以购买；第三，分布式，资源都是分布的。互联网思维已经把我们带进一个充满生机与挑战的"人人创客"时代。

其次，面临着如何安置智能化背景下释放的大量劳动力的巨大挑战。虽然"无人工厂"的概念在中国已经提及十多年，但是真正实施的企业却不多。因为无人工厂不仅涉及技术和成本问题，还涉及释放出来的大量劳动力如何安置的问题。但是，随着工业4.0时代的到来，无人工厂已经开始在中国普及。海尔也不例外，海尔的工厂已经开始了自动化和机器人化的历程。原来的洗衣机生产线需要45个产业工人，智能化后仅需要5人，而现在只要2个人做就足够了；海尔在佛山的自动化工厂曾经有930人，现在只剩下31个人，而释放出来的人员如何安置成为一个问题。

"人人创客"战略是海尔正在搭建的生态系统，希望给更多人提供就业机会，公司鼓励更多的员工跳出传统的企业组织，转变为创业者。未来，海尔公司的员工会越来越少，而在线的资源会越来越多，同时培育员工由操作型员工向知识型员工转型，但这面临很大的挑战。

最后，转型之路未果累积的压力。其实，海尔真正面对的问题是对试错的承受力。试错过程的时间，就是因为需要掂量和斟酌。但是，容忍程度太高可能会出现以后的局面难以控制，太低级的转型又转不动。

怎么拿捏这个程度很难，这就像凯文·凯利（Kevin Kelly）在《失控》（Out of Control）中所说的"进化的代价就是失控"，想发展就必须进化，但进化的过程就很难控制。为了成为一个时代的企业，海尔需要将自己从一个"航空母舰"演变成为"联合舰队"。张瑞敏的想法是将海尔拆分成众多小微企业。海尔在传统经济时代中已经达到了一定的高度，现在需要进化到一个新阶段，但不是去爬另一座新的高峰，而是把它完全转变为一个生态系统。这个生态系统就像一片森林，其中的树木可能每天都有生死，但生态系统却可以生生不息。

三、"人人创客"的核心内容：自下而上、机会均等

海尔"三化"是指"企业平台化""员工创客化""用户个性化"。这"三化"其实是海尔"人人创客"战略转型过程的三个层面，其中成败的关键是员工能不能转变为真正的"创客"。规模化、机械化生产阶段的丰田模式成为全球制造企业争相效仿的对象，可是管理大师德鲁克始终没有发表过赞扬丰田的文章，后来，他在《已经发生的未来》（Landmarks of Tomorrow）一书中表述了他的观点：丰田模式没有体现出目标管理和自我控制的精髓。首先，丰田模式没有体现出个人的尊严，丰田员工下班也在做技术创新、技术改进，现场也做得很好，但都是接受领导指令的行为，不是自发的行为，也没有体现员工的自我价值。个人自发，其实就是让自己得到别人的尊重。其次，没有体现出机会公平，这些员工不接触用户，企业组织等级森严，没有机会获得公平。

颠覆性的组织变革。海尔没有层级，只有三种人——平台主、小微主、创客。传统的分工明确、等级森严的"金字塔"组织结构荡然无存！企业员工不再"唯领导是从"，现在所有的人都要"以用户为中心"。过去的员工现在必须变成为用户创造价值的创业者、创客，由创客组成小微创业企业，创客和小微主共同创造用户和市场。小微主不是由企业领导任命的，而是由创客选举产生的，如果一段时间之后发现小微主不称职，还可以撤职。实际上，在海尔小微主被撤职的情况时有发生。经过这样的组织变革，之前的各种层级，现在变成了一个个创业团队。海尔作为平台主，其与创客之间的关系由之前的上下级关系转变成为投资人与创业者之间的合作关系。另外，平台主需要负责战略方向和驱动创客在正确的道路上前进。

开放性平台。组织变革之后的海尔已经从一个具有明确界限的公司组织演变为一个更加开放性的平台。这个创新创业平台不局限于内部员工，公司鼓励引进外部资源。公司内部的小微主加上社会的优质资源，使海尔已经由一个集中化的组织变成开放性的平台，平台内外的资源和人才共同去创造个性化的市场。变革后，"世界就是你的研发部"，同时，"世界还是你的人力资源部"，"要么协作，要么消失"。研发资源可能来自美国硅谷，主要的核心零部件来自美国得州仪器，生产在武汉光谷。只有将平台开放，才能找到更具竞争力的资源，海尔在保持原有制造优势的基础上，通过开放性平台可以充分利用互联网思维

不断放大这一优势。

实现这一转型，意义重大，如张瑞敏所言："海尔向社会开放供应链资源，每一个供应商和用户都可以参与到海尔全流程用户体验的价值创造。"原来企业从研发、制造、营销到服务的"串联流程"，在开放平台中都要"并联"运作，每一个环节都直接面对包括用户在内的社会多方。海尔这个开放性平台可以实现协同共享的经济，将所有参与者的利益最大化，从而推动发展。

"用户付薪"薪酬体系。之前，海尔的薪酬体系与国际大公司一样，是按照岗位和职位付薪，这导致了员工只盯着职级，不在意用户。"人人创客"战略下的薪酬体系是以用户为中心的考核薪酬体系，让员工有足够的创新激情。海尔对员工的考核方式由之前的单一指标变成了"二维点阵"，由两个坐标轴组成：横坐标是传统指标销量，纵坐标是用户流量的价值。用户的流量反映了用户的关注度，当一个产品有了用户流量，实现销售便水到渠成。

如果只有销量，没有与用户交互，就认为这个"小微"不能够给市场和用户创造出新的价值。海尔内部360度考评也被用户参与考评取代。"小微"的薪酬会从客户预约到有一定市场地位，乃至能够吸引到投资，即在不同阶段获得不断攀升的利益分享。既然是创客，就会面临风险。尽管截至目前海尔还没有宣告失败的项目，但是已经开展的小微项目中有一些项目的推进速度比较缓慢。例如，有些"小微"在推进工作时，企业价值超额不少，但是没有用户价值，因而不能得到真正的薪酬，这时就得由小微主掏钱支付员工工资，这是无法持续的，最终"小微"就得解散。当下，海尔内部还存在很多"不开放"的利益共同体，他们没有建立生态圈，下一步可能会面临被淘汰的命运。

创客大赛。2015年1月，海尔集团以"人人创客，创用户最佳生活体验"为主题，举办了"海尔创客大赛2014年度总决赛"。大赛吸引了智能物联网大健康交互平台项目、"雷台"和汽车保险代理7大创客项目。"自以为非"和"创新创业"两大精神是海尔集团创办创客大赛的驱动力，给创客们提供创业资源与创业项目的对接平台是创客大赛的目标。因此，创业项目评审团也分为创业资源方和天使投资人两类。此外，为了体现海尔创客平台的开放性，本次大赛还吸引了4个来自海尔外部的创客团队。

对此，海云数据创客团队负责人表示："海尔平台的最大特点就是开放，这是当前搭建创业生态的关键所在。如果没有这个平台，我们很难快速地获取资源，而现在，我们不但能够整合全球一流的资源，还能通过双方协作开拓更为广阔的市场。"通过创客项目路演活动，充分展示了海尔创新平台的开放性与包容性。一方面，海尔员工正在创客大赛氛围下加速向创业者转变，响应"人人创客"的号召；另一方面，创客平台能够吸引全球的优质资源凝聚和扩散，不断完善创业生态圈。

的确，任何创新和变革都要面临风险，创新的颠覆性越强，面临的风险也就越大。张瑞敏在这次企业组织变革之前曾向企业家和专家请教，IBM 的前 CEO 郭士纳说之前他也想在 IBM 改变传统组织结构，但因风险太大而没有尝试；《长尾理论》(The Long Tail) 的作者克里斯·安德森（Chris Anderson）表示，即便是互联网公司，其组织架构也有很多中间层，所以建议海尔最好不要去掉中间层，因为风险太大了。

郭士纳和安德森的担心也是有根据的，企业作为社会的经济组织，最根本的存在意义在于资源配置效率的提升，当企业资源配置效率与市场配置效率等同，这便意味着企业没有存在的意义。企业之所以能够比市场配置资源的效率更高，主要源于其组织资源的方式更加合理，规模化和专业化是企业配置资源效率高的两大核心要素，这也是传统的金字塔形企业组织结构的存在基石。在互联网时代，企业纷纷"瘦身"，逐渐压缩层级，使企业对市场反应更为迅速，效率也得以提升，但尚无企业直接消除中间层。如果说郭士纳能够"让大象善于跳舞"，那么张瑞敏则是想要将海尔这头"大象"演变为"蚂蚁军团"。我们对张瑞敏破釜沉舟的颠覆式创新拭目以待。

海尔"人人创客"战略是企业组织的颠覆式创新，其开放性、竞争性、分权性、机会均等的特征无一不体现出社会创新的特点。截至目前，可以毫不夸张地说海尔的"人人创客"战略是海内外大公司中对社会创新最为深刻和彻底的尝试，如果能够成功实现，则表明社会创新模式不仅可以在企业技术创新方面、用户参与方面发挥作用，还能够改变传统的企业组织结构和企业边界。因此，"人人创客"是海尔非常勇敢和富有想象力的创新和尝试。

第四节　激发中国社会创新活力的策略

一、激发中国社会创新活力的六大策略

经过40多年的改革开放，国民经济、国家实力均得到大幅提升。但是中国工业现代化的历程主要是依靠外来的资金、技术和对资源的掠夺性开发来实现的，国民参与这场史无前例的改革是出于对财富和现代生活方式的渴望。未来，中国的发展原则是自主创新，自主创新不仅是科学家和技术专家的创新，而且是需要众人、多部门、多领域共同参与，需要整个国家投入和付出的一场社会创新，国民参与创新的动力已经不再单纯地表现为对财富的追求，此外还有更加多样化的目标，比如环境友好、主人翁精神和实现人生价值等。要成为一个真正的创新型国家，就必须为创新营造一个良好的环境，使创新成为一种社会风尚。只有在一个创新型社会中，众人的创造力才能被激发出来，科学技术、思想文化才能有望在世界舞台上大放异彩。

（一）适当开放创新网络资源，提升社会创新的可能性和有效性

建立网络分享经验是社会创新得以实现的基本途径之一。社会创新的点燃、推广和传播都需要一个社会网络，这个网络不仅包括实体的组织网络，也包括虚拟的网络平台。创新网络能够促进信息自由流动，激发创新可能，传播创新经验。中国政府首先应该给一些社会创新类组织网络一定的生存和发展空间。严格的社会组织团体控制可能有助于政府"维稳"，但如果没有社会创新类组织的生存和发展空间，最终可能会错失重大发展机遇。除了给予社会创新组织一定的空间之外，还需要给予这些组织一定的资金、技术和公信力支持，如果政府能够参与设计一个健全的网络以实现创新经验的共享和传播，将会极大地激发社会创新的可能性和提高创新传播的有效性。

政府不仅要为社会创新网络的创建提供空间和支持，还要为国人提供获取创新信息的便利，放开必要的网站资源。很多具有国际影响力的网站，尤其是有利于人们获取知识和创新信息的网站都应该畅通无阻。放开对这类网站的限制，将极大地促进有意愿创新的人通过知识的获取、学习和交流，激发更

多的社会创新，缩小我们国家与世界领先国家在多个领域的差距。人人创新的社会不但需要赋予有意愿创新的人以机会，更重要的是赋予他们创新的渠道和技能。

没有自由，就谈不上创新；没有创新，就谈不上创业。信息时代，网络资源是信息获取的主要渠道，网络封闭是新时代"闭关锁国"的表现，是中国在创新创业方面设置的人为障碍。比如，麻省理工学院是全球首个将所有课程资源免费向全球开放的高校，后来有哈佛大学等知名高校陆续加入其中，最终推动了整个教育界的"MOOC革命"。如果哪个国家的年轻人无法观看MOOC类视频，那他们就失去了坐在家里接触到世界最先进知识的机会，而这就是自由和知识的关系。没有知识，何谈创新？没有创新，何谈创业？自由是基础。

（二）鼓励创办多元主体的创新中介，为社会创新提供专业平台

创新资源能否有机整合，影响着社会创新的前景，而创新中介和媒体是资源整合的有效工具。目前，我国的创新平台比较单一，政府在创新平台中的角色占据绝对主导地位。"2011计划"（全称"高等学校创新能力提升计划"）是继"985工程""211工程"之后，中国高等教育系统又一项体现国家意志的重大战略举措。

有业内人士认为，"'2011计划'是做事计划，不是分钱计划"。"2011计划"以协同创新中心建设为载体，协同创新中心分为面向科学前沿、面向文化传承创新、面向行业产业和面向区域发展4种类型。"2011计划"是中国政府又一项"集中力量办大事"的战略举措，与之前工程不同的是，它强调不同部门之间的协同，这些协同中心主要是在科研院所和高校的研究中心、产学研中心的基础上建立的。能够获得"2011计划"认定的协同创新中心将获得巨大资助，而选评的核心和基本要求是要"以国家急需为根本出发点"，这也是标准和条件。所以，"2011计划"仍然是政府主导的科研工程，只不过是更加强调了"国家急需"和"多单位协同"。截至2022年年底，经过国家认定的"2011协同创新中心"已经有38个，为了竞争申请"2011协同创新中心"，各个高校自主设立的已经挂牌运行的协同创新中心已有113个。

然而，与政府主导创建科研平台的大手笔相比，来自市场和社会的创新平台却显得尤为弱小。2006年10月举办的社会创新与建设创新型国家研讨会，可谓是中国第一个"半官方"的以社会创新为主题的国际研讨平台。2010年，

中央编译局比较政治与经济研究中心联合北京大学中国政府创新研究中心、北京华夏经济社会发展研究中心共同发起设立了每两年一届的"中国社会创新奖"。但根据两届的参赛项目统计，参与社会创新的主体力量比较弱小，以合法登记注册的社会团体、民办非企业和基金会为主。可见，中国社会创新的平台仍然是政府主导的创新平台，市场上形成的专业创新中介以及非营利组织的社会创新中介比较弱小。中国目前还没有在市场上形成像美国InnoCentive公司那样的专业创新中介。另外，我国非营利性的社会团体、非政府组织和基金会也与欧美国家此类组织的活跃程度相差甚远。而像国际上在社会创新领域比较活跃的"第四部门"更是少见。因此，鼓励社会创新就需要改变我国政府主导社会创新平台一枝独秀的局面，应允许、鼓励和构建更多样化的社会创新中介或是平台，并不断促进他们之间的合作，为社会创新在中国生根发芽和枝繁叶茂提供更好的环境。

二、倡导多渠道资金支持社会创新，构建创新多元融资体系

目前，我国创新资金的来源渠道仍然比较单一，政府几乎是重大科技创新的唯一资金来源，基金会是具有公益类性质社会创新项目的主要资金来源。随着国家经济实力的增强，我国对科技创新的投入也在逐渐增加，但这些投入是以"集中力量办大事"为导向的。国家科研经费的配置权也集中在国家层面，一般科研人员的工资收入较低，如果需要增加收入就必须向国家申请科研项目，只有申请到科研项目，才能有配套的科研经费。同时，科研项目也成为科研人员晋升的必备指标。在这样的体制环境中，中国最优质的科研人员只能将全部的精力和"聪明"投入进去。为了中标，"寻租"在科研界也常有发生；为了完成科研项目考核指标，"学术造假"屡禁不止；创新资源高度集中，一些学术带头人演变成了"学霸"……科研经费高度集中和渠道单一的状况在和平发展时期不一定高效，因为很多科研人员是为了完成既定指标从事科研，而不是根据个人的专长和兴趣来从事科研，最终的结果就是大量的科研成果没有办法转化为现实的生产力，创新资源被浪费。这里所说的资源不仅包括国家投入的科研经费，还包括无数位科研人员的时间和精力。

因此，改变现行过于集中的科研经费分配方式，同时还应该促使社会创新经费来源多样化。首先，建议以多种方式分配科研经费，如设立国家科技大赛

平台，将一部分科研经费以开放的方式奖励大赛挑战成功者。开放性质的创新挑战赛，一方面能够调动社会成员的积极性，另一方面，"结果"导向的评判指标能够提高科研经费的使用效率。

其次，增加科研人员的工资收入或者增加自选科研项目的经费，这样有助于他们更加专注于自己擅长或有兴趣研究的领域，分散国家集中科研经费的风险，促使中国的创新能够在多个领域取得成就。中国大陆科研人员的工资收入与欧洲、美国有很大的差距，与中国台湾地区、香港地区和澳门地区的差距也非常明显。在人才自由流动的今天，这种状况很难留住顶尖科技人才，流失的科技人才中，大多是由国内培养出来的。长此以往，中国的科技创新能力将始终无法进入第一梯队，这与中国的经济实力不匹配。

笔者建议引导和鼓励政府之外的资金，尤其是个人资金以多种方式进入基础科学领域，与政府一起共同推进我国科技创新。如前文所述，美国在联邦政府不断削减科研经费的背景下，私人科学悄然兴起并进入到基础科学研究领域。这些人大多是"有钱人"，他们有的直接资助科研人员做他们感兴趣的研究，有的直接组织科学家进行一些专项研究。目前，中国可能是"造富"最多的国家之一，"富豪榜"不断刷新纪录，他们当中也不乏希望将财富用之于民的企业家，个别企业家还经常"高调慈善"，还有多个企业家向国际知名学府捐助巨款。基础科学与企业的研发有很大不同，基础科学的研究投入更大、周期更长、风险更高，但一旦有创新突破，对社会的影响也将更大。所以，如果有人或团队愿意投入资金在基础科学研究上，对中国来讲将是件非常有意义的事。

因此，建议政府放开限制，鼓励和引导社会资本以多种方式进入基础科学研究领域，比如直接资助科研人员、直接资助科研项目、直接组建团队做科学研究，或者也可以委托相关组织进行上述活动。允许私人科学的存在，不但能够减轻政府巨额科研经费支出的压力，提高科研人员和科研项目的受资助额度，还能丰富创新成果，推动社会创新。

三、调整现行的科技创新体系，向体制外的社会创新者倾斜

自上而下"集中力量办大事"的政府主导创新模式是中国现阶段创新体系的鲜明特点。该创新体制在冷战时期集中力量进行科技突破是被证明十分有效的创新模式。但是，这种创新体制在和平发展时期和信息时代是否仍然有效？

这是中国创新战略的顶层设计需要考虑的重大问题。

首先，新的时代背景下，出现的问题是多方面和多领域的，问题的突发性和不确定性越来越明显，政府主导的创新体系很难面面俱到，解决问题的能力和方式也是有限的。其次，多数颠覆式创新的成果基本上都是诞生在体制之外的，如果政府仍然将主要力量集中在体制内的创新领域，没有给体制外"自下而上"的"草根"留有创新的空间和资源，则可能扼杀了引领中国创新的可能性。

调整现有的政府主导科研体系，可以从多方面着手。比如，为体制外的社会成员设立一个国家科技创新挑战大赛的平台，国家提供资金和资源支持，本着开放的精神，鼓励和吸引全球有意向迎接该项挑战的人士积极参与。有别于传统科研模式，挑战赛的模式是开放的，考核科研成果也不再是发表了多少篇论文、申请了多少个专利，而是直接转向创新的最终"成果"，这些成果可以被直接运用，能够产生价值。相比之下，这种自下而上、开放性的创新体系对创新资源的运用更加有效和直接。另外，在创新的内容上，除了服务国家战略需要的重大科学技术创新之外，同时还应该注重改善民生领域的创新，或者将军事战略领域的技术成果向民生领域转化，这样不仅能够调动社会上更多人的积极性，还能够让广大民众切实感受到创新成果带来的好处。

四、政府通过放权提升公民意识，疏通上下融合的创新路径

社会创新是建立在个人独立、自由权利得以确立和保障的基础之上，并且是随着缩小政府活动范围、限制政府权力和规范政府行为方式而进行的。这里的"政府"包括中央和地方的全部立法、行政和司法机关的广义政府。虽然受市场化经济体制改革的影响，目前政府的规范和法制化意识在逐渐提升，但是仍然具有比较明显的"全能政府"特征和体制残余。正如家庭联产承包责任制和中关村案例中所表明的那样，没有国家领导人的认可以及政府的引导、推广和规范，社会创新是不可能实现的。但同时我们也意识到，没有政府自身的改革和创新，社会创新就没有产生和扩散的空间。政府鼓励全民创新、万众创业最好的办法就是先对自己创新，然后通过自身创新来推动社会创新，政府放权于社会将提高公民意识和民众参与水平，提高政府的规范性和自律性。社会创新意味着对既定社会系统的改造和转换，政府也会成为被改革与被创新的主要对象之一，这将会导致权力和利益的再分配，然而这必然会遇到巨大的阻力。

另外，如果政府不改一贯的"强势"和主导方式，社会创新成果诞生的可能性和推广的有效性就会达不到预期效果。因此，从这个角度来看，就更需要有自下而上的创新形成社会基础来支持和推动自上而下的政府创新。社会创新呼吁政府创新，政府创新拓宽社会创新。一旦政府和社会形成这种良性循环，中国就会迎来创新的黄金时代。

上文是从整个社会的角度阐述的，但各类主体在社会创新中承担的职能仍然是各有侧重的，现针对几个重要参与主体分别提出建议。

首先，政府部门在社会创新培育中发挥着倡导者、促进者、资助者和监管者4个角色的作用。作为倡导者，政府应该允许和鼓励企业、公司和各类经济组织、非营利性组织、"第四部门"和个人进入社会创新领域，使它们在社会创新中各放异彩。政府不必亲力亲为，政府的"全能"对其他社会主体的社会创新具有"挤出效应"；另外，政府应当通过不断的自我开放和民主创新，积极参与到社会创新大潮之中。作为促进者，政府应该引导创新主体在一些社会问题方面发挥重要作用。作为资助者，政府应该对社会创新参与主体开放，让他们拥有同样的机会参与政府资助的社会创新项目，同时给予公民、社会组织和"第三部门"的资助应该具有稳定性、非歧视性特征。作为监管者，政府要首先做到自律，其次是减少监管对其他社会创新主体带来的不必要的麻烦和误导。

杰夫·摩根（Geoff Mulgan）等曾经提出了培育社会创新的公共政策框架。

①以结果为导向的资助模式，为各类主体引入更高水平的竞争和竞赛；

②权力和资金的分散化，以便允许社会拥有更多的自由和资源提出和实施创新方案；

③在市场环境方面，打破垄断，为国有企业之外的所有制经济类型提供平等的进入机会，创建公平的竞争环境，通过充分竞争激发创新；

④在公共服务提供方面，政府需要更加开放和透明，最大限度地增加社会公众的知情权和参与权，将一部分政务外包；

⑤为社会创新活动提供"虚拟"和现实空间，为公共、私人和非营利性组织突破界限的交叉创新和信息交流提供空间；

⑥建立各种实验室，对创新进行测试，让用户参与创新过程并对创新进行评价。

除此以外，为了培育社会创新，政府还应当在社会创新的法律制定、人才培养、舆论宣传、税收政策和监管环境等方面鼓励社会创新。

其次，私人经济部门（以企业为代表的商业组织）在培育社会创新中发挥着主导作用，社会创新模式也将成为企业创新的一个新范式。在市场经济国家里，私人经济部门主导着社会的分配法则。正如"社会创新"一词来源于企业管理领域一样，企业社会创新将是经济社会中创新的主导者。社会创新模式作为企业创新的新模式有四个显著的特征：首先是综合性。企业社会创新不再强调某项具体的技术创新、产品创新、管理创新或是营销创新，而是更加强调创新的组合或是综合。其次是开放性。企业社会创新是一种打破企业原有边界的开放式创新，更加注重吸纳企业外部资源，协同内部资源共同创新。再次是多方参与性。企业社会创新更加强调客户、供应商、非政府组织等外部利益相关者的参与。最后是超社会责任。企业社会创新已经远远超出企业社会责任应当担负的法定责任和简单的慈善，而是更加考虑多重底线、协同多方利益、提供更多价值的创新解决方案，是企业的一种长期的战略性投资。

因此，企业社会创新的作为可以是多个方面的：

①打破传统创新模式，主动策划和实施企业的社会创新战略，比如 IBM 的"创新 Jam"；

②打破企业边界，灵活采用开放式创新、众包、挑战赛、客户参与、供应商参与等多种方式鼓励和利用社会资源进行创新，比如思科的"I-Prize"；

③鼓励员工创新，为企业社会创新搭建内部平台和创新氛围，如海尔的"人人创客"；

④企业联合其他社会创新主体开拓社会创新的新途径，比如改善全球供应链和加大生活机会，利用大数据、物联网、社交平台、创新平台等推进社会创新；

⑤多方式参与投资社会创新活动，可以通过社会风险资本和小额贷款等投资于创新性的金融机制。

企业还应该以更加积极的姿态参与到其他团体组织的社会创新活动中去，以便多渠道获得信息、知识和经验。

再次，"第三部门"和"第四部门"在培育社会创新中发挥着杠杆作用。在政府部门和私人经济部门之外的"第三部门"往往以社会问题来驱动和运作，带有明显的公益特色，比较典型的是公益性的基金会和专业社会组织。基金会除了直接为社会创新项目提供资助之外，还可以连同专业社会组织和专家搭建社会创新交流、学习和提升的平台，比如国际知名的英国社会创新基金会——

杨氏基金会便属于该类型。创新活动的动员、召集、能力提升、系统和平台支持是基金会在培养社会创新方面发挥作用的地方。

近年来公益风险投资基金在欧美逐渐盛行，通过风险投资而非慈善捐助的方式投资于富有潜力的社会创新项目，已经逐渐成为基金会支持社会创新活动的新型模式。专业从事社会创新活动的组织也逐渐兴盛起来，较知名的有斯坦福商学院的社会创新研究中心、国际社会创新交流中心（International Social Innovation Exchange）等，这些专业化组织将汇集社会创新活动的设计、技术、商业、公共政策、社会活动和社区发展等内容，汇集全球社会创新的发起者、研究者和实践者，交流创新知识、信息和经验，有力地推动着社会创新活动的发生和发展。

随着社会中各类组织的深度交叉，组织的性质和边界变得比较模糊，比如前文中所描述的"第四部门"，其中，社会企业是社会创新领域中异军突起的"第四部门"代表。社会企业是为了社会目标而进行的商业活动，具有三个特征：一是企业倾向，直接为市场提供产品和服务；二是社会目标，成立时具有明确的社会或是环境目标，利润主要用来再投资，实现既定的社会目标；三是社会所有权，社会企业是一个自主性组织，其治理结构和所有权结构通常建立在利益相关者群体参与之上，并就其行为的社会影响向利益相关各方负责。近年来，社会企业在欧美的发展较快，中国的非营利领域也经常出现社会企业的身影。社会企业既是社会创新的表现形式之一，又是主要的参与主体，已经成为推动社会创新和促进社会公平的一支重要力量。

最后，我们回到"人人参与创新"的社会创新本质：个人如何在社会创新中发挥作用？个人在社会创新大潮中分别担任着发起者、支持者和参与者的角色。第一，分散在各行业的社会精英人士往往是社会创新的发起者，他们的行为很可能点燃某个领域社会创新的火种，比如经度之战中的钟表匠哈里森、投入私人科学的商业精英、改变中国历史的18位农民、中关村之父陈春先等。他们善于采用全新的运作方式发现更加高效和富有价值的问题解决方式，他们富有创造力、使命感和行动力，更有勇气和魄力突破传统和束缚，他们是社会创新的先锋，对现状的不满和创造未来的希望是他们发起和推动社会创新的主要动力。

第二，有远见的政治家、企业家、基金会领导人和大型社会组织领导人是社会创新的关键支持者。社会创新是一场推动社会变革的接力赛，社会精英人士发起社会创新活动之后，需要得到社会创新关键支持者的支持和推广，有远见的政治家可以将社会创新成果上升到社会政策、法规和体制加以巩固和推广。企业家可以积极推动那些有良好应用前景的社会创新成果发挥更大的效用，同时也促进社会创新活动能够可持续发展。基金会领导人及主流媒体、大型社会组织的领导人认同社会创新活动的目标和价值，从多个层面宣传、支持和推广社会创新活动。

第三，普通公民作为社会创新的参与者，他们在社会创新活动中发挥着基础作用。

第二章 创业的内涵解读

第一节 创业的内涵概述

一、创业的实践本质

"创业"是开展创业研究的核心范畴，也是从哲学角度分析创业相关问题的逻辑起点。然而，究竟如何理解和界定"创业"，人们的看法至今仍不一致。从哲学角度来说，这既是必然的又是正常的，不同类型的创业所展示的是创业的某一侧面或某一层次，它们总是从特定的视角去观察创业，自然很难取得统一的认识。但是对于从哲学角度研究创业来说，这种认识上的不一致便成为首先要解决的问题，否则它就不可能"多中见一"，在众说纷纭、歧见迭出的各种"创业"概念中科学地抽象概括出"创业"的一般概念，以确立自己的逻辑起点；更不能从世界观的高度去审视复杂多变的创业现象，进而揭示机理的深层本质，洞见创业世界的奥秘。

（一）"创业"是一个历史演变着的多义范畴

创业作为人类的一种自主活动，是随着社会进步和人的发展而变化的。反映到语言中，"创业"一词不仅有着上述广义与狭义之分，同时还经历了从古义到今义的演化。在古代，由于自然经济的分工和社会协作比较简单，创业一词有时甚至不用于经济活动而用于政治活动。诸葛亮在《前出师表》中所讲"先帝创业未半，而中道崩殂"，指的是创帝王之业，这种观点后世也有沿用。比如我们可以说，毛泽东领导中国人民进行新民主主义革命，建立了中华人民共和国，是在创立无产阶级大业。

"创业"一词被人们主要作为甚至专门当作经济管理领域的概念来使用，

是从近代开始的。在近代，随着资本主义商品生产的出现和发展，社会分工日趋细密，人类在经济领域的活动越来越被重视；特别是现代，企业与企业、地区与地区、国家与国家之间的竞争主要不取决于资源、人力的多寡，而取决于科技、经济发展水平的高低。在人们的认识领域中，"创业"一词的外延和内涵逐渐发生了历史性转变，最终演化为我们今天看到的多种创业概念。

"创业"一词由"创"和"业"组成，所谓"创"就是创造，即创建、创立、创新之意，《辞海》的解释是"创立基业"。《孟子·梁惠王》有："君子创业垂统，可继也。"这里所谓的"创业"是广义上的创业，是指"事业的基础、根基"，既可以是古代的"帝王之业""霸王之业"，也可以是百姓家业、家产和个人事业。关于"业"字，其含义也有很多，《现代汉语成语辞典》对"业"有如下解释：学业；业务、工作；专业、就业、转业、事业；财产、家业、企业等。可见"业"的内涵极为丰富。同样，"创业"的内涵也极其丰富，有性质、类别、范围和过程、阶段等方面的区别与差异。

从"创业"这个概念在汉语使用中所表达的意思进行分析，创业一般强调三层含义：①强调创业开端的艰辛和困难；②突出创业过程的开拓和创新意义；③侧重于在前人的基础上有新的成就和贡献。而对"业"的范围没有什么限制，主要体现一个新的结果。因此，创业是一个过程，创业是一个主体通过主观努力而取得的新的结果。

在现代社会中，"创业"被普遍用于描述开创某种事业的活动，与保持前人已有成就和业绩的"守业"是相对的。改革开放以来，创业也就指一切个人或团队创立自己的产业的活动，如开店、办厂、创办公司、投资生意等生产经营活动。在高等教育中表述的"创业"主要是指：以所学知识为基础，以技术、工艺、产品、服务的创新成果为支柱，以风险投资基金为依托，开创性地提供有广阔前景的新技术、新工艺、新产品、新服务，直至孵化出新的高新技术企业甚至新产业部门的一系列活动。

理论研究对"创业"有很多表述，国内外具有代表性的主要有以下几种。

（1）国务院发展研究中心企业研究所的李志能等认为："创业是一个发现和捕捉机会并由此创造出新颖的产品或服务和实现其潜在价值的过程。"

（2）台湾中山大学企业管理学系教授刘常勇认为，创业是一种无中生有的历程，是创业者依自己的想法及努力工作来开创一个新企业，包括新公司的创立、组织中新单位的成立，以及提供新产品或者新服务，以实现创业者的理想。

（3）首都经济贸易大学教授宋克勤认为，创业是创业者通过发现和识别商业机会，组织各种资源提供产品和服务，以创造价值的过程。创业包括创业者、商业机会和资源等要素。

（4）清华大学经管学院教授雷家骕等认为，创业的目的就是为了实现商业利润。创业是"发现、创造和利用商业机会，组合生产要素，创立自己的事业，以获得商业成功的过程或活动"。

（5）北京大学教授刘健钧认为，创业是"一种创建企业的过程，或者说是创建企业的活动"，创业需要一个创业的实体，这个实体通常就是企业。他强调了创新与创业的区别，指出创业活动必然涉及创新，但创新并不必然是创业活动。

（6）罗天虎主编的《创业学教程》将创业定义为"社会上的个人或群体为了改变现状、造福后人，依靠自己的力量创造财富的艰苦奋斗过程"。创业就是一个创造和积累财富的过程，创业活动具有开拓性、自主性和功利性等基本特征。

（7）由美国巴布森学院（Babson College）和英国伦敦商学院（London Business School）联合发起，加拿大、法国、德国、意大利、日本、丹麦、芬兰、以色列等十个国家的研究者应邀参加的"全球创业监测"项目，把创业定义为"依靠个人、团队或一个现有企业来建立一个新企业的过程，如自我创业、一个新业务组织的成立或一个现有企业的扩张"。

（8）杰弗里·A．蒂蒙斯（Jethy A. Timmons）认为："创业是一种思考、推理和行为方式，这种行为方式是机会驱动、注重方法和与领导平衡。创业导致价值的产生、增加、实现和更新，不只是为所有者，也是为所有的参与者和利益相关者。"

（9）霍华德·H．斯蒂文森（Howard H.Stevenson）认为"创业是一个人——不管是独立的还是在一个组织内部——追踪和捕获机会的过程，这一过程与其当时控制的资源无关"，并进一步指出有三个方面对于创业是特别重要的，即察觉机会、追逐机会的愿望及获得成功的信心和可能性。

这些定义都描述了创业的一个或几个侧面，如强调了识别机会的能力，正确地预测下一个不完全市场和不均衡现象在何处发生的套利行为与能力。西方有影响和有代表性的创业定义主要立足于四个方面，即创业家个性与心理特质、识别机会的能力、获取机会、创建新组织与开展新业务的活动，其中的两个方面涉及创业机会。

创业是一切财富的源泉，是促进国家昌盛、社会繁荣、人民富有的必然手段。人类的历史就是创业的历史，社会文明与物质文明无不是创业者劳动和智慧的结晶。

从范围上讲，创业有广义、狭义之分。广义上的创业，泛指人类一切带有开拓意义的社会变革活动。因此，从广义上说，一切有益于国家、社会、人民利益的活动，都可以称之为创业。广义创业涉及的领域非常广阔，无论政治、经济、军事、文化艺术事业，只要人们从事的是前无古人的事业，都可称之为创业。前文提到的刘备创帝业和毛泽东领导中国革命胜利，热心公益事业的人建立公益性组织、扶贫组织和志愿者组织，创立扶贫公益事业，都可属于广义的创业。而从狭义上讲，创业就是社会上的个人或群体自己开展的以创造财富为目标的社会活动，开创属于自己的经济组织，获得经济上的收益。这种活动对于整个人类来讲，也许是有许多前人的经验的，但对创业者本身来说，则是从未经历过的、从头开始的事业。在当今改革开放的背景下，一系列白手起家开拓出新局面的企业领导者所做的工作都是狭义上的创业活动。根据上述分析，我们可以给创业下一个明确的定义：创业是指社会上的个人或群体，为了改变现状、造福后人，依靠自己的力量创造财富或开拓新局面的艰苦奋斗过程。

（二）创业是人类一种特殊的实践活动

与当下社会对创业认识上存在的巨大分歧不同，从哲学角度对创业所作的定义比较统一，都认为创业是人类社会特有的某种"活动"。至于究竟是什么性质的活动，创业这类活动同人类其他活动有何区别及联系，人们的看法又不一致。大概可以归纳为如下三类：一是将创业看成一种可观察、可量化的组织商业活动，认为创业就是组织调配资源、指挥控制作业人员的感性活动。这种观点将决策等思维活动排除在创业活动之外，认为创业虽离不开决策、政策、计划等思维形式，但它们本身不属于创业。二是认为创业既包括创业的感性活动，又包括指导创业实践的理性思维活动，主张创业是一种"社会活动"。三是认为创业是一种特殊的社会实践，而且是社会实践的一种基本形式。

对于创业的这三种看法，第一种显然是片面的，因为创业既不是无思想的纯感性活动，也不是无行动的纯理性活动，而应当是感性和理性、行为和思想的统一。任何一个完整的创业过程，都必须经历由预测、决策、计划到组织、指挥、调控这样两个大的阶段，缺一便不能完成创业。

既然第一种看法有其明显的片面性，是否意味着第二种观点可以成立？的确，第二种观点很全面，认为创业既包括创业者的一系列主观认识活动，又包括组织、指挥、调控创业活动对象的现实活动或实践活动。不过这种观点却回避了一个重要的内容，即创业这种"社会活动"中的两类活动究竟有无主从之分；或者说，究竟是创业的实践活动决定创业的理性活动还是相反。因此，第二种观点虽全面但欠深刻，没有明确揭示创业的本质。而回避创业本质的"全面"只能是肤浅的"全面"，它无助于人们从哲学高度去认识创业。

笔者赞同上述第三种看法，认为创业在本质上是一种特殊的社会实践活动。至于为什么要把创业的本质归结为一种特殊的社会实践，可从以下四个方面加以阐述。

第一，创业是人类的一种目的性活动，它不同于动物的本能活动和人类的无意识活动。众所周知，动物也在活动，但动物的活动主要是由遗传获得的本能活动，缺乏以明确自觉的意识为指导。某些高等哺乳动物虽开始具有人类意识的萌芽，其行为也有某种高于其他动物的目的指向性，但这终究是一种本能行为，它始终无法意识到其行为的意义。人类既有同动物相似相通的本能活动，又有与之完全不同的目的性活动。人作为一个有生命的自然存在物，先天地具有求生存、求安全的生物本能，这类活动是由先天遗传获得的无意识行为。而人之为人，人高出于一切动物的地方，却在于人还有另一类活动：由各类意识支配着的目的性活动，创业便是其中之一。在人类早期的创业活动中，就包含创业者明确的目的性和计划性。随着创业活动的发展，创业的目的越来越复杂、计划越来越周密，以致发展到今天，创业决策和计划已成为创业过程中一项重要工作，成为创业活动成败的关键环节。可见，创业活动是人类的一种目的性活动，目的性是它的第一重本质属性。

第二，创业是一种自觉的自组织活动，它按照自觉的目的和复杂的方式将参与创业者高度组织起来。根据系统论的观点，任何系统都是自组织。系统各要素之所以能按照一定的结构方式组成有序的系统组织，都有它内在的组合机制。从简单的原子到复杂的生命，各类自然物无不自成系统，也无不具有自身特有的组织功能和组织机制，否则，自然界便将处在永无秩序的混沌离散状态。人类社会作为由众多的人和不同的物组成的最复杂的特殊物质体系，同样是一个自组织体系；不过，它同自然物质系统存在着明显的区别。自然系统是由物理的、化学的、生物的各种组织机制来发挥其组织功能的，其组织过程是一个自然过程。人类社会领域中很多经济和社会活动都不可能自然地组织起来，而必须借助于自身特有的组织机制，这其中重要的形式之一就是创业。马克思主义哲学认为，从猿到人经历了十分漫长的历史进程，劳动最终将人从动物中提升出来。而严格意义上的劳动不是原始个体分散的觅食活动，而是将个体有序组织起来的社会组织活动。可见，创业活动不仅以其明确自觉的目的性与动物的本能活动区别开来，还以其自觉的组织性与自然系统自发的组织性区别开来。

第三，创业是人类实现目的的对象化活动，是主观见之于客观的实践活动。人类有目的的活动可以划分为两类：一类是客观见之于主观的认识活动，另一类是主观见之于客观的实践活动。前者即主体对客体的反映，其进程由外到内、由客观到主观，目的在于认识客观世界；后者即主体对客体的能动改造，其进程刚好相反，表现为从内到外、由我及物，目的在于将主体自身的需要、意志、追求加以实现。显然，人类这两类活动都有明确的目的计划，但二者的目的指向却刚好相反。黑格尔将后一类活动看成绝对理念的对象化（或物化、或异化、或外化）过程，马克思则将其看成人类实现自由自觉本质的实践活动。毫无疑问，创业作为有明确目的指向的人类自组织活动，离不开诸如预测、目标、决策、计划等思维形式，而且在整个创业过程中，无论是组织（企业和社会组织）的创建，还是组织在具体活动中的控制、协调、激励、引导诸环节，无不渗透着创业者的意向、偏好和创业组织成员的情绪、追求。

第四，创业是一种特殊的实践活动。在通常意义上，实践被定义为人类改造客观世界的现实活动，其基本特征是"改造"或"对象化"，即按人的目的需要去变革、改变已有的对象和秩序，创建能满足人的需要的新对象和新秩序。创业则有所不同，它是一种特殊的实践活动，与通常所说的实践活动存在着两点区别：其一，两类实践的对象性客体不同。一般实践是以外部客观世界为其作用对象，实践者直接面对的是自然和社会环境；创业作为计划、组织、控制各类实践活动的特殊实践，创业者直接面对的不仅是外部自然界和创业组织以外的社会环境，而且包括参与各类实践活动的人和组织，是以各类实践活动为其作用对象。其二，两类实践的主体不同。一般实践的主体是指直接参与改造自然和变革社会的多数人，包括从事生产实践的工人、农民、工程技术人员,从事科学实践的科研人员和从事各类具体社会实践的人(如普通士兵、警察、政府各级各类事务员等),以及直接配合这些实践活动的辅助人员(如物资储运人员、信息传输人员、资金保管人员等);而创业实践的主体则指规划指导各类实践活动和组织指挥各类实践主体的少数人,即创业者。当然,这两类不同实践主体的划分只具有相对的意义,因为在现实生活中,有的人兼有双重身份。但是二者之间的区别又是明显的,在任何时候和任何地方,创业实践的主体总是指直接从事各类创业活动的少数人,而不是直接参与其他实践的多数人。如果看不到二者的这种区别,就抹杀了社会分工,无法理解创业何以是一种特殊的实践活动。

综上所述,我们不难看出,创业不是人类无目的的本能活动,而是有目的、有计划的自觉活动;本质上不是有目的的人类认识活动,而是根据已有认识实现目的的实践活动;不是直接改造客观世界的一般实践活动,而是计划、组织、指导、控制一般实践活动去实现创业目标的特殊实践活动;不是局限于一时一地的实践活动,而是人类社会无时不有、无处不在的基本实践活动。因此,如果用以上内容来概括创业,我们可以说,创业就是创业者为达到一定目标而对某类实践活动进行的组织行为过程或特殊实践活动。

(三)创业的基本特征

创业既然在本质上不能归结为某种思想而只能归结为实践,说明它具有实践的一般特征;既然它是一种以其他各类实践为对象的特殊实践,又蕴含着一系列区别于其他实践的具体特性。

首先,创业作为一种实践,无疑具有各类实践共有的客观性。这是因为:第一,无论何种创业,都是由创业主体有目的地作用于创业客体的活动。无论是创业主体——人,或是创业客体——人、财、物、时间、空间、信息,都是不以个人意志为转移的客观存在。这说明创业的两大基本要素是客观的。第二,创业活动虽然是人们有目的的、受创业者思想控制的活动,但本质上不能归结为思维活动,而应归结为实践活动。创业过程主要不是从客观到主观的内化认识过程,而主要是从主观到客观的物化实践过程。任何创业及其环节虽然体现了创业者的目的、意志、思想、情感,但科学有效的创业结果总是受客观规律的制约和创业实践的决定。因此,创业过程从根本上看不是创业者主观随意的纯思维过程,而是创业者通过种种创业中介实现主观的行为发生过程。第三,任何创业活动最终都会形成某种结果,产生一定的创业效应。这种创业效应可能与人们期望、预料的相符或不符,不同的人对此必将做出不尽相同或者完全相反的评价,这说明创业效果具有主观差异的一面。但是,人们对效果的评价是一回事,效果的实然存在状态是另一回事,它不会以人们的好恶为转移,这说明创业活动的结果也是一种客观存在。由此可见,无论是创业的基本要素还是它的现实过程,是创业的效果还是人们运用创业的艺术,都体现了创业的客观性。

其次,创业作为人类一种自觉的社会实践,还具有明确的目的性和周密的计划性。这里所谓的目的,是指创业活动所要达到的目标;所谓计划,是根据预定目标的要求和实际提供的多种可能进行决策和制定计划。如前所述,创业活动区别于生物本能活动和人类下意识活动的地方,首先在于创业活动在进行以前,一般都预先设定了目标和计划,这说明创业活动具有目的性和计划性。但是,一般社会实践活动也有目的和计划,这就必须对二者的目的、计划进行比较。按照人们通常的理解,一般的实践在于改造客观世界或探索客观规律。而创业者对创业目的则看法不一,有所谓盈利说(认为创业目的在于赚钱盈利)、效率说(通过创业提高生产效率或工作效率)、功能放大说(通过创业谋求组织系统的最大功能或最佳效益)和社会效益或社会责任说。说一般实践的目的在于改造客观世界,固然不错,但却过于笼统,因为实践是具体的、多样的,不同的实践各有其特殊的目的内容。而认为创业的目的在于盈利或在于提高组织工作效率等,既不完全符合创业的真正目的,也割断了创业目的同实践目的的统一关系。其实,创业的目的同实践活动的目的是一致的,这种一致性从两个方面表现出来:一方面,实践的需要产生了相应的创业项目,实践的目的从根本上决定和制约着创业的目的,没有离开一定实践目的的创业目的。脱离实践的目的而另设创业的目的,这种目的要么是不真实的,要么必然因背离它的对象的目的注定不能实现。另一方面,创业作为经济和社会领域的特殊实践,首要的任务就是给实践定方向,赋予实践活动明确的目的性;其次是通过各种手段,统一创业组织成员的行为目的和控制整个实践过程沿着既定的目的运行,创业的目的又集中表现了实践的目的。脱离了创业的目的,参与实践活动的各个人的目的就不可能统一起来,整个实践活动就会因此而丧失自己的目的。可见,一般社会实践同创业这一特殊实践都有目的,都具有目的性,二者的目的是一致的。

最后，创业作为人类社会的特有形式，具有诸如内聚性、协调性和有序性等特征。这里所说的内聚性包括两层含义：其一，创业是具体的，具体的创业有它特殊的实践对象和作用范围。如果创业的对象错位或创业范围无限扩大，势必造成创业活动的混乱和创业失控。这就意味着，创业是针对一定对象和在一定范围内的活动，创业的内聚性首先是指创业给它作用的实践活动确定对象和划定范围，以使实践系统同环境的内外界限一目了然。其二，创业的内聚性还指创业对实践系统内组织成员的凝聚功能。各类实践活动是由一个个实践者共同参与的群体活动，如果没有创业通过各种方式将他们联系、凝聚在一起，就不可能有社会的"合力"，自然也谈不上实践。所谓协调性，是指要实现创业目标，就要对实践活动进行协调，这既包括组织成员行为的协同一致，也包括对组织系统各成员之间关系的调整处理；既包括对实践过程中人和物、物和物多种因素的合理配置与适时调整，也包括正确处理组织与环境的复杂关系、维护二者的动态平衡。这就是说，协调是各类创业活动实现自身预期目的的手段，以保证它所创业的实践沿着既定的方向正常进行。所谓有序性，是相对于无序、混沌、离散而言，它是对事物一种存在状态的描述。在社会生活中，经济繁荣、政治稳定、思想统一、秩序井然表现了社会系统的有序性；而经济失调、政局动荡、思想混乱和旧的秩序被破坏，则意味着社会的无序。各类社会实践的作用在于破坏已过时的有序状态而追求更新的有序状态，因而它必然伴随着对旧秩序的种种破坏，引起各种各样的失衡、震荡、分化、混乱等无序现象。而要克服这种无序达到新的有序，创业者应当尽量减少实践过程的盲动性和混乱性，以使各类改造客观世界的活动有序地进行，并最后建立起新的秩序。

（四）创业的二重性

研究经济领域的活动不难发现，一切经济创业也有二重性：不仅以建立企业为目的的创业有二重性，社会创业也有二重性。包括生产企业创业在内的所有企业创业的二重性，是指创业既同生产力又同生产关系相联系，既反映生产力的需要又受生产关系的制约，既包含如何合理有效地组织生产、进行分配和交换的技术性，又包含实现创业者的生产目的，维护某种生产关系的社会性。以实现公益目的而开展的社会创业的二重性，是指社会创业的手段性和目的性。前者包括如何设置最佳的组织模型，有效地控制社会创业活动组织和人员的行为方式，提高工作效率；后者体现为社会组织的价值取向。

可见，任何创业都有二重性，即创业的自然性（技术性）和创业的社会性。自然性（技术性）包括创业的科学决策程序、计划的制定方法、合理的组织原则、有效的指挥艺术和严密的调控机制等；社会性指创业的各类社会属性，包括创业者的社会地位或所属阶级的阶级性，创业者的价值观念和价值取向、创业关系的社会性质以及创业所产生的社会意义。这就意味着，创业作为一种特殊的社会实践活动，尽管它具备前文提到的多种属性，但归根到底可归结为这两类基本属性。其中，创业的技术性遵循效率原则，反映了创业活动的客观规律，表现了创业的科学性和通用性，属于创业的自然本质；创业的社会性则不同，它所遵循的是价值原则，反映了创业者的主观意图和价值取向，代表着某种特殊的社会关系，属于创业的社会本质。

创业二重性理论的提出，对于我们深入理解创业和正确对待创业具有重要的意义。

首先，创业二重性表明，创业既不是无目的、无计划的纯感性活动，又不是纯理性的认识活动和思维活动，而是目的观念的对象化活动，是主观和客观、目的和手段、观念和技术相统一的特殊实践活动。这就告诉人们，任何创业都是由两重基本属性共同规定的，缺一便不称其为创业。如果只看到创业某一方面的属性，就会对创业的本质做出错误的判断。

其次，创业的自然性表明，创业虽是人类一种有目的、有计划地组织、调控某类实践活动的能动活动，但人们的目的、计划必须合乎创业的实际，不得违背创业活动的运行规律。任何一项有效的创业活动，都是创业者正确认识创业实际和遵循创业规律办事的结果。如果以为创业既然是创业者的活动，创业者就可以随心所欲、任意妄行，这样便抹杀了创业的客观自然性，其结果是无法进行科学有效的创业活动。

最后，创业的社会性表明，创业作为由其他实践所决定并反映一定社会关系的特殊实践，还具有时代性、民族性、阶级性、社团性等特殊性，不同的创业之间存在着严格的界限，不容混淆和机械照搬。

二、创业的社会方位

创业是实现创业目标的特殊实践，因此，创业的存在必然有着它无可估量的多种社会价值。不过，要寻求它所存在的社会方位和认识其社会价值绝非易事，这需要将它置于社会系统的大背景之下，分别考察它与经济、政治和文化的复杂关系。

（一）创业和经营管理

在经济领域创业活动中，"经营"和"管理"是使用频率最高的两个词汇。但是对于"经营"和"管理"的关系人们很少注意，从而使我们在概念上发生某种程度的混乱。

之所以发生"经营"和"管理"混用的情况，首先同汉语的习惯有关。在古汉语中，"经"含有通盘谋划或从长计议之意；"营"含有营造和操办之意。"经营"合用，是指通过深思熟虑去参与某项事业，其意与我们现在所说的"管理"大致相当。所以，在日常用语中，很难对"经营"和"管理"做出明确的界定，"经营""管理"常常连用或相互代用也就不足为奇了。

在西方学术界，"经营"和"管理"则是两个相关但含义不同的经济学范畴。法约尔认为，人们常常将"经营"和"管理"等同看待是很有害的，应当对二者进行区分。在《工业管理与一般管理》一书中他指出："所谓经营，就是努力确保六种固有职能的顺利运转，以便把事业拥有的资源变成最大的成果，从而导致事业实现它的目的。"他所说的管理，只是经营的六大职能（技术职能、营业职能、财务职能、保养职能、会计职能、管理职能）之一。很明显，法约尔所理解的"经营"，指的是企业（特别是大企业）的整个经济活动；而他所理解的"管理"，只是作为经营的一个环节或一个方面，其职能包括对经济的计划、组织、指挥、调节和控制。

不过西方还有另一类理解，其代表有霍金森和西蒙。霍金森在其《领导哲学》中认为管理就是政策的制定，它包括"哲学""计划""政治"三个环节；经营则是政策的实施，它包括对人员的组织动员，对问题和效果的检查。也就是说，管理同经营相比较，前者更为根本，因为只有按照某种哲学制定政策和编制某一经营计划的行为才称得上管理，而经营不过是执行既定政策计划的行为。西蒙同霍金森的观点大致相同，认为管理就是决策。按照他们的意见，管理同经营并非属种关系，经营不能包含管理，而是思想和行为、计划和执行的关系，二者很难划出一条决然分明的界线。

笔者认为，仅仅把管理理解为政策计划的制定等决策活动是极不全面的，因为管理绝不限于这类活动，还包括诸如组织、指挥、调整、控制等活动。同时，不应将经营和管理当作种属概念关系,不能笼统地说经营包含管理,而应将二者看成相互交叉的逻辑关系,具体分析它们之间的相互作用。首先应当明确规定,所谓经营,是专指现代企业的经济活动,而超出企业经济活动的范围,不得使用"经营"一词(如古代那样泛用)。在这种场合,即在企业经济活动的领域,企业管理便属于企业经营的一个环节,或者说经营包含管理。但是还必须看到,管理又不是企业所独有的,而是一种普遍的社会实践活动。因此,如果超出企业经济活动的范围,或者将企业置于社会大系统之中来观察,我们便会发现两类现象:其一,单独企业的经营活动需要管理即企业管理,企业之外的其他任何实践活动也需要管理,管理有其广泛的社会性;其二,企业的经营活动既需要企业内部的企业管理,还必须接受行业组织和国家的宏观管理。这两类现象说明,管理具有比经营更宽泛的适用范围,管理又包含经营。

管理和经营的上述复杂关系告诉人们,在创业活动中,既不可能没有经营,也不可能缺少管理。在企业内部,创业者的企业管理必须纳入其经营的轨道,为整个企业的经营活动服务。管理和经营的关系处理得当,企业和组织的创业活动便会正常进行,整个社会的综合实力也会同时增强。

(二)创业管理和生产力

生产力即人类征服自然、改造自然的能力,它是由劳动者、劳动对象和劳动资料三种基本要素按一定方式构成的动态物质系统。唯物史观认为,物质资料的生产是人类社会赖以存在和发展的基本实践,生产力则是推动社会历史进步的最根本的动力。在整个社会大系统当中,生产力居于决定一切的基础地位。判断一种事物是否具有合理性,归根到底是看它对生产力有无积极的推动作用。

那么,创业同生产力之间究竟是何关系?或者说,创业对生产力起着哪些作用?显然,回答这些问题既涉及如何全面理解生产力概念,也关系到对创业的社会价值的认识。

首先,应当肯定,经济领域创业作为以实现企业经济效益为目标的特殊实践,是社会生产力的一个内在要素,对生产力起着多种积极作用。通观古今各种形式的生产力,可以看到这样一些现象:其一,生产什么和怎样生产,这是生产力得以形成的先决条件。但是生产什么(生产目的)和怎样生产(生产计划)不可能由生产力的其他要素决定,而必须由生产的决策者来考虑。其二,现实的生产力不可能自发形成，劳动者、劳动资料和劳动对象如何按一定的比例结合并组织成现实的生产力，也必须借助于企业经营者（创业者）来实现。创业者只有发挥组织功能，生产力的各类基本要素才可能构成能动的生产力系统，而缺乏组织或组织不善就谈不上现实的生产力或形不成有效的生产力。其三，生产力所要解决的是人和自然的矛盾，生产力的活动过程不可避免地要出现这样那样的矛盾，这些矛盾显然也不可能自然地得以解决。要解决这些矛盾，便需要创业者通过生产管理对之进行调整和控制。以上事实说明，创业者所进行的生产运作管理工作虽然不是生产力的实体要素，但从来都是它的重要要素。当创业者为生产力确定生产目标和制订生产计划时，使生产运作管理工作成为生产力的决策计划要素；当创业者围绕计划目标而对生产力的各类要素进行最佳配置时，使之成为生产力的组合要素；当创业者对生产力的现实运动进行调整时，使生产运作管理工作成为生产力的指导要素。因此可以说，创业者的一系列管理、决策工作也是生产力或是生产力的组成部分。

其次，在创业管理和生产力之间，不仅创业管理的许多作为生产力的要素对生产力起着多重作用，同时生产力又从根本上决定和制约着创业管理，生产力对创业管理也具有多重作用。在古代自然经济条件下，人们凭借手工工具进行生产，生产力的社会化程度低，这决定了当时的生产多采用家长式的经验管理形式，管理主要凭习俗、经验、强制指挥来进行。而从近代开始，随着商品经济的高度发展和生产的社会化，生产管理的地位不仅日益突出，创业者管理的内容和方式也逐渐发生变化。在资本主义手工工场中，虽然同样使用手工工具，但也出现了初步的工序分工，生产便只能由工场主来行使统一指挥和管理，手工业工人开始丧失了家庭手工业和行会手工业时期的独立性。随着机器代替手工，出现了资本主义早期的工厂，分工更细，协作性更强。与此同时，一方面工人被降低到简单操作某一机器的附属地位，另一方面又产生了最早的专职生产管理阶层，管理开始具有过程性和专业性。再后，随着生产力社会化程度的进一步提高，一方面机器的专业化程度愈来愈高，生产进程需要创业管理的环节越来越多；另一方面，随着劳资关系日益紧张，对生产者的创业管理问题日益突出。为解决这两个方面的问题，仅靠原有的创业管理经验和对雇佣劳动者的简单命令被证明是行不通的，这就刺激了近代资本主义创业管理理论的产生。到现代特别是当代，传统的工业在发达的资本主义国家相继被更先进的现代企业所取代，生产具有国际性，出现了各式各样的管理方式。可见，并非创业者管理单方面对生产力起着促进作用，由于创业者的管理工作也受制于生产力，生产力对创业者管理也起着促进作用。在考察创业者管理工作和生产力之间的关系时，人们较多注意到的是前者，往往认为创业企业的生产力落后是创业者管理水平落后所至。事实上，初创企业管理的落后有它更深层的根源，即企业的生产力在总体上的落后。

再次，让我们来具体分析一下创业管理的社会价值。如前所说，创业管理作为生产力的内在要素之一，起着计划、组织、指导生产等多种作用。因此，从抽象的意义上讲，创业管理具有无可估量的社会价值。尤其在当代，生产率的提高已经主要不取决于劳力、工时和资源的投入，而主要取决于创业者管理方式的改善。但是深入思考后我们又会发现，并非所有的创业管理活动都对生产力起推进作用，如果管理不善或不当，生产力会遭受摧残。这就意味着，创业者管理工作不是无条件地构成推进生产力的积极要素，有时它会转化为阻碍、破坏生产力的消极因素。究竟创业者的管理工作是有益的还是有害的、是发挥正面的社会价值抑或产生负面的否定价值，关键不在于创业管理本身，而在于创业管理者如何进行创业管理。

一般而言，创业者的管理工作对生产力沿着什么方向起作用可以通过以下几点来鉴别：第一，创业管理所确定的生产目标是否正确。这里的生产目标是指创业者为生产确定的生产方向，它包括企业的产品类型或服务项目，一定时期内企业应完成的产品数额或服务总量。所谓目标正确是指创业者确定的目标有实现的可能性，能激发、调动本企业职工的最大工作热情，能以最低的投入换取最大产出的营利性。显然，创业者在选择生产目标时符合以上条件，才可以被肯定是有效的；反之，如果选择的目标过高、缺乏现实的可能性，或者目标过低、缺乏挑战性和营利性，一开始就会将生产引入歧途，这对生产力不仅无益，反而有害。第二，创业管理对生产力诸要素的匹配组合是否合理。生产经营管理的一项重要使命是按照生产目的的要求合理配置资源即组织人力，而配置组合是否合理，直接关系到生产效率的高低。如何配置资源和组织人力是一门深奥的学问，其基本要求是人尽其才，物尽其用，以有限的人力、物力和财力，形成最佳的生产格局和组织网络。系统论认为，系统的总体功能不等于各要素功能的代数和，而是大于或小于其代数和，创业者如果能合理配置资源和组织人力，便能发挥生产力的最大效应，使其生产总量大于各人单干时的总和。相反，如果创业者随心所欲地配置资源和组织人员，造成物资和人力的浪费，其结果不仅不能发挥生产系统的最大效益，反而大大低于单干时的生产总和，给企业生产带来的只能是负效应。第三，创业者管理工作对生产过程的调控是否恰当。创业者对生产过程的调控包括创业管理人员对作业人员行为的指挥引导、对生产情况的了解和督促、对生产过程诸矛盾的处理、对组织成员之间关系的调整和对他们工作热情的激励等。所谓创业者对生产过程的调控适当，即指创业者对员工指挥有方、引导有效，对生产情况了然于胸，对各种矛盾能及时处理，能激励组织成员为企业多做贡献，善于解决员工之间的利益矛盾以形成和增强团体意识，等等。相反，如果创业者滥用权力、指挥无方、形象不佳、无力引导员工为企业自觉工作，或者创业者对生产不懂行或不了解，或者出现矛盾"绕道而行"，其结果只能是给生产带来混乱。

通过以上分析，我们可以对创业管理和生产力的关系做出如下归纳：第一，创业管理和生产力是两个内涵不同的概念。生产力是人类征服自然、改造自然的能力，创业管理则是创业者管理企业的特殊实践。如果不加限制地说创业管理是生产力或生产力的组成要素，就将二者看成了一个包含另一个的种属关系，这显然是对创业管理的狭隘理解。第二，创业管理同生产力又有着密切的交互关系，主要表现为，任何一种形式的创业管理归根到底都是由一定的生产力水平所决定、所制约的。在此意义上可以认为，生产力决定创业管理水平，创业管理形式的选择必须符合生产力的要求、适合生产力的发展状况。第三，创业管理既可以促进生产力的发展，也可阻碍、延缓以至破坏生产力的发展。如果创业者工作得当，创业管理形式适合生产力的发展水平，它就会促进生产力的发展，从而具有积极肯定的社会价值。如果创业者工作失误或不当，创业管理形式不适合生产力的发展水平，那它就损害生产力，产生负面社会价值。创业管理这两种不同性质的社会价值，反映了创业管理对生产的两种反作用。对此，创业者应有清醒全面的认识。

（三）创业和政治

在当今创业教育领域，由于大多数人常常将创业当成纯经济学范畴来使用，因此较多注意到创业同经营管理、创业同生产力之间的关系，而极少注意到创业同政治的关系。

创业是人类基本的生存方式，是一切财富的源泉，是促进国家昌盛、社会繁荣、人民富有的必然手段。人类的历史就是创业的历史，社会文明与物质文明，无不是创业者劳动和智慧的结晶。其实，政治同创业的关系非常密切。

回顾当代中国的经济发展史，不难发现改革开放以来，中国的发展就是一部"创业史"。客观地说，当代中国人民的创业史是从改革开放开始的。1978年党的十一届三中全会的召开，使党中央果断地摒弃了"以阶级斗争为纲"的错误指导思想，把党和国家的工作重心转移到经济建设上来，使中国人民迈进了创业的新时代。

从1979年年初至1988年的十年中，中国的创业活动经历了从原始积累到正式起步两个阶段。特别是1984年党的十二届三中全会全面通过的《关于经济体制改革的决定》中明确指出：社会主义经济是公有制基础上的有计划的商品经济，商品经济的充分发展是社会经济发展不可逾越的阶段。经济体制从计划经济转向商品经济使人们了解了社会发展的趋势。一些早期的万元户、先进的知识分子掀起了中国创业的第一次大潮，创业者从事的主要是第三产业和科技产业。四通集团、联想集团、北大方正、王码集团都是这一时期开始创业的，段永基、柳传志、王选、王永民也都成为一代创业的传奇人物。

1988年以后"左"的思想回潮和外国经济的制裁一度使国家经济发展陷入低谷，也使创业活动受到影响，然而有识之士痴心不改，特别是"国家允许私营经济在法律规定的范围内存在和发展"的内容直接纳入宪法，坚定了有志创业者的决心和信念。段永平、史玉柱等都是这一时期出现的创业精英。

1992年春，改革开放的总设计师邓小平同志发表了南方谈话，提出了"三个有利于"的判断是非的标准。特别是针对一些人对抽象的姓"社"姓"资"问题的纠缠，明确指出"不争论"，大胆地试，大胆地闯，"特区"姓"社"不姓"资"。

邓小平同志在南方谈话中提出"发展才是硬道理"的命题，当时很多人只简单地理解为邓小平同志强调发展经济的重要性。事实上，"发展才是硬道理"这个命题一直贯穿在邓小平理论之中。我们可以从以下四个角度去理解邓小平同志的论述。

第一，"中国发展得越强大，世界和平越靠得住。"邓小平站在时代的高度，对时代特征进行了科学的分析，提出了"和平与发展是当代世界的主题"。在和平与发展问题上，邓小平认为和平是发展的条件，发展是实现和平的出路，"越发展和平的力量越大"，因此，发展问题是核心。中国是发展中国家中人口最多的国家，中国越发展，在国际事务中的作用就会越大，对世界的和平和稳定的贡献就越大。"发展是硬道理"是一个带有时代性和国际性的命题。

第二，只有发展了，人们才能拥护社会主义。经济发展，人民生活水平提高，社会主义才会赢得与资本主义相比较的优势，人民才能从内心里拥护社会主义，才能更好地坚持社会主义。

第三，只有发展，才能解决中国所面临的所有问题。中国要解决的问题千头万绪，对外要反对霸权主义，维护世界和平，对内要尽快提高人民的生活水平，还要实现国家统一。这些问题的解决都依赖于中国的发展。

第四，中国要善于把握时机，加快发展。中国过去丧失了发展的机会，一直没有改变经济落后的状态，现在要加快发展。中国经济发展要力争隔几年上一个台阶。

"南方谈话"有如春风驱散了笼罩在人们心头的阴霾，又一次掀起创业大潮，比之以往，创业规模增大，创业范围也由最初的第三产业、科技产业向房地产、金融业、教育产业等方向拓宽。1992年党的十四大提出，我国经济体制改革的目标是建立社会主义市场经济体制，市场逐渐规范化，创业活动也走向规范，走向正轨，朝着健康的方向发展。

党的十五大报告中指出：非公有制经济是我国社会主义经济的重要组成部分，对个体、私营等非公有制经济继续鼓励、引导，使之健康发展。第九届全国人大第十一次会议通过的《中华人民共和国个人独资企业法》为民间创办企业提供了可靠的法律依据，取消注册资本金的限制条件（一元钱也可以注册企业），降低了企业经营者做老板的门槛，鼓励一切有能力的人投资创业，再一次掀起创业的浪潮。

党的十六大报告指出，必须毫不动摇地鼓励、支持和引导非公有制经济的发展，要鼓励人们自谋职业和自主创业。党章中也明确私营企业主和个体户等六种新的社会阶层作为党的社会基础。政治与政策的保证促使人们可以用自己的智慧与劳动追求自我发展，开辟美好的未来。十六大以后，中国的创业活动更加规范、有序、健康地发展。广大创业者意气风发、开拓进取，同全国人民一道在建设小康社会的康庄大道上一展宏图。

2015年李克强总理提出"推动大众创业、万众创新"，在中关村与创业者一起喝咖啡。2015年5月13日，国务院办公厅发布了《国务院办公厅关于深化高等学校创新、创业教育改革的实施意见》（国办发〔2015〕36号）。我们在看到国家关注创业的同时，也更应感受到创业与国家政治稳定的联系。创业活动的蓬勃开展必然带动经济发展，经济发展才能使人民安居乐业，这就是每一个普通人的"中国梦"，这也是中国最大的政治命题。

（四）创业和文化

同上述忽视或看轻政治对创业作用的倾向有所区别，最近几年，我国创业界对"文化"问题表现出兴趣，"企业文化"受到学者和企业家的关注。但是问题也接踵而至：究竟什么是文化？文化同创业企业到底是什么关系？

笔者认为，文化有广义和狭义之分。不同的是，文化同创业之间不具有直接的同一性，而是相互交叉的两个概念，彼此间的关系非常复杂。按照马克思的观点或对文化做广义理解，"文化"就是"人化"，即人的本质的对象化。马克思认为人之所以高出于动物，在于他们不是坐等自然的恩赐，而是能通过实践向自然索取。换言之，人之所以为人的秘密，不是像动物那样消极地适应环境，而是按照自身的需要通过实践去能动地改造自然、改造社会和自身，不断地创造一个适合人的生存和发展的人文环境。这个人文环境即是人的自由自觉本质的对象化，创造人文环境的活动过程也就是自然的"人化"过程或创造文化的过程。因此，凡是由人所创造或被打上人类意志印记的一切，包括各类器物、组织、制度和意识形态，都属于文化范畴。创业作为人类特有的自觉的自组织活动，无疑是人类自由自觉本质的一种体现。

文化除去上述的广义解释，还有两种狭义理解。一种是相对于社会经济、政治而言的文化，即毛泽东所说的观念形态的文化。观念形态的文化是指反映一定经济和政治的精神产品或社会意识，它既包括构成上层建筑的各种社会意识形态如宗教、道德、艺术、政治、法律、思想、哲学等，又包括各种科学技术。另一种专指文学艺术。此外，体育、杂技、卫生也应列入文化范围。很明显，作为一种观念系统或作为某种精神现象的狭义文化同作为一种特殊实践的创业是两个不同的概念。当我们在狭义上使用文化一词时，就不能再说创业是一种文化。

弄清了文化的两种含义，我们便有可能阐明创业和文化的关系。

一方面，创业作为广义文化中的一种，对其他文化具有渗透性和能动性。这里所说的渗透性，是指凡是由创业者创造的文化成果，都渗透着创业者的理念。这里所说的能动性，是指创业者对企业和其他形式的创业组织所开展的活动所发挥的功能。创业之于广义文化，绝非可有可无。相反，凡涉及人们共同创造的文化成果，很多都是依靠创业者的努力而产生和实现的。进一步说，即使是由个人创造的文化产品，也并非同创业无关。同样的道理，我国今天的创业企业文化建设是以创业者个人为主体的创造性活动，别人或社会必须充分尊重他们的劳动并尽量提供必要的条件；同时，创业企业文化建设又必须以"四项基本原则"和国家法律法规为依据，自觉接受社会主义文化体系的协调。

另一方面，文化对创业也起作用，创业也离不开文化。文化对创业的作用具体表现为以下几种类型。

第一，器物文化是创业不可或缺的物质条件。器物文化即人类精神的物化，包括各类物质产品。很明显，任何创业者都必须借助一定的物质手段，特别是现代化的创业活动，各种先进复杂的创业工具如计算机、现代通信设备等更不可少。

第二，制度文化决定着创业的根本性质。所谓制度文化，是人们在改造社会的过程中形成的各种制度的总称，主要有经济制度、政治制度和法律制度。诚然，创业活动有时也可以表现为建立一种组织制度，在此意义上创业也属制度文化之一种。但是制度文化要比创业制度更宽泛、更根本，一个社会或一个企业的制度，是由它当时的生产关系的性质所决定的，并受到政治法律制度更具体、更严密的多重制约。也就是说，创业企业内部制度的确立，从根本上取决于当时生产关系（根本经济制度）的性质和要求；而创业活动的进行，又必然受其政治法律制度的保护或影响。

第三，意识形态文化在创业过程中对企业或组织具有组织控摄作用。意识形态作为一种观念形态的文化，具有多种社会作用，对企业或组织主要表现为组织和控摄两个方面。如前所述，创业的实质是建立一个目标一致的创业组织去实现创业者的目标。而人与人之间，其追求、爱好、理想、目的等价值观念存在着差别以至于对立。怎样才能将不同价值观念的人组织在一起而进行协调有序的工作呢？其中一个重要的手段，即运用一种意识形态去同化别的意识形态，以形成团体的凝聚力。如果做不到这一点，组织或将解体，或者虽未解体，但却因思想分歧、内乱不已而名存实亡。这里所谓的控摄，是指各类意识形态对创业根本目的的定向控制。具体到创业活动而言，就是团体内部所形成的共同价值观念对组织行为的定向控制，通过对组织成员的思想控制达到行为的一致，其目的是保证组织目标的实现。

第四，传统文化对创业组织的影响和制约。传统文化是观念文化的一种，它通常被理解为历史文化的延续、传承或存留。传统文化因民族、地域而异，其性质有优劣之分；形式也多种多样，主要表现为风尚、习俗、思维定式、民族精神和传统的生活方式。从理论上说，既然文化对创业活动具有多种作用，那么沉淀于现实文化体系中的传统文化也必然对创业起作用。从现实来分析，传统文化对创业活动的影响主要有以下几点：首先，传统文化中的民族精神是一个民族在长期文化演变中保留、继承下来的精神财富，它具有巨大而持久的向心力和凝聚力。创业者如若注意发扬民族精神，就可以强化团体观念和激励组织成员的工作热情。日本企业创业成功的秘诀之一，即在于企业家们历来重视培育日本传统的"家族精神"和"危机意识"，拒斥美国的"个人本位"。相反，如果以为民族精神与创业无缘，在创业组织遇到困难时，就可能引发混乱。其次，传统文化之所以历久不衰，是因为它包含一种巨大而隐秘的心理惯性。这种心理惯性以不同的方式不自觉地支配着人们的精神生活，形成某类固定的思维方式。创业者经常面对的直接对象既然是活生生和思维着的人，那么创业者就必然要面对某类思维方式并可能与之发生冲突。因此，高明的创业者就应当了解、利用乃至想方设法改变组织成员的思维定式，这样才谈得上知人善任。如果无视组织成员的思维方式，或者企图以权力强制人们按创业者的方式去思考，就会造成上下级之间的心理冲突，阻断信息的传输和反馈，导致创业活动进展不畅。最后，传统文化作为历史文化在现实中的积淀还表现为某一地区或某一国家人们共同的习俗、风尚和生活方式。了解和面对这些习俗和生活方式对创业者也很重要，比如企业在预测市场需求、确定生产目标的时候，除去要考虑原料、技术、成本、利润等情况，还必须了解消费者的生活习惯和生活方式。如果不了解他们生活的需求，那么创业者的计划就有盲目性，经营就会冒很大的风险。又如在创业时，还必须了解组织成员的习俗信仰和风尚，以便因势利导。如果对他们的生活方式和风俗习惯不了解，将很可能造成创业者和员工之间的冲突。

总之，文化同创业之间是既对立又统一的辩证关系。一方面，文化离不开创业，创业渗透于各类文化之中并影响、制约着文化。创业组织的性质、形式和水平从一个特定的侧面折射着文化的性质和水平的高低，反映了人类社会的文明程度；另一方面，创业又离不开文化，各类文化也渗透于创业活动之中，并影响、制约着创业组织的发展。文化同创业的关系既然如此密切，这就要求创业者勿忘组织文化建设。

三、创业的基本类型

现代社会是一个分工精细又高度协作的有机系统。历史发展到今天，因社会分工日趋细密和各分工系统之间相互协调的要求日益迫切，使创业活动呈现出空前的繁复性和多样性，也使创业活动的系统性和综合性问题更加突出。因此，要深刻认识创业的本质和规律，就必须对现代创业的基本类型及其相互关系有所了解。为此，本章节将现代创业划分为经济创业和社会创业两大系统，并简要说明两者之间的关系。

（一）现代创业类型的多维划分标准

现代社会既然是一个复杂的有机系统，其创业也就具有多种多样的形式。而当人们从不同视角区分创业时，很自然地便产生了纷然杂陈的各种创业类型。

现代社会是一个结构复杂的开放社会。在这个社会中，如果按创业范围的广狭做社会学划分，可以将创业区分为家庭创业、企业创业。现代社会是科技进步、生产力向纵深发展的社会，在这个社会中，除传统的创业领域——农业领域之外，还有其他众多的领域，诸如工业领域创业、商业领域创业等。

上述多种创业分类，各从不同侧面或不同层次向人们描绘了创业在现代社会的繁复性和多样性，自有其分类的根据和特定的意义。但是必须指出，这些分类，其着眼点或是管理学的或是经济学的，而且相互交叉重叠，缺乏必要的哲学概括和系统分析，不利于我们从整体上把握现代创业的复杂结构。从哲学观点看来，创业是创业主体——社会的人和创业客体——人和物的互动过程。因此，要对现代创业进行更高层次的分类，首先应以创业主体的性质为依据，即所谓的主位划分法；其次应以创业客体的性质为依据，即所谓的客位划分法。主位划分法是分析创业主体的创业意识和创业方式，侧重回答"谁来创业"和"按什么思维方式去创业"；客位划分法是分析创业客体的性质、结构和状态，侧重回答"干什么"。

在现代，要区别复杂的创业类型，客位划分法显得更为重要。根据创业客体对象的不同性质，我们可以将现代社会创业区分为商业创业和社会创业两类基本形式。

（二）商业创业

所谓商业创业，是以社会经济活动为对象的创业形式。它既包括对物质生产经营活动中人力人才、物质资金、能源信息、交通运输的创业，也包括对生产、分配、交换、消费活动的控制；既包括协调人类生产、生活同生态环境的动态平衡，还包括对人类自身生产的合理控制以及对人才的正确使用。在古代自然经济条件下，家庭是社会物质生产和人口生产的基本单位，因而经济活动主要是在家庭内部以极其简单的形式进行的，创业空间较小。到商品经济高度发展的现代，家庭作为人口生产的基本单位仍被保留下来，而作为物质生产的基本单位则被破坏，日益被企业所代替。自近代企业产生以后，经济发展主要包括三个层次：一是企业，二是部门经济，三是国民经济。此外，同社会物质生产关系密切、直接影响社会经济活动的环境、人口、人才也应列入经济发展因素的范围。

商业创业的主要载体——企业，是专门从事商品生产、商品交换或提供服务并进行自主经营、独立核算的经济单位，它产生于手工工场时期，而在现代成为普遍的经济形式。企业按其所从事的生产经营活动，可分为工业企业、农业企业、商业企业、交通运输企业、金融企业、建筑企业、旅游和服务性企业等。

企业作为现代社会的经济支柱，具有商品性、营利性、经营独立性等特征。所谓商品性，是指企业所从事的是以交换劳动产品（或服务）为目的的经济活动，这与自给自足的自然经济大不相同。所谓营利性，是指企业必须盈利，进行以盈利为目的的商业性活动，以实现自我扩张、自我发展。如果不盈利或不打算盈利，不能称其为企业。企业必须具有独立的或相对独立的自主经营、独立核算的权力，否则便不可能保证达到自己的目的，而变为非企业的其他组织。

商业创业作为人类的社会行为，有以下几个基本特征。

第一，社会性。创业是人类最基本的生存方式，是一切财富的源泉。由于人类的持续创业活动，才有社会的繁荣、国家的昌盛以及现实生活中享受到的物质文明和精神文明。创业活动源于社会需求，也适应于社会需求，因此一切创业活动必须按社会的准则与规律行事。

第二，开拓性。从历史与社会角度来看，创业活动是持续的、永恒的；而对于创业者来说，所创之业则是从未经历过的、从头开始的事业。就目前而言，一种创业是人类空前未知的事业，在事业自身发展过程中，必须通过创业活动来取得成果。而其他运营的过程还是有其他行业可以借鉴的。另一类事业是人类已经有过尝试和体验，甚至有比较普遍的尝试，但对创业者来说仍是一件空前未知的事业，虽然可以借鉴、模仿、学习前人（乃至国外）的经验和方法，但是必须从头做起，只有创造与创新，才有突破与成功，才能开拓新的事业。

第三，自主性。创业从来就是一种独立自主的行为。创业者一般有身处逆境者、不满足现状者、锐意进取者和志向远大欲求成功者。未来的事业是自己选定的意愿，从创业伊始到整个创业过程，都需要独立自主、自力更生，靠自己的能力去完成创业目标，实现当家做主的理想。

第四，功利性。创业是一项充满功利性的事业，是创造财富、积累财富的过程。创业的过程是一个艰苦奋斗、耗费心血和体力并承担风险的过程。无论创业者采取什么手段和方式创业，积累财富是创业的目标，财富的多少也是衡量创业业绩的重要标志。即使要完成其他的公益事业，在市场经济条件下也必须通过财富来达到目的。

商业创业是带有普遍意义的人类行为，尤其是在经济领域，不同的时代，不同的领域，不同的个人和团体，都存在着创业活动，这就使创业活动表现为多种多样的类型。商业创业的基本类型主要有以下几种。

从创业的时代背景看，创业可分为传统创业、现代创业两种类型。这两种类型的创业活动由于社会条件不同，在创业的水平、特点、手段上表现出极大的差异。

从创业的宏观环境看，创业有国内创业和国外创业两种类型。这两种创业类型反映了创业活动的广度。由于创业空间的反差，也就决定了它们在创业形式、内容及风格上的不同。

从创业的微观环境看，创业又有内部创业和外部创业两种类型。这两种创业类型反映了创业活动的深度。内部创业特指一个组织内部的一些集体的创业活动，外部创业特指一个独立的社会组织的创业活动。

从创业的模式看，创业则表现为独自创业、合伙创业、家族创业、集团创业等四种类型。这些类型反映了创业活动的本质、规模和利益关系。

从创业的发展阶段划分，创业又有初次创业、再创业、持续创业三种类型。初次创业是指事业的草创时期的活动；再创业是在初次创业结束后，为达到原定目标而继续的创业活动；持续创业是在创业成功后，为巩固和扩大创业成果而不间断地进行的创业活动。

从创业的动机看，创业有自发创业、自主创业、自觉创业三种类型。自发创业通常是为环境所迫、争取生存的创业活动，具有很强的被动性；自主创业是为适应环境需要、争取发展的创业活动，具有更多的主动性；自觉创业往往是为改造环境、造福社会的创业活动，是人对客观世界能动性的反映。

（三）社会创业

既然可以有以营利为目的的商业创业，那么是否有不以营利为目的的非营利性创业呢？随着时代的进步，社会创业、公益创业的概念越来越为国人所熟知。

社会创业（Social Entrepreneurship，SE），有时也被称为公益创业，是近年来在全球范围内逐步被认可的一种全新创业理念，它是一种旨在追求社会价值和商业价值并重的创业活动。社会创业在涵盖非营利性机构的创业活动和营利性机构践行社会责任的活动的同时，还强调个人和组织必须运用商业知识来为社会创造更多的价值。

J. 格利高里·迪斯（J.Gregory Doees）从四个方面界定社会创业：选定一项使命来创造和体现社会价值（而不仅仅是私有价值）；发现和不断寻找新的机会来实现这项使命；不断创新、调整学习过程；不受当前资源稀缺限制的大胆行动。

浙江大学的陈劲、王皓白对社会创业者定义如下：社会创业者是那些具有正确价值观，能够将伟大而具有前瞻性的愿景与现实问题相结合的创业者，他们对目标群体负有高度的责任感，并在社会、经济和政治等环境下持续通过社会创业来创造社会价值。他们在物质资源和制度资源稀缺的情况下，为了实现自己的社会目标，不断发掘新机会，不断进行适应、学习和创新。

从创业的角度看，社会创业者和企业创业者既有很多相似点，也有很多差异。南开大学国际商学院王仕鑫、廖云贵就对社会创业者与企业创业者之间的差异进行了分析，指出社会创业者与企业创业者具有许多共同特质，但社会创业者的活动及社会价值创造过程都和社会使命密切相关，因此具有区别于企业创业者的特征，主要表现为以下几个方面：

1. 社会价值驱动

社会创业者肩负社会责任，以创造社会价值为使命。在从事社会活动的过程中，社会创业者不存在任何个人财富动机，具有高尚的道德情操和自我约束能力，他们自我实现的途径不是创造个人价值而是创造社会价值。社会创业者希望通过长期努力最终解决社会问题并创造社会福利,他们在实现愿景过程中能够获得极大的成就感和满足感。在不存在任何利益驱动的情况下,高效创造社会价值是社会创业者自我驱动的重要来源。

2. 建立愿景能力

愿景是社会创业者自我激励的重要来源,建立适当的愿景是社会创业者实现自身使命的重要条件。由于社会问题具有长期性和复杂性,社会创业者在寻求解决社会问题的途径过程中,需要不断尝试,甚至不断经历失败。在此过程中,社会创业者只有建立适当愿景并围绕愿景不懈努力,才能克服来自社会和个人的种种诱惑,实现自我激励。愿景也是社会型组织吸引大量志愿者的重要保障,由于社会型组织不存在利润驱动因素,同时社会价值具有难以识别和归因的特性。因此明晰的愿景可以使志愿者通过社会创业清晰地认识到自身活动可能创造的社会价值以及最终解决社会问题的可能性,从而使志愿者和社会创业者为实现共同目标而不断努力。

3. 具有良好的信用网络

社会创业者在吸引和激励他人实现共同愿景的过程中,必须具备良好的个人信用和组织网络,以获取所需的各种资源。首先,社会创业者在其服务领域应具有良好的道德情操、地位和声誉。这有助于组织愿景被他人认同和接受,同时有利于产生扩散效应,使行之有效的解决方式为其他人所模仿,从而有利于社会问题的最终解决。其次,社会创业者应与政府、商界组织以及个体建立广泛联系,这对于社会型组织以低成本从网络中获取各种资源十分重要。

4. 联盟合作能力

由于社会问题的产生和解决涉及诸多领域并耗费资源,因此社会创业者单凭个体和组织的自身资源很难实现愿景,而建立联盟是解决问题的一种重要途径。社会创业者需要同政府机构建立合作关系以获取政府津贴和宣传支持,需要同企业建立联盟以获取财务方面的支持,需要同与自身愿景相关性强的社会型组织建立联盟以集中力量共同解决复杂问题,同时需要与媒体建立合作关系以提高公众对于社会问题的关注度并获得广泛支持。

虽然社会创业还没有一个学术界认可统一的定义,但是,从社会创业的产生动因、内涵与特征、类别、影响因素、作用形式与机理等角度入手开展的社会创业研究却已经有许多成果。

约翰逊(Johnson.S)认为社会创业是一种混合模式,从社会创业承担组织的性质来说，这种模式既包括营利组织的活动也包括非营利组织的活动以及与政府跨部门的合作。上述描述表明：社会创业有着多种承担主体和多种形式，既包括非营利企业实现可持续发展、完成社会使命、进行商业运作等活动，也包括营利企业和非营利性组织开展社会福利性质的商务活动，还可以包括营利企业基于提高企业形象、承担社会责任而开展的社会活动。格利高里·迪斯提出将社会创业和投资的经济回报分开来研究，他认为社会创业包含两个概念，一是利用变革的新方法解决社会问题并且为全社会创造效益，二是引用商业经营模式产生经济效益。斯坦福大学商学院创业研究中心认为：社会创业主要是采用创新方法解决社会焦点问题，采用传统的商业手段来创造社会价值（而不是个人价值），它既包括营利组织为充分利用资源解决社会问题而开展的创业活动，也包括非营利组织支持个体创立自己的小企业。加拿大社会创业研究中心提出，社会创业主要体现在两个方面：首先，其营利部门的活动强调社会参与的重要性，并且奖励表现良好的成员；其次，社会创业家还鼓励企业参与非营利性的活动，以便提高组织效率，并且树立长期的可持续发展战略。中国公益创业研究中心提出：社会创业指个人、社会组织或者网络等在社会使命的激发下，追求创新、效率和社会效果，是面向社会需要、建立新的组织、向公众提供产品或服务的社会活动。

虽然社会创业概念还没有统一，但是社会创业的活动已经在国内外蓬勃开展。与此同时，与社会创业概念相关、工作内容相近的公益创业也成为人们关注的话题。公益创业指个人或者社会组织在社会使命的激发下，追求创新、效率和社会效果，是一种面向社会需要、建立新的组织并向公众提供产品或服务的社会活动，是一项新兴的事业，它主要强调创建非营利性组织、兼顾社会效益的企业和志愿公益活动三个方面的内容。

社会创业的兴起与发展主要有以下三方面的原因：

第一，20世纪80年代起，以发达国家为代表的国家采取新自由主义经济政策，导致政府对非营利组织的直接资助经费不断减少，政府对福利事业的资助大幅削减，"市场失灵"导致人们对非营利组织提供的社会服务的需求有增无减，引发非营利性组织迅速发展。非营利组织可以提供的满足社会需求的资源十分有限，要提高运作效率和实现可持续发展，实现更好地提供公益服务的目标，就必须引入商业化操作和市场化运作手段提高自身效率。因此，"企业家"和"创业"概念开始被引入公益领域，社会创业理论和实践正是在这种背景下应运而生的。

第二，经济的市场化和全球化导致社会财富不断向私营组织集中，社会问题进一步加剧，社会迫切需要企业承担更多的社会责任和更主动地解决复杂的社会问题。在发展中国家，政府等公共机构所能提供的公共资源难以充分满足社会需求，促使更多的私营企业与非营利组织结成联盟，进行社会创业活动，以实现投资的商业价值与社会价值的双重回报。

第三，商业和公益事业之间的界限正在消失。公益事业部门和商业部门结盟合作以实现整个社会的创新和福利增长正成为一种解决问题的模式。不同类型的部门具有各自的资源和优势，合作可以整合利用各自的资源和优势，增强为社会服务和创造社会价值的能力。

社会创业主要包含两方面的含义：一方面，企业组织需要强化社会责任，即社会创业的社会维度；另一方面，非政府组织、公共服务部门和"第三社会部门"等非商业组织要采用商业运作的方式来实现社会目标，即社会创业的创业维度。社会性和创业性正是社会创业的关键特征所在。

社会创业的社会性特征体现在以下四个方面：

第一，目的和产出的社会性。社会创业的目的是为了解决社会问题，而不是营利。社会创业的目标是促进健康福利事业，提高人们的生活水平。

第二，社会创业的核心资本应是社会资本。社会关系、网络、信任和合作这些社会资本能为创业带来实体资本和财务资本。

第三，组织的社会性。社会创业组织是新型的公民社会组织，并不归股东所有，也不把追求利润作为主要目标。

第四，社区性。社会创业往往具有一定的服务区域性，大多致力于改善作为社会创业基地的街区和社区的某项或某些事业。

社会创业的创业性特征主要体现在以下四个方面：

第一，机会识别能力。社会创业者善于发现人们没有得到满足的需求，并利用那些未被充分利用的资源来满足这些需求。

第二，紧迫感、决心、雄心和领导天赋。社会创业者的创业动力不是利润或股票价值，而是使命感。

第三，创新精神。社会创业者一定要进行创新和变革，开发新的服务项目，组建新的组织，才能更大限度地满足社会需求。

第四，有经营活动。社会创业不同于传统非营利组织的主要区别就在于资金来源，传统非营利组织主要依靠募捐来维持，独立生存能力相对较弱，而社会创业能够自给自足，其经营收入是主要资金来源，但也不排除募捐。社会创业正日益超越民间非营利部门的范畴，大型私营企业也通过与非营利组织合作来进入教育和社会保险等市场，成为一种将社会需求和个体需求有机结合起来的社会性企业。

第二节 创业的动机与动力

无论是商业创业还是社会创业、公益创业，创业者的动机和动力是一个值得关注的话题。本节将分析创业动机、创业的原始和直接动力。

一、创业动机

在人类历史上，创业动机的差异是巨大的。心理学研究表明：需要产生动机，动机导致行为。人们的创业冲动是在各种需要的刺激下产生的，需要是产生创业的直接原因。因此要分析创业的动因，就要首先探讨人类的需求。

（一）人类的需要特征分析

需要是人的行为的动力基础和源泉，是人脑对生理和社会需求的反映（人们对社会生活中各类事物所提出的要求在大脑中的反映）。心理学家也把促成人们各种行为动机的欲望称为需要。

人类在社会生活中，早期因维持生存和延续后代而形成了最初的需要。人为了生存，就要满足自己的生理需要，例如，饿了就需要食物；冷了就需要衣服；累了就需要休息；为了传宗接代就需要恋爱、婚姻。人为了生存和发展，还必然产生社会需求，例如，通过劳动，创造财富，改善生存条件；通过人际交往，沟通信息，交流感情，相互协作。人的这些生理需求和社会需求反映在个体的头脑中，就形成了他的需要。随着人类社会生活的日益进步，为了提高物质文化水平，逐步形成了高级的物质需要和精神需要。人有生理需求和社会需求，即需要，就必然去追求、去争取、去努力。因此，正如一些心理学家所说："需要是积极性的源泉。""需要——这是被人感受到的一定的生活和发展条件的必要性。……需要激发人的积极性。""需要是人的思想活动的基本动力。"

人类的需要有下列表现形式：

（1）任何需要都有明确的对象。或者表现为追求某一种东西的意念，或者表现为避开某一事物、停止某一活动的意念。

（2）一般的需要有周期性，周而复始。比较复杂的需要虽然没有周期性，但在条件适合时，也可多次重复出现。

（3）需要随社会历史的进步而不断发展。一般由低级到高级、简单到复杂、物质到精神、单一到多样。

人的需要又表现为以下特征：

第一，目的性。人的需要不是空洞的，而是有目的、有对象的，而且随着满足需要的对象的扩大而发展。人的需要的对象既包括物质的东西，如衣、食、住、行；也包括精神的东西，如信仰、文化、艺术、体育。既包括个人生活和活动，例如，个人日常的物质和精神方面的活动；也包括参与社会生活和活动以及这些活动的结果，例如，通过相互协作带来物质成果，通过人际交往、沟通感情带来愉悦和充实。既包括想要追求某一事物或开始某一活动的意念，也表现想要避开某一事物或停止某一活动的意念，这些意念的产生都是根据个人需要及其变化决定的。各种需要彼此之间的区别就在于需要对象的不同。但无论是物质需要还是精神需要，都必须有一定的外部物质条件才能满足。例如，居住需要房子，出门要有交通工具，娱乐要有场所，等等。

第二，阶段性。人的需要是随着年龄、时期的变化而发展变化的。也就是说个体在发展的不同时期，需要的特点也不同。婴幼儿主要是生理需要，即需要吃、喝、睡；少年时代开始发展到对知识、安全的需要；到青年时期发展到对恋爱、婚姻的需要；到成年时，又发展到对名誉、地位、尊重的需要等。

第三，社会制约性。人不仅有先天的生理需要，而且在社会实践中，在接受文化教育的过程中，发展出许多社会性需要。这些社会需要受时代、历史的影响，又受阶级性的影响。在经济落后、生活水平低下时期，人们需要的是温饱；在经济发展、生活水平提高的时期，人们除了需要丰裕的物质生活，还需要高雅的精神生活。具有不同阶级属性的人，其需要也不一样。资产阶级需要的是不劳而获、坐享其成；工人阶级需要的是自由、民主、温饱和消灭剥削。由此可见，人的需要又具有社会性和历史与阶级的制约性。

第四，独特性。人与人之间的需要既有共同性，又有独特性。由于生理、遗传因素、环境因素、条件因素不同，每个人的需要都有自己的独特性。年龄不同的人、身体条件不同的人、社会地位不同的人、经济条件不同的人，都会在物质和精神方面有不同的需要。

需要在人的个性发展中起着重要作用，它是人的心理活动与行为的基本动力。

马克思主义认为，个体的需要是个体行为积极性和动力的源泉和基础。人有了物质方面和精神方面的需要，才会产生行动的积极性；正是个体这种和那种的需要，才促使、推动人们去从事这项或那项的活动，去完成这项或那项的任务。正如马克思在《德意志意识形态》一书中所说：人们"第一个历史活动就是生产这些需要的资料，即生产物质生活本身"。正是人的各种需要，去促使人们追求各种目标，并进行积极的活动，去实现这些目标，以满足需要。人对某一方面事物的需要越强烈，他的积极性就越高，动力就越大。因此，需要总是带有动力性、积极性，而且需要的水平也总是在不断提高。需要的不断更新、不断增加，又推动着人们去不断地努力、不断地奋斗。

需要在人的个性心理中也起着重要作用。需要是人类认识过程的内部动力。为了满足需要，个人必须通过认识过程解决一定的问题，完成一定的任务。需要在人的个性心理活动中往往又以情绪表现出来。凡是能满足人的需要的事物，则产生肯定的情绪；凡是不能够满足人需要的事物，则产生否定的情绪。情绪是反映了人的需要是否满足的标志，与人的需要毫无关系的事物则不会引起人们的情绪和注意。需要对人的意志的形成和发展也起着积极的推动作用。个人物质和精神方面的需要、社会的需要，会促使人们为了满足和适应这种需要坚持不懈地努力，并在这一过程中形成自己的意志和决心。

（二）从马斯洛五层次理论分析创业者创业动机

美国著名的社会心理学家、人格理论家和比较心理学家马斯洛提出了需要层次理论，该理论的五个层次刚好是人类创业的五种基本动因。

马斯洛认为，人类的需要是分层次的，由低到高。它们是生理的需要、安全的需要、社交的需要、尊重的需要、自我实现的需要。

生理的需要是人们最原始、最基本的需要，如吃饭、穿衣、住宅、医疗等等。若不满足，则有生命危险。这就是说，它是最强烈的、不可避免的最底层需要，也是推动人们行动的强大动力。显然，这种生理需要具有自我和种族保护的意义，是人类个体为了生存而必不可少的需要。当一个人存在多种需要时，例如同时缺乏食物、安全和爱情，缺乏食物的饥饿需要总是占有最大的优势，这说明当一个人为生理需要所控制时，那么其他一切需要都被推到幕后。

安全的需要要求劳动安全、职业安全、生活稳定、希望免于灾难、希望未来有保障等，具体表现在：①物质上的，如操作安全、劳动保护和保健待遇等；②经济上的，如失业、意外事故、养老等；③心理上希望解除严酷监督的威胁、希望免受不公正待遇、希望对工作有应付的能力和信心。安全需要比生理需要较高一级，当生理需要得到满足以后就要保障这种需要。每一个在现实中生活的人，都会产生安全感的欲望、自由的欲望、防御实力的欲望。

社交的需要也叫归属与爱的需要，是指个人渴望得到家庭、团体、朋友、同事的关怀爱护、理解，是对友情、信任、温暖、爱情的需要。社交的需要比生理和安全的需要更细微、更难捉摸。它包括：①社交欲。希望和同事保持友谊与忠诚的伙伴关系，希望得到互爱等。②归属感。希望有所归属，成为团体的一员，在个人有困难时能互相帮助，希望有熟识的友人能倾吐心里话、说说意见，甚至发发牢骚。爱不单是指两性间的爱，而是广义的，体现在互相信任、深深理解和相互给予上，包括给予和接受爱。社交的需要与个人性格、经历、生活区域、民族、生活习惯、宗教信仰等都有关系，这种需要是难以察悟、无法度量的。

尊重的需要可分为自尊、他尊和权力欲三类，包括自我尊重、自我评价以及尊重别人。与自尊有关的需要，包括自尊心、自信心，对独立、知识、成就、能力的需要等。尊重的需要也可以如此划分：①渴望实力、成就、适应性和面向世界的自信心以及渴望独立与自由；②渴望名誉与声望。声望是来自别人的尊重、受人赏识、注意或欣赏。满足自我尊重的需要导致自信、价值与能力体验、力量及适应性增强等多方面的感觉，而阻挠这些需要将产生自卑感、虚弱感和无能感。基于这种需要，人们愿意把工作做得更好，希望受到别人重视，借以自我炫耀，指望有成长的机会、有出头的可能。显然，尊重的需要很少能够得到完全的满足，但基本上的满足就可产生推动力。这种需要一旦成为推动力，就将会令人具有持久的干劲。

自我实现的需要是最高等级的需要。满足这种需要就要求完成与自己能力相称的工作，最充分地发挥自己的潜在能力，成为所期望的人物。这是一种创造的需要。有自我实现需要的人，似乎在竭尽所能，使自己趋于完美。自我实现意味着充分地、活跃地、忘我地、全神贯注地体验生活。成就感与成长欲不同,成就感追求一定的理想,往往废寝忘食地工作,把工作当作一种创作活动,希望为人们解决重大课题,从而完全实现自己的抱负。

在马斯洛看来,人类价值体系存在两类不同的需要。一类是沿生物谱系上升方向逐渐变弱的本能或冲动,称为低级需要和生理需要。一类是随生物进化而逐渐显现的潜能或需要,称为高级需要。人都潜藏着这五种不同层次的需要,但在不同的时期表现出来的各种需要的迫切程度是不同的。人的最迫切的需要才是激励人行动的主要原因和动力。人的需要是从外部得来的满足逐渐向内在得到的满足转化。

在高层次的需要充分出现之前,低层次的需要必须得到适当的满足。低层次的需要基本得到满足以后,它的激励作用就会降低,其优势地位将不再保持下去,高层次的需要会取代它成为推动行为的主要原因。有的需要一经满足,便不能成为激发人们行为的起因,于是被其他需要取而代之。

这五种需要不可能完全满足,愈到上层,满足的百分比愈少。任何一种需要并不因为下一个高层次需要的发展而消失,各层次的需要相互依赖与重叠,高层次的需要发展后,低层次的需要仍然存在,只是对行为影响的比重减轻而已。高层次的需要比低层次的需要具有更大的价值。热情是由高层次的需要激发的。人的最高需要即自我实现就是以最有效和最完整的方式表现自己的潜力,只有这样,才能使人得到高峰体验。

人的五种基本需要在一般人身上往往是无意识的。对于个体来说,无意识的动机比有意识的动机更重要。对于有丰富经验的人,通过适当的技巧,可以把无意识的需要转变为有意识的需要。马斯洛还认为:在人自我实现的创造性过程中,产生出一种所谓的"高峰体验"的情感,这个时候是人处于最激荡人心的时刻,是人存在的最高、最完美、最和谐的状态,这时的人具有一种欣喜若狂、如醉如痴、销魂的感觉。

根据马斯洛的需要五层次理论,创业者的创业动机可以概括为争取生存的需要、谋求发展的需要、获得独立的需要、赢得尊重的需要、实现自我价值的需要。

二、创业的原始动力:需求

历史唯物主义告诉我们,社会的基本矛盾是生产力和生产关系、经济基础和上层建筑的矛盾，它是推动社会发展的根本动力。在创业的动力问题上，我们也坚持这一点。但是人们往往忽视的是马克思提到的根本动力背后的动力。人们为什么要生产？人们为什么要交往？人们为什么还要创造精神产品呢？因为人有需要和新的需要，需要是人类各种实践活动和社会基本矛盾背后的原始动力。

需要在这里指的是人的需要。人的需要和动物的需要有本质区别。"通过实践创造对象世界，改造无机界，人证明自己是有意识的类存在物，就是说人是这样一种存在物，它把类看作自己的本质，或者说把自身看作类存在物。诚然动物也生产。……但是动物只生产它自己或它的幼仔所直接需要的东西；动物的生产是片面的，而人的生产是全面的；动物只是在直接的肉体需要的支配下生产，而人甚至不受肉体需要的影响也进行生产，并且只有不受这种需要的影响才进行真正的生产；动物只生产自身，而人在生产整个自然界；动物的产品直接属于肉体，而人则自由地面对自己的产品；动物只是按照它所属的那个种的尺度和需要来构造，而人懂得按照任何一个种的尺度来进行生产，并且懂得处处都把内在的尺度运用于对象。因此，人也按照美的规律来构造。"这说明，人的需要不是动物式的直接需要、片面需要和肉体需要，人的需要是多层次、全面的、立体化的需要体系。除了直接需要，还有间接需要；除了肉体的需要，还有其他的物质需要、交往需要和精神需要；除了必要需要，还有奢侈需要。这些需要的满足依赖于自然界，但是很少直接来源于自然界。人类需要的特点决定了人类超越性的存在方式，决定了人们必须进行物质生产、交往和精神生产，才能满足自己的需要，解决匮乏的问题，实现超越。需要是人们发挥能动性的源泉，是人们创造活动的根据。正是在这个意义上，我们说需要是创业活动的原始动力。

在研究创业活动动力的过程中，我们必须坚持历史唯物主义的原则。马克思关于历史唯物主义的第一个规定就是："我们首先应当确定一切人类生存的第一个前提，也就是一切历史的第一个前提，这个前提是：人们为了能够'创造历史'，必须能够生活。但是为了生活，首先就需要吃喝住穿以及其他一些东西。因此第一个历史活动就是生产满足这些需要的资料，即生产物质生活本身。"人类的需要正是在这个基本需要的基础上发展起来的，包括创业活动在内的各种实践活动也是在满足人类第一个需要的生产实践的基础上丰富起来的。

需要作为创业活动的原始动力主要表现在两个方面：

一方面，人的需要是最贴近主观能动的客观现实，它在起点触发了人的整个创造性的活动过程。需要是人的内部客观存在的一种缺乏和不平衡状态。它既体现了人的存在和发展对于客观世界的依赖，又表达了人的超越性的生存方式。需要和人的主观世界关系密切，一旦产生就会激发人的欲望。"欲望以需要为基础，是需要在观念上、心理上的反映。例如，与人的物质需要相对应的是物欲，与性生活需要相对应的是性欲，与精神需要相对应的是求知欲、美欲，与交往需要相对应的是爱欲、情欲。既然欲望是需要在观念上、心理上的反映，所以只能是需要引起欲望，而不是反过来欲望引起需要。同时，又应看到，欲望对需要不是消极被动的，它对需要具有反作用。需要一旦被观念、心理所反映，形成欲望，就会使需要变得更加自觉、更加明显、更加强烈，从而使需要主体采取积极有效的行动去满足这种需要。因此，需要与欲望的关系不仅是需要引起欲望，而且欲望也会反过来强化需要。"这说明需要是客观存在的，但是它最贴近人的意识世界，充满了主观能动的色彩。需要作为客观现实，一旦产生，就会在第一时间转化为主体的欲望。欲望是主体能动性的催化剂，它在主体意识世界的萌动，会调动一切理性和非理性的精神因素，使需要变成主体自觉的价值目标。这个价值目标作为对现实的超越又必然地和客观世界产生矛盾，即客观世界不能直接满足人的需要。为了解决这个矛盾，使客体满足主体的需要，就需要发挥人的主观能动性，认识和利用客观规律，变纯粹的客观世界为人化的客观世界。这个过程的实现在现代社会很多情况下是依靠创业活动来完成的。创业活动为人类提供新的物质工具和生产方法，使原来人们利用过的资源能够更好地满足人们的需要，使原来人们无法利用的资源成为人们可以控制的物质产品；创业活动通过协调组织内部人与人之间的关系，提高人们的生产效率，为人类提供更多的产品。

另一方面，人的需要和人的本质的一致，决定了需要是人类创业活动内在的必然的推动力量。马克思在《詹姆斯·穆勒〈政治经济学原理〉一书摘要》中曾说："人的本质是人的真正的社会联系，所以人在积极实现自己本质的过程中创造、生产人的社会联系、社会本质，而社会本质不是一种同单个人相对立的抽象的一般的力量，而是每一个单个人的本质，是他自己的活动，他自己的生活，他自己的享受，他自己的财富。因此……真正的社会联系并不是由反思产生的，它是由于有了个人的需要和利己主义才出现的，也就是个人积极实现其存在时的直接产物。""这些个人是怎样的，这种社会联系本身就是怎样的。"这说明，人的本质，如马克思在《关于费尔巴哈的提纲》中提到的，在其现实性上是一切社会关系的总和，人们之间的社会关系又是人们在生产、交往、精神生产等各种现实的实践活动中形成的，而人的各种实践活动不过是为了满足人的需要，它们是每个人需要的展开、交融和结合。因此，人的需要和人的本质具有一致性，人们在实践中满足自己需要的过程，就是人的本质实现的过程。人的本质的生成、人的新的需要的满足和创业活动是同一个过程，需要作为人类创业活动的动力具有内在必然性。

需要作为创业活动的原始动力，它的特点决定了创业活动的基本面貌。

首先，需要鲜明的主观能动性决定了创业活动浓重的主观色彩。创业活动是人类实现超越的方式，它是现实的，也是观念的，观念的超越先于现实的超越。人的意识不是对客观世界的镜面反映，尽管它的信息来源于客观世界，但是它在被需要激发开始自身活动的时候起，就已经开始在头脑中利用一切精神因素，构建一个超越的蓝图。人们随后对这张蓝图的运用，就是人的本质力量的实现，处处体现主观能动性的作用。技术和制度资源的选择、调整、建设等，都是在需要和需要所激发的主观能动性的引导下完成的。

其次，需要的无限超越性决定了人类创业活动的无限发展，需要的社会性推动了一般制度创业活动和制度革命。马克思在《论犹太人》一文中说："把人和社会联结起来的唯一纽带是天然必然性，是需要和私人利益，是对他们财产和利己主义个人的保护。"人为了满足自己的需要就要生产，而无论是物质生产还是精神生产，都不是孤立的个人的生产，而是社会性的生产。也就是说，一切生产都是一定生产关系中的生产，需要也不是抽象的需要，而是一定社会关系中的需要，它联结着人与人、人与社会。

人的需要是一个历史范畴，需要总是一定历史阶段、一定社会关系中的需要。需要具有无限超越的性质，当人的最初的需要得到实现之后，就会产生一个新的需要。新的需要不会在自然中得到直接的满足，又呼唤再次实现，然后又产生新的需要、新的活动。可以说，整个人类历史，就是人们不断地实践、不断地满足需要、不断地通过创业等一系列实践活动满足人的新的需要的过程。在工业社会，资本追求剩余价值的本性促使资本家在创业活动中不断开发人的需要潜力，被激发的新的需要又促使人类开始新一轮的实践活动。马克思说："以资本为基础的生产……创造出一个普遍利用自然属性和人的属性的体系，创造出一个普遍有用性的体系，甚至科学也同人的一切物质的和精神的属性一样，表现为这个普遍有用性体系的体现者，而且再也没有什么东西在这个社会生产和交换的范围之外表现为自在的更高的东西，表现为自为的合理的东西。"人类在物的控制下，为了满足自身的需要，创业者利用可以利用的一切，不仅包括以机器为核心的技术，而且包括分工和协作；不仅包括微观的企业制度，而且包括国家体制；不仅包括制度前提，而且包括科学和一切精神产品。即将到来的知识经济社会，是人类的当代需要在更高的层次上与客观世界的碰撞。原有的工业生产方式对自然资源的掠夺已经造成常规资源的短缺，人类的生存环境受到威胁，不但无法满足人类发展的需要，而且与人类已有的需要背道而驰。人类创业活动的方式必须发生改变。在这个时代问题面前，人类的回答是，只有依靠知识的强大创造力，才能解决这个矛盾，满足人类新的需要。我国当前处于社会主义初级阶段，具有多元经济的特点，即不仅包括农业经济、工业经济，而且融合了知识经济的特点，但是总的来说其主要矛盾是人们日益增长的物质文化需要和落后的社会生产之间的矛盾，根据我国社会的特点，解决这一矛盾的方式最主要的是要依靠知识的力量，实现万众创新、大众创业。

最后，需要的全面性决定创业活动的全面展开和人的全面发展的价值目标的确立。人类的需要不仅是无限发展的，而且是全面的，这包含两层意思：一是指需要涉及的领域是全面的，不仅有物质需要，而且有精神需要和交往需要；二是指需要在各个领域内的展开也是全面的。需要的不断全面化，必然要求实现需要的手段的不断全面化。它推动着创业活动在物质生产领域、交往领域和精神生产领域的全面展开。

需要的全面性也催发了人的全面发展的价值目标的确立。马克思在《1844年经济学哲学手稿》中曾说：全面发展的人"同时就是需要有完整的人的生命表现的人，在这样的人的身上，他自己的实现表现为内在的必然性、表现为需要"。这说明，人的自由而全面的发展不是外在给予的，而是人自身发展的必然性，这一内在的必然性表现为需要。需要是人发展的标志，需要内容的不断丰富、水平的不断提高，标志着人越来越接近全面而自由的发展目标。只有在人的全面的需要得到确立和满足的时候，人的全面发展的价值目标才能实现。

需要是人的本质的体现，是人的内部的一种不平衡状态，也是人对外部环境的依靠和追求，它总是处于主观欲望和客观现实的矛盾之中。矛盾在未得到解决之前，表现为匮乏；在解决之后，表现为超越。需要就是在匮乏和超越之间的一种不平衡状态。人的一切创业活动都以需要作为原因和根据,需要是创业活动的原始动力。

三、创业的直接动力:利益

需要和利益是经常同时出现的两个概念,具有密切的关系。它们都体现了主体与客观世界的对立统一关系,具有相似的结构,都是人类创造活动的原因。但二者之间存在差别。"需要和利益的差别主要表现为两个方面……第一个方面,需要反映人对客观需求对象的直接欲求,利益则体现了人对客观需求对象更高层次的从理性上的关心、兴趣和认识。第二个方面,需要反映的是人对客观需要对象的直接依赖关系,而利益则反映的是人与人之间的社会关系即人与人之间对需求对象的一种分配关系。"也就是说,在人与客观世界的对立统一关系中,需要和利益都是客观存在的,具有对应关系,但是需要是一个起点,它表现为人对客观需求对象的直接欲求和依赖关系,表现为一种间接可能性;而利益是一个结果,它是建立在人的实践理性和实践活动及其成果基础上的需要的满足,表现为人们对于物质生活条件和精神财富的分配关系,具有直接的现实性。因此我们说需要是创业活动的原始动力,利益是创业活动的直接动力。

诚然,人们会因为理想和爱好而从事创业活动,但是由于创业活动的艰辛性和风险性,大多数的创业活动是在利益的驱使下完成的,利益是"人民生活中最敏感的神经",追求利益是人类一切社会活动的直接动因。那么什么是利益呢?北京大学教授赵家祥把利益的构成归结为三个方面:需要是形成利益的自然前提;社会关系是构成利益的社会基础;社会实践活动及其成果是构成利益的手段和资源。并在此基础上,归纳了利益的实质。"利益的实质是需要主体以一定的社会关系为中介,以社会实践为手段,占有和消费需要对象,从而使需要主体和需要对象的矛盾状态得到克服,即需要的满足。这时,需要主体就转化为利益主体,即利益的承受者。从利益的抽象意义看,它的实质就是需要的满足。但从利益的现实性和具体实现来看,其实质必然是一定的社会关系的体现。"中国社会科学院院长王伟光也认为:"所谓利益,就是一定的客观需要对象在满足主体需要时,在需要主体之间进行分配时所形成的一定性质的社会关系的形式。"这说明,所谓利益,是指需要的满足和需要的社会化,它既以客观现实为依托,具有现实性,又随着人类社会的发展而变化发展,具有历史性，它是现实性和历史性的统一。作为一个现实范畴，利益的基本含义很广，包括生产力和物质生活条件、交往和交往关系、精神生产和精神财富；作为一个历史范畴，利益总是在一定水平的生产力之上，一定性质的社会关系之中的利益，所有利益的现实性都归结于一定历史阶段的现实性。利益对于创业活动的推动作用就体现在现实性与历史性的统一之中，这是一个辩证发展的过程，不同历史阶段的利益内容、格局和特点直接决定了创业活动的面貌和特点。

在资本主义社会，随着机器生产力的发展，人们追求利益的方式发生了转变，人们在基于物的平等关系下，通过财富最大化的方式，展开了对经济利益的直接追求。马克思对此描述说："利益被提升为人的统治者。利益霸占了新创造出来的各种工业力量并利用它们来为自己服务；由于私有制作祟，这些本应属于全人类的力量便为少数富有的资本家所独占，成为他们奴役群众的工具。商业吞并了工业，因而变得无所不能，变成了人类的纽带；人与人之间的一切关系（个人的或国家的），都被归结为商业关系，或者换句话说，财产、物成了世界的统治者。""正如古代国家的自然基础是奴隶制一样，现代国家的自然基础是市民社会以及市民社会中的人，即仅仅通过私人意义和无意识的自然的必要性这一纽带同别人发生关系的独立的人，即自己营业的奴隶，自己以及别人的私欲的奴隶。""实际需要、利己主义就是市民社会的原则；只要政治国家从市民社会内部彻底产生出来，这个原则就赤裸裸地显现出来。实际需要和自私自利的神就是钱。"资本主义已经扯下古代社会温情脉脉的面纱，在自己的宪法中清晰地写下了"私有财产神圣不可侵犯"。物与物的关系掩盖了人与人之间的关系，人们的一切行为都是在私欲和利益的驱使下的活动，人们成了自己利益的奴隶。资本的饕餮本性不断要求剩余价值的最大化。创业活动成为资本扩张的力量。

马克思在《资本论》及其手稿中有很多关于资本逻辑的论述。他指出，资本利用所有手段的目的，也是唯一的目的，就是为了满足资本的本性，为了创造剩余价值。"如果说以资本为基础的生产，一方面创造出一个普通的劳动体系，即剩余劳动，创造价值的劳动，那么，另一方面又创造出一个普遍利用自然属性和人的属性的体系，创造出了一个普遍有用性的体系，甚至科学也同人的一切物质的和精神的属性一样，表现为这个普遍有用性体系的体现者，而且再也没有什么东西在这个社会生产和交换的范围之外表现为自在的更高的东西，表现为自为的合理的东西。"也就是说，资本为了自身利益的需要利用一切东西，同样，资本为了生产剩余价值的需要也利用科学，利用新知识、新技术和新制度。资本主义对于利益的直接追求和无限扩张的特点，客观上成为创业活动的直接动力。

我国正处于社会主义初级阶段，虽然可以通过国家制度实现全体公民在法律面前人人平等，但是，资本等要素参与社会分配还将在相当长的历史时期存在，利益作为创业活动的直接动力也是客观规律。即便在公益创业活动中，创业者不追求私利，但其所追求的公共利益仍然是利益的表现形式。

不仅各种利益本身，而且利益矛盾和利益冲突也是推动创业活动的直接原因。利益分为个人利益和共同利益。个人利益是每个主体特殊的利益，它在人类历史上不断丰富和发展；共同利益是个体利益重合的部分，它大致可以分为两个层次：一是整个社会的共同利益，二是社会中某一团体的共同利益。另外在全球化的今天，还存在人类的共同利益。共同利益在历史上由于其实质内容的不同，还可以分为真实的共同利益和虚假的共同利益。个人利益在生产力的一定发展阶段，由于自然需要和个人在社会经济、政治关系中的地位、分工的不同，而存在差异。在生产力不够发达和资源短缺的情况下，存在差异的个人利益之间必然存在矛盾甚至冲突，这一点在阶级社会表现得尤为明显。不同团体、不同国家的利益也是独立的，它们之间也存在利益矛盾和冲突。利益的矛盾和冲突必然表现为人与人之间关系的对立、恶化和危机，在阶级社会会出现阶级斗争和战争。在解决利益矛盾和冲突、推动社会发展方面，创业活动是强有力的杠杆。

综上所述，利益建立在一定的生产力和物质生活条件、一定的交往和社会关系、一定的精神生产和精神产品之上，利益是创业活动的直接动力。利益在不同的历史阶段具有不同特点，利益的这些特点决定了不同时期创业活动的特点。利益的分化、丰富和发展必然推动创业活动在知识、技术和制度领域的全面发展。同时，现实社会的人存在利益矛盾和冲突。在解决矛盾和冲突、维护和促进社会稳定和发展的过程中，创业活动也扮演着其应有的角色。

第三节　创业的主客体关系研究

一、创业活动主体

创业活动是创业活动主体能动作用于创业活动客体的对象性活动，是创业者按照自己选择的目标和行动方案通过创业实践去付诸实施的过程。无论是创业活动目标的确定，还是行动方案的选择，创业活动主体始终是起主导作用的决定性因素。在一定意义上，可以将创业活动看成是创业活动主体的一系列复杂的活动，看成是由创业者的理性思维、情感意志、实践行为组成的主体性活动。

（一）主体和创业活动主体

主体和客体是哲学中两个极其重要的范畴。所谓主体，是指按照一定目的去认识和改造客观对象的人。所谓客体，是指被认识和被改造的客观对象。主体和客体不同于主观和客观。主观是指人的精神世界，客观是指个体意识之外的客观世界或客观存在。主体无疑是人，但又不能认为凡人皆为主体。缺少自我意识，居于被动地位的人不是主体。只有具有明确自我意识、居于主动支配地位的人才是主体。创业活动系统是由人和物组成的，其中物的因素不可能成为主体，多数处于参与具体活动地位的人也不是主体，只有处于支配地位的人才是主体。概而言之，创业活动主体就是创业过程中从事创业核心活动的创业者。

创业活动主体作为主体的一种，有不同于其他主体的特殊规定和特定要求，主要表现为以下几个方面：

首先，创业活动主体一般应当具有进行创业活动的专门知识。知识是人们对客观对象的浅层感知和深层认识的总称，按照它所反映的客观对象，知识可以分为自然知识、社会知识、人的知识等各种类型。知识作为人类认识世界的成果和改造世界的武器，是一种无形的财富和巨大的力量。不过，因为知识的浩瀚无边，人的一生不可能、也没必要掌握其全部，而只能学习、掌握尽可能多的有关知识。工农业生产者主要掌握关于制造和种、养殖的自然知识，工程技术人主要掌握有关的自然科学知识和技术知识,科学家主要掌握某一领域的科学知识,医生主要掌握人体的生理病理知识,等等。创业者无疑也要有知识,而且似乎要掌握更多的知识。这主要包括:第一,有关所创业活动领域的科学知识和专门技术。比如金融家应通晓货币的一般理论和货币融通的基本程序;电机厂厂长应对电学理论有一般了解并熟悉电机制造的工艺流程;学校校长应懂教育学理论并熟悉教学每个环节的操作原则。总之,创业者虽不一定是某行的专家,但起码应是内行而不是外行。第二,尽可能通晓有关的社会科学知识。创业活动作为一种社会实践活动,自始至终是在社会大系统中进行的。创业活动主体要实现自己的意图,有效地实现创业目标,除了需要通晓有关专业技术知识之外,免不了还要同整个社会打交道,因而还必须掌握尽可能多的社会科学知识。比如一个创业企业领导要办好企业,除了要懂得该企业的生产经营知识之外,还应掌握与企业经营有关的政治、法律、历史、经济、国际关系、国内形势等多种社会科学知识。如果缺乏这些知识,就不能在复杂多变的社会环境中审时度势、选择时机,也不可能做到科学决策、应付各种变化,也不能在竞争中纵横自如、立于不败之地。一般来说,创业活动主体的决策权越大,越应掌握更多的社会科学知识;愈是高层的创业活动人员,愈应具有政治、法律、历史等知识。第三,要特别熟悉关于人的知识。创业活动的对象既包括物,也面对人,创业活动的重要工作之一就是做人的工作。因此,作为一个创业活动主体,应当熟悉自己的下属或团队成员,懂得人的生理、心理、需要、追求、信仰、期待和他们的行为规律,掌握有关的生理学知识、心理学知识、社会学知识、行为科学知识等人学知识。如果不懂得人,将活人看作死物,或者对人知道得很少,片面地将人看作"经济人""工具人",就无法搞好创业活动。相反,只有掌握有关的人学知识,了解人的心理活动和思想变化,才可能沟通主客体的关系,将创业者的意图化为创业组织成员的行动。第四,作为创业活动主体,特别是创业活动主体中的决策人物,还必须学习运用哲学。哲学是各门科学知识的最高概括,具有观照世界和改造世界的多种特殊功能,它为创业者提供综观全局、预测未来、揭示因果、防微应变的方法论,也为创业者如何正确决策确定价值坐标,是按照唯物主义观点或唯心主义观点来决策,是以系统辩证的方法或以形而上学的方法来处理创业活动中的有关问题,直接关系到创业活动的成败。所以,不懂哲学的人往往很难成为一个成功的创业者,现代社会的创业者应当学好哲学。

其次，创业活动主体还应具备丰富的创业活动经验和实践能力。知识作为创业活动主体的一种潜能，只是创业活动的一个前提条件，它只意味着具备搞好创业活动的可能。要使可能变为现实，创业者还应将各种知识转化为相应的创业活动能力，不断地在创业活动实践中学会如何具体应用这些知识。这就是说，创业活动的知识固然很重要，没有足够的相关知识自然谈不上能力的培养，因为能力不是凭空产生而是由知识转化而来的，那种将知识同能力、理论同实践对立起来，片面强调实际创业活动能力的观点是不正确的。但同时应该看到，知识并不等于能力，有知识而无能力只能是空谈家而不可能成为创业者，在此意义上，能力比知识更为重要。当年恩格斯对少数奢望党的领导地位的年轻干部曾经这样说过："他们那种本来还需要加以深刻的批判性自我检查的'学院式教育'，并没有给予他们一种军官官衔和在党内取得相应地位的权利；在我们党内，每个人都应该从当兵做起；要在党内担任负责的职务，仅仅有写作才能或者理论才能，甚至二者全都具备，都是不够的；要担任领导职务，还需要熟悉党的斗争条件，掌握这种斗争方式，具备久经考验的耿耿忠心和坚强性格，最后还必须自愿地把自己列入战士的行列中。"我国古代法家在选拔高级官员时也提出："宰相必起于州郡，将帅必起于卒伍。"这都说明知识不等于能力，能力是在创业活动实践中从知识逐步转化而来的。

创业活动主体的创业能力有多方面表现，比较重要的包括观察判断能力、专业技术能力、人事组织能力和分析综合能力。观察是指对形势的观察、预测而及时提出战略性目标；判断是指在多种计划方案中果断准确地选择某一最佳方案。所谓观察判断能力就是创业者根据自身的有关知识在特定情势下进行科学决策的能力。在这里，没有相应的知识是无法对形势进行深刻分析和对方案做出理智果断的选择的，否则只能是武断决策或盲目拍板。如果仅有相关知识而缺乏敏锐的洞察能力和沉着大胆的决断作风，只能瞻前顾后、犹豫不决，结果必然失去稍纵即逝的机会。所以，观察判断能力是创业活动主体特别是创业组织核心决策层所应具备的基本能力。所谓人事组织能力即领导能力，其核心是如何看待人、怎样处理组织内外的人际关系。作为一个创业者，必须要有识才的慧眼、爱才的热情、用才的技巧、护才的胆略和驭才的谋略，才能将不同专长、气质、性格、职责的人才合理组织起来。相反，无识才之眼、容才之量、用才之能、护才之胆、驭才之谋的人，只能是孤家寡人。这种人事组织能力固然依赖于"人学"知识，但主要是通过人事组织工作的实践逐步积累的。所谓专业技术能力,是指创业者对创业项目的特殊活动的了解熟悉程度,包括专业知识的运用能力和技巧,对专业工作环节的了解和操作。这种能力是指导创业组织内下属开展工作过程不可缺少的基本功,不具备这种能力就无法进入指挥别人工作的创业者角色。当然这并不是要求创业者门门通、样样精,而只是要求对该专业的各个环节、各个方面要有基本的、全面的了解,绝非外行。如果一个创业企业厂长对该厂所生产的基本知识和工艺流程茫然无知,或者只懂技术,不懂财务,不懂销售,那么他就只是一个名义上的厂长,绝非一个事实上的创业企业领导者。所谓综合分析能力是指创业者的思想技能,是指创业者分析综合创业活动系统各个方面、各种情况而对系统各活动要素进行有效控制的理性思维能力。从创业活动决策确定目标开始,到目标的最终实现,创业者自始至终围绕着如何达到优化的创业目标而不断调控创业系统组织各部门、各环节的活动方式。而要做到这一点,没有固定不变的模式可循,必须随时分析现状、综合情况。这种分析综合也是无法直接从书本上学到的,只能在创业活动实践中逐渐摸索。

再次,创业者常常同一定权力相联系。所谓权力,是按照预定方式引起别人心理或行为变化的权威和能力,它是通过约定俗成或通过法律程序所赋予的一部分人对另一部分人的影响力和支配权。权力作为一种欲望,人皆有之。但权力欲并不可能无条件地转化为现实的权力,拥有权力的人只能是少数。一般情况下,创业者正是创业组织内部权力的拥有者。所谓创业活动主体,一定要有相应的影响、支配别人的权力。至于这种权力是通过习惯由一些人传递给另一些人,还是通过某种法律、制度赋予一些人,都是创业活动主体在创业活动进程中不断拥有的质的规定性。只有获得现实的创业活动决定权力的主体才能成为真正的创业活动主体,否则就不能区别创业活动主体和创业活动客体,创业者就无权决策,无法对创业组织成员行使指挥、调度、奖惩、控制,创业活动就可能会成为一句空话。中外传统文化中有一种观点认为,权力欲是人性中邪恶的一面,权力无论其性质如何统统是有害的。在这种观点看来,人生来是平等的,不能有支配别人的想法和行为,它们主张社会不应由权力而应由"仁义""礼让"或理性道德来治理。现代无政府主义更是反对一切权力,主张打倒权力的象征——国家和政府。其实,权力欲并非都是邪恶的,权力也不都是有害的。相反,在有分工、有协作的社会生产和生活中,权力欲的产生和权力的运用不仅是必然的,而且总的说来是合理的。罗素认为权力是社会科学中的基本概念，是社会组织赖以维持和社会活动得以开展的关键。自有人类社会以来，只有通过权力，才能促进生产的发展和社会的繁荣。恩格斯在《论权威》中更明确地指出："联合活动，互相依赖的工作进程的复杂化，正在取代各个人的独立活动。但是联合活动就是组织起来，而没有权威能够组织起来吗？"可见，权力是社会活动的产物，也是创业活动主体质的规定。如果失去权力或有权力不敢运用，创业活动主体就不复存在，因此，世界上绝没有无权的创业领导者。

最后，创业活动主体还同威信联系在一起，创业者个人或领导层的威望和信誉是创业活动主体的又一质的规定性。所谓威望，是指创业者良好的品德和超常的能力在创业组织成员当中造成的特殊影响力。所谓信用，则是创业者和创业组织成员通过长期交往、相互沟通所形成的后者对前者的尊重和信任。与权力不一样，威信不是由习惯和法律自外赋予创业活动主体的，而是创业组织成员对创业活动主体的一种认同，是创业者自身造就并通过创业组织成员所赋予的。在一部分人影响另一部分人的心理行为的意义上，创业活动主体的威信也是一种权力，因为凭借威信同样可以达到支配别人的目的。所不同的是，权力是一种强制影响力，威信是一种自然影响力，前者是由地位决定的，后者是自发产生的。所以，权力同威望并不一样，不能认为有权必威、有权必信，威信同权力是构成创业活动主体的两个并列的内在规定性。

有一种观点认为，创业活动既然可以是一部分人支配另一部分人的行为活动过程，因而权力之中就包含着威信，威信是从权力地位中自然产生的。根据这种看法，有权必威，有权必信，权力即权威。事实完全不是这样，权力和威信并不具有必然的联系。有权是否同时具有威信，这要看创业者如何看待权力和运用权力，看他是否正确地对待创业组织成员。一般说来，只有不迷信滥用权力的当权者才有可能恰当地运用权力，由此才能逐渐树立威望并取信于民。相反，认为权力是万能的，以为有了权就有了一切，就可以颐指气使、以权压人，企图采用简单的行政命令手段去进行创业活动，必然引起创业组织成员的反感和抵制，创业活动主体就会因失去创业组织成员的信任而成为虚设的主体。可见，要搞好创业活动，除了要掌握一定的权力，还要辅之以创业者的威信，使创业者不是从形式上而是从实质上接受创业活动指令。

知识、能力、权力、威信，这四者就是创业活动主体必备的四重规定性，缺一则不可能成为真正成功的创业活动主体。

（二）创业活动主体的系统结构

创业活动是一种复杂特殊的社会实践活动，不可能通过一人来单独进行，而必须协同一部分人来共同完成。随着社会分工的发展和社会生活的日趋复杂，现代社会的创业活动主体系统也日趋复杂，参与创业活动的人各有其不同的职责。现代社会创业活动主体系统结构的变动性日益明显，结构的优劣对创业活动的效率起着十分巨大的作用。

在复杂的系统中，居于创业活动主体系统最高层的是决策人员，他们是具有决策权和对整个创业活动系统负有最终责任的领导者，其任务是确定创业活动目标，选择决定实现目标的某种方案。为使创业活动决策科学化而避免主观武断，各级决策机关还设有规模不同的智囊团或思想库。在现代，大型企业中凡进行计划、统计、预测、咨询、研究的专家或团体，均属一定决策层次的不同类型的智囊团体。智囊团是决策层的思想库，是专门为决策进行调查研究的智囊。它的职责不在"断"而在"谋"，专为决策层提供最优化的理论、策略和方法。决策人员和智囊人员的关系即"断"和"谋"的关系：谋是断的基础，断是谋的结果，二者既不等同、彼此区别，又相互依赖、彼此促进。创业活动主体系统越发展，断和谋的职能越清楚、越完善，彼此配合协调也越自觉。

复杂创业活动主体系统的第三层次是执行人员。执行人员是创业活动主体系统中的基干部分，其任务是根据决策者的决策方案制订具体计划、组织和指导操作人员、贯彻执行方案。一个创业企业，董事会的决策是通过诸如项目经理、车间主任等各级执行人员贯彻实施的。创业活动中的执行并非机械照搬、简单执行，具体部门岗位因有不同情况，上级决策不可能详尽规定各个方面的内容，这就要求各级执行机关必须根据实际，将上级决策具体化，对上级决策包括不到的部分再决策。所以执行过程同时也是决策过程，执行人员不但执行，也有进行中观决策的任务。一般来说，执行某一决策的中间环节越多，或者说执行链越长，其执行人员就负有越重的中观决策的任务。只有在一个层次少、执行链短的部门，决策人员和执行人员的职责才是分明的。这就是说，在理论上，我们可以而且必须将决策层和执行层相对分开来加以研究。但在事实上，尤其在体系庞大的创业活动人员系统内，最高层的决策人员和智囊人员是确定的，而中层的执行人员同时负有不同程度的决策任务，执行人员同中层决策人员常常是混而为一、不能截然分开的。

为保证决策的贯穿实施，随时了解决策是否符合实际以及执行部门是否按照决策执行，创业活动主体系统还可以设置专职的监督人员，其任务是跟踪捕捉执行过程中的偏差信息，并将它及时反馈到决策层。如果属于决策同实际的偏差，便由决策层修改原有决策；如果属执行中的偏差，则由核心层要求执行人员纠正偏差。在决策的执行过程中，设想原决策的绝对完美、绝对理想和设想执行中绝对准确、绝对一致是不现实的。由于多种原因，决策的执行必然是一个矛盾的过程，监督人员的任务就在于及时发现执行过程中的矛盾。只有借助于监督控制，才能保证执行人员步步逼近决策目标。在工厂中产品质量检验人员就是监督人员。

国家的监察部门（监委、检察院）、社会舆论团体、财务审计机关等则是专职的监督人员。一般来说，创业活动主体所创业活动的对象越复杂，监督人员越多、越职能化，其作用、地位越突出，创业活动主体的发展也越完善。而当创业活动主体系统发展不足或所管对象比较简单的部门，监督人员常常是由决策人员兼任的。但是不管在哪种情况下，监督人员都不得缺少，更不应由执行人员兼任。否则就等于取消了监督，"监""守"合一，就会给各种形式的"监守自盗"提供可能，从而使创业活动失控而流于混乱。另外，监督工作是一项十分复杂、极为严肃的工作，监督人员不仅要有相关的专业知识以便能敏锐、及时地发现问题，更要求有对事业的忠诚和对事不对人的高度责任心，敢于向上反映问题并督促纠正偏差。改革开放之初一些传统创业活动不重视监督人员的地位和作用，是导致传统创业活动落后低效的重要原因。

总之，创业活动主体系统是由上述四个子系统有机组合而成的，决策人员、智囊人员、执行人员和监督人员共同构成了统一的创业活动主体。其中，决策人员是整个系统的"大脑"和"灵魂"，决策是否恰当和及时，直接关系着创业活动的成败；智囊人员作为决策人员的助手，是整个系统的"外脑"或"思想库"，帮助少数决策者"运筹帷幄、决胜千里"；执行人员则是创业活动的"躯干"或"主体"，决策只有通过他们的创业活动才会变成现实；而监督人员相当于创业活动系统的"眼睛"和指示仪，对创业活动起着监控、调整、跟踪和定向等多重作用。在创业活动中，上述四类子系统必须各司其职、协同配合，如果其中任何一类人员不司其职、不尽其能，创业活动主体的创业活动功能就得不到正常发挥；如果互相掣肘、扯皮内讧，创业活动主体系统便会因内耗而解体。

(三)创业活动主体的行为方式

创业活动主体要想有效地开展创业活动,除了要优化创业活动主体系统之外,正确的行为方式同样非常重要。如果创业活动主体的行为方式不正确,即使是一个人员素质高、系统结构优良的创业活动系统,也很难实现良好的创业活动效果。

创业活动主体的行为方式即创业活动主体的活动方式或工作方式,是在特定的文化环境和组织环境中长期形成的思维定式和行为模式。文化环境和组织环境不同,创业者认识和处理问题的方式也不同,从而形成形形色色的创业活动行为方式或类型,主要有以下几种:

第一种类型,独断型。这是官僚主义创业活动方式的一种,其表现为武断自信,听不进别人意见,凡事无论大小皆由一人独断,要求别人绝对服从、唯命是遵。独断型是专制主义的基本创业活动方式,资本主义初期的企业主习惯于这种工作方式,工厂的一切大小事务悉由企业主一人独断。独断型是民主型的对立面,它将创业活动中的指挥决策职能片面放大,排斥民主决策和民主监督。在现代,这种创业管理形式显然已不合时宜。

第二种类型,放任型。这是与独断型刚好相反的另一种创业者工作方式,其表现为创业者不愿或不敢行使自身应有的权力,该管的不管,放任下属"自由"行事。放任型创业活动方式的产生有其复杂的历史文化原因,在现实中也存在各种各样的具体表现。中国道家"无为而治"的思想,资产阶级人道主义抽象的自由平等观,以及蔑视权力的无政府主义思潮,都可以诱发和导致放任型的创业管理方式。在现实中我们常常可以看到,有的创业者抱着"无为而无不为"的宗旨,认为少揽权才能发挥下属的积极性,结果适得其反;有人错误地将权力和民主对立起来,认为权力必然破坏人们的自觉性,结果这个集体因缺乏约束机制而各行其是,成了一盘散沙;有的领导视权力为祸水,害怕行使权力会触怒雇员而使自己孤立无助,因而对周围许多违纪甚至犯法行为装聋作哑、听之任之,等等。

第三种类型,事务型。这种创业者活动方式既不同于独断,独断型是指大小事个人独揽专断,具有排他性;也不同于放任,放任型是完全或基本放弃创业活动,任由他人擅行其是。所谓事务型的创业者活动方式,是指创业者分不清自己该管哪些事,常常忘记自己的职责而纠缠于不该管的事务,从早到晚、成年累月陷入数不清的日常事务当中。之所以出现事务型的创业者活动方式,主要原因是创业者缺乏现代经济活动的主体观念，忘记了自己在创业活动系统中的职责。

第四种类型，以事为中心。这是相对于以人为中心而言的一种较普遍的创业者活动方式。所谓以事为中心，是指创业者仅以工作为中心，而将人当作实现其工作目的的手段。具体说来，它可以区分为以盈利为目的的财务活动、以工作效率（生产效率或行政效率）为目的的经营活动和以产品质量为目的的质量控制活动三类创业行为方式。创业活动作为一种能动的特殊实践活动，有其明确具体的组织目的或行为目标，无论何种创业活动，都应提高工作效率并保证产品质量或服务质量；对于以企业创业活动为基础的创业活动，做好财务工作以保证其盈利，确实也是创业活动的重要目的之一。从这个意义上说，对以事为中心不能加以简单的责难，它作为创业活动主体行为的一种方式，应予以适当肯定。但是必须看到，这种方式并非理想的创业活动方式，而且可以说是一种失去根本目的、中心错位的创业活动方式。这是因为，任何一种创业活动都是通过人并为了人的群体活动，人既是手段，更是目的。产品质量、工作效率以及财务增收只是创业活动的短近目的而非根本目的。另外，为了提高工作效率、保证产品质量和使企业盈利增收，必须依靠组织成员的共同努力。可见，这种行为方式是建立在对人性错误估计基础上的创业活动方式，是轻视人的机械创业活动方式。如果说这种方式在一定时期或某些领域曾经并正在发生作用，那也仅证明当时的人或那里的人自主意识太低或太受压制。随着社会的进步、人的觉醒、创业活动对象的复杂化和现代化，这种方式显然已暴露出它的弱点和缺陷，迫使创业者转向以人为中心的现代创业活动方式。

第五种类型，以人为中心的民主创业者活动方式。这是现代社会普遍公认的最好的创业者活动方式，但又是创业活动主体难以准确把握的行为方式。这种创业活动方式首先要确认人是创业活动的根本目的，一切创业活动行为和创业活动工作最终都是为了满足人的需要。其次要确认人是创业活动的中心，一切创业活动工作、创业活动行为都应通过人来开展。这里的人不仅指创业者，也指创业组织成员。而要做到这一层，就不能将作为创业组织成员（一般说是指雇员）的人当作单方面接受创业者指挥的纯粹受动者，而应看成有追求、有需要、有权利、能创造的能动者。既然如此，传统的独断专制和习惯采用的以事为中心的创业活动方式就应被排斥在创业者的行为方式之外，创业活动就不再只是少数创业者的事情。要实现这一目标，创业活动主体需要做好如下几方面的工作：首先，充分尊重和信任广大员工，注意广泛吸取员工的意见，做到择善而从，并形成习惯和制度；其次，充分调动广大员工的积极性，培养他们的能动性和创造性，善于依靠人而不是仅仅依靠制度和命令去开展各项创业活动；最后，增加创业活动决策的透明度，使员工拥有必要的知情权。以上三点如果付诸实行，并成为创业主体自觉的行为方式，创业活动主体同雇员就能融为一体，进而使创业活动高效率地持续进行下去。

二、创业活动客体

客体是相对于主体而言的对象，创业活动客体是创业活动主体所作用的对象。创业活动既然是创业活动主体作用于创业活动客体的特殊实践活动，因而在研究创业活动主体的规定、结构、创业活动体制和主体的活动方式之后，还必须进一步考察创业活动对象的规定、特点、组织结构和活动方式。

（一）创业活动客体及其构成要素

客体在一般意义上，是主体有目的、有计划相作用的对象。其中，凡被人们有目的、有计划地认识和考察的对象，就是认识客体；凡被人们有目的、有计划地加以控制和改造的对象，就是实践客体。因此，客体范畴是一个包容甚广的哲学范畴，凡人类思想所及和活动相加的一切对象，无一不可以客体相称。

什么是创业活动客体呢？统而言之，即是人们常说的创业活动的对象。不过这种说法太概念化，为了使客体有其具体规定，明确创业者应当面对什么是一个十分关键的问题。一般可以认为，创业活动的对象是人、财、物三种基本要素；也有人认为时间和信息在创业活动过程中的作用很重要，要再加上时间和信息。

创业活动作为一种特殊的社会实践活动，是创业活动主体按照某种预定目的进行创业活动的特殊实践。因此，从事计划决策、组织指挥、控制调整的人是创业活动主体，而被计划、组织、指挥、控制的实践活动则是其创业活动的客体。这种客体不是通常意义上消极被动的静态客体，而是特殊意义上积极能动的动态客体；这种客体既包括实体性因素——人、财、物，也包括非实体性的功能因素和结构因素，如人的思想状态、人的活动方式、人员组织结构、人与人的信息沟通以及被人控制的时空等等。创业活动客体之所以称其为创业活动主体有效作用的对象性客体，正是由于上述诸要素进入了被控制的实践活动领域。如果创业活动客体不是某一正在进行的实践活动,诸要素没有进入现实的实践活动领域,那么无论是人还是物,也无论是时间还是信息,都不可能成为创业活动的对象。

因此,应当把创业活动客体确定为人的实践活动系统,即凡是构成实践活动的一切因素,都看成创业活动客体的构成因素。还应当指出,实践的类型是多种多样的,因而构成每种创业活动客体的具体要素也多少不一、性质各异,不能用经济管理的客体要素套用一切创业活动的客体要素。不过,从创业活动哲学的角度来看,无论何种创业活动客体,都是由从事某种实践活动的人和实践赖以进行的物两类要素所构成。其中,人的要素又包括人的思想(价值观念、意志情绪、认识能力)、人的行为(行为方式、行为趋向、行为方法)、人员结构(组织结构)和人际关系;物的要素则包括物资、资财、环境、时间、信息等。下面是对上述因素的具体分析。

第一,人的思想。说人是创业活动客体要素,自然应包括人的思想,因为人是有思想的理性动物,而不是无思想的机器或动物。但是思想作为一种无形的精神现象,能成为人所影响的客观对象吗?如果可以的话,又该如何理解客体的客观性?答案应是肯定的。这是因为:人的思想虽然无形但并非不可捉摸;人的思想对于个人来说诚然是一种反映客观的主观,但当它作为被他人认识和影响的对象时,又是一种被反映被掌握的客观。列宁当年在考察革命的客观形势的时候,就曾将被剥削者的情绪、希望、决心等精神状态列入客观条件之一,这说明创业组织成员的思想虽然是一种无形的精神,但对于创业者则同样具有可知性和客观对象性。创业活动既然是一部分人与另一部分人一起实现的某一实践活动,那么创业活动主体自始至终必先了解创业组织成员的意愿、控制他们的情绪、激励他们的热情、培育他们的才智、同化他们的观念,从而使创业组织成员的思想成为可预测、可感知、可跟踪控制的对象。

第二,人的行为。人的行为即人的现实活动。同人的思想比较,它具有明显的客观物质性和目的方向性。当人未进入创业企业的时候,其活动是由自己支配的自主活动,个人既是主体又是客体。而一旦进入创业企业,同创业者发生关系,其活动就不再是完全自主的,而必须受制于人,成为受创业活动主体支配的对象性客体。创业活动之所以可能,正在于一部分人的行为方式、行为趋向以至活动方法不能任由自己支配,而需接受别人的引导、规定及至指挥。创业组织成员干什么、怎样干、为什么而干,都要由创业者来决定。在有的创业活动领域，创业组织成员的行为方法也成为被规范的对象，如在生产类的创业活动中，就可能依据泰勒的理念将工人的操作动作做出省时、省力、省料的一系列规定。当然，这不是说雇员的一切行为都必须接受创业者的严密控制，如果这样，人就成为毫无自立性和创造性的机器。

第三，人员结构。作为创业活动客体要素的人不是以个体的方式而是以群体的方式而存在。群体究竟以何种结构方式进行活动，对创业活动的成效影响极大。因此，创业活动客体要素不仅包括被创业活动的人的思想、人的活动，还包括人与人的组合方式或组织状态。创业者只有根据不同的创业活动目的来建立创业活动组织系统，并根据情况的变化随时调整组织结构，才能使创业活动卓有成效。

第四，人际关系。人际关系是指组织内人与人之间发生的关系，它既包括创业活动主体之间的关系，也包括创业活动主体同雇员以及雇员之间的关系。正是由于组织内人与人的关系常常不和谐，需要调整，人际关系才成为创业者关注的对象。无论在什么样的人群系统中，人与人之间总会产生各种各样的矛盾，这是任何组织设计者预先不可能防止的，是不以创业者的主观意愿为转移的。设想建立一个无矛盾的组织系统，或对组织中人际关系中的不和谐感到不可理解甚至不知所措，显然是一种幻想和无知。

第五，物资。在哲学中，物质是相对于精神而言的客观实在，它包括很广，不仅财是物质，人也是物质。而物资则不是一个哲学概念而是一个经济学概念，它是指人类物质生产和生活不可缺少的自然资源、生产资料和生活资料。物资作为人们进行生产实践和生活消费的对象是显然的，但成为创业活动的要素则需要加以说明。当自然物资未进入生产和生活领域的时候，是以资源形式存在的，资源的种类主要有土地、森林、矿藏和水域等。自然资源进入生产领域之后，便被生产实践改造为材料、能源、工具、设备等生产资料，直接同生产资料打交道进行物资保管、设备维护及保卫的人员（如仓库保管人员和资财保卫人员）是创业企业基层人员；而从事产品供销计划制订、库存控制、物资调拨、设备引进或更新等工作的则属创业企业高层人员。生产过程完结，自然资源转变为消费品之后，还将经过分配和交换环节，最后进入社会消费领域，这其中每个环节仍离不开企业经济活动。物资是人类经济活动的对象，正是以各种不同形式的物资为客体，才形成五光十色的创业活动之网。

第六，资财。资财是资金和物资的价值表现。所谓资金，即用于某种活动的实有货币；所谓物资的价值表现，是以货币为价值尺度对物质财产数额（金额）所做的计算。人类自进入文明社会以来，无论从事哪类实践活动（特别是经济活动），都离不开对物质资料价值的正确认识和合理使用。而要正确认识和合理使用物质资料的价值，又必须合理地聚财、生财、用财。在商品生产高度发展的现代社会，要使创业活动更科学、更有效，资财无疑起着越来越重要的作用，也具有更加繁复的形式和内容。

第七，环境。环境又称组织环境，是存在于创业活动系统之外、影响创业活动系统的一系列因素的总和，包括生态自然环境、社会经济环境（如投资环境、市场环境）、政治法律环境、科技文化环境等。环境对于创业活动有两重性。其一，环境作为创业活动系统的存在条件，是既定的、外在的"编外因素"。一般来说，是环境决定创业活动系统；凡是适应特定环境的组织才能存在，与环境不适应者便会灭亡。在这个意义上，环境不是创业活动主体可以驾驭改变的客体。其二，创业活动主体既然是人，而人又有主观能动性，创业活动系统就不可能被环境左右，在一定范围内和一定条件下，它可以并且应当按自身的需要去选择环境、改造环境，与环境建立起互通物质、能量和信息的和谐平衡关系。在这个意义上，环境就成为创业活动主体的客体因素。当代中国创业者在确立某一战略目标、进行计划决策或是制定某一组织原则、开展创业活动的时候，总脱不开中国国情这个大环境，都必须从中国的资源、人口、社会主义制度和人口的科学文化素质乃至道德民俗等条件出发。无视国情，盲目套用西方的创业活动形式和方法，必然导致创业活动的失败。有作为的创业者，都会在坚持四项基本原则的前提下，想方设法改造现有的环境，或者开发利用不利环境中的有利因素。可见，环境决定创业活动，创业活动又改造环境，这合乎马克思"环境创造人，人又创造环境"的辩证思想。如果看不到前者，会犯唯心主义错误；而抹杀了后者，就是机械唯物主义。

第八，时间。在哲学上，时间被看成是物质存在的基本方式之一。物质处在绝对的运动中，运动着的物质所固有的过程性、延续性和先后承续性，即是时间。创业活动客体诸要素，无论是人的要素还是物的要素，无一不同时间有关，或者说都在时间中运动、转换、匹配。因此，创业活动的客体要素不仅包括上述的人、财、物、环境，也包括时间。时间本身是不会被人所改变的，要充分认识时间的价值和提高时间的使用效率，就要求创业者对创业组织成员进行时限控制、时机选择和时效教育。创业组织成员是在一定的时间中活动的，因而创业者不仅要规范雇员的思想和行为，还必须对其活动的时间期限做出规定，否则就谈不上科学的创业管理活动。即使对于物（如库存物资）和信息，也应有时限控制，因为超过规定时限的物资可能变质，信息可能失效。时机选择是引导或指示创业组织成员恰当选择和准确把握某种机遇，充分发挥时间的效率价值，达到在正常情况下所达不到的目的。时效是指相同时限内的不同工作效率。时效教育就是向创业组织成员灌输"时间就是金钱、时间就是生命、时间就是效率"的观念，引导创业组织成员抓紧时间工作，在短时间内发挥出最大的效益。总之，虽然时间对每个人都是无私公正的，时间本身具有不以人的意志为转移的客观性，但是人对时间价值的认识和利用时间的方式又大有差别。在现代社会，随着生活节奏的加快，时间作为创业活动客体系统的标量因素应当受到广大创业者的普遍重视。

第九，信息。信息是物质属性和关系的表征。无论是无机界、有机界还是生物和人类，都是通过它们各自的信息来显现其固有特征和相互关系。在自然界中，虽然客观存在着多种多样的信息，而且这些信息客观地经历着传递、接收、处理和反馈的过程，但这一切只是"自然"地进行着的，不存在信息控制活动。信息控制与管理活动是人类为了解、沟通外界客观对象以提高其组织性而开展的自觉活动。美国贝尔公司的申农博士认为，信息是消除随机不定性的东西。其通信功能就是消除不定性，信息就是用被消除的不确定性之大小来衡量。控制论的创始人维纳也认为，信息和熵刚好是两个相反性质的概念，前者标志系统的组织程度，后者表示组织解体的量度，信息可以提高系统的组织性。由此可见，信息普遍存在于或者依附于物质和活动之中，并对任何一种系统的组织和运行状态发生自觉或不自觉的影响。因此，在创业活动中，任何一种客体系统如果要防止内部混乱而加强其组织性，就必须收集大量信息，分析整理有关信息，利用信息来进行科学的预测和决策，调整控制其创业活动客体，从而使组织系统内部保持和谐，建立与环境的稳态平衡。相反，如果以为信息看不见、摸不着，不对信息加以关注和处理，那么这样的创业活动就可能会陷入"盲人骑瞎马，夜半临深池"的境地，完全是主观蛮干，毫无科学性可言。当代社会被称为信息时代，信息在现代创业活动中发挥着极其重要的作用。

综上所述，我们可以看到，实践活动作为创业活动的客体，包含着诸如人、财、物、时间、信息、环境等多种要素，是一个结构复杂的多元动态系统。离开系统论和创业实践活动孤立地分析创业活动客体要素显然是不可取的。

（二）创业活动客体的基本特点

创业活动客体既然是实践活动系统，那么它就具有实践的客观实在性、主观能动性和社会历史性等一般特征。既然它是作为创业活动主体所作用的对象性客体而存在，那么它同时具有可控性、系统组织性等具体特征。

创业活动客体的客观性，是指创业活动客体不以创业活动主体的意识为转移。无论是客体中物的要素，还是客体中人的要素，它们的存在都是客观的。其中，物、财、信息、环境、时间等要素，其客观性是不言而喻的，它们各有其自身的内在属性和运行规律。作为创业活动客体的人虽然是有目的、有意识的，但人的存在及其活动同样是客观的，同样服从于一定的客观规律，创业者不能随心所欲地对其施加影响。创业活动客体的客观性说明并要求，创业活动主体的一切活动首先必须从客体的现状出发，遵循唯物主义的实事求是原则。如果不从创业活动客体的现实存在而仅仅从创业活动主体的愿望出发，就会将创业活动引向错误的深渊。

创业活动客体的主观能动性，是专指创业活动客体中人的能动性或主动性。一方面，创业活动客体中的人具有受动性；另一方面，人这种创业活动客体又不同于物这类客体，而是进行实践活动的主体，有其支配、改造客观事物的主动创造性。也就是说，人既是创业活动中被动的对象性客体，又是实践活动中能动的创造性主体。没有人的这种主动创造性，就不可能有真正成功的创业活动。另外，即使在创业活动中，作为创业活动客体的人也并非只具有客体的性质，很多场合他们也同时参与部分决策和部分监督的工作，这种参与也体现着他们的主动创造性。如果创业活动客体的人不主动发挥作为人的主动创造性，或者创业者不把创业活动客体中的人当人看而当物看，创业活动客体就失去了它的活力因素，其结果也就谈不上真正有效的创业活动。

创业活动客体的社会历史性包括两层含义：一方面是说，创业活动客体系统及诸要素是在社会大环境中形成的，不可能脱离一定的社会环境孤立存在。或者说，创业活动客体不是绝对封闭的系统，而是作为社会大系统的一个子系统与其环境进行物质、能量、信息的交换。如果脱离人类社会，人既不能作为客体身份进入某一创业活动系统，物也不能成为创业活动的对象或客体要素，同时更不能耦合为完整有序的创业活动客体系统。另一方面是说，创业活动客体及要素既然存在于社会大系统之中，那它将随社会历史的变化而不断变化，以保持它与社会环境的动态平衡。因此，无论是历史上还是现实中，没有一成不变的、抽象的创业活动客体，只有变动的、具体的创业活动客体。设想有普遍适用、千古不易的客体模式，是一种不切实际的形而上学观点。

（三）创业活动主体和创业活动客体的辩证关系

创业活动主体和创业活动客体作为创业活动大系统的两极，其性质、结构和功能如上所述，是完全不同、截然对立的。无论何种创业活动，总是由特定的创业活动主体和与之对立的创业活动客体构成的。

但是，创业活动主体和创业活动客体之间除去上述对立的一面，还存在相互联系、相互制约和相互转化的辩证关系。研究二者的辩证关系，可以从动态上把握创业活动的实质。

首先，创业活动主体和创业活动客体作为创业活动实体系统的两极，是以对方为其自身存在的条件，一方离开另一方，二者将不复存在。创业活动主体之所以居于主体地位，是因为存在着可供他们支配的客体；创业活动客体之所以成为被支配的客体，是因为必须追随、服从创业活动主体。如果没有创业活动主体，创业活动客体就无从谈起。没有创业活动客体，也无从形成创业活动主体。可见，创业活动主体和创业活动客体之间是一种相互依赖的关系，二者的性质和地位是相互规定的。

其次，创业活动主体和创业活动客体之间又是相互作用、相互制约的。创业活动主体作用于创业活动客体，或者说创业活动客体受创业活动主体的制约，这是很显然的现象，因此人们常常将创业管理活动单方面理解为创业者对创业组织成员主动施加的种种影响。其实，创业管理活动绝非创业活动主体作用于创业活动客体的单向活动，而是二者相互作用、相互制约的双向活动，在创业活动过程中，创业活动主体也受到创业活动客体的作用和制约，这表现为：第一，所有创业计划必须根据创业活动客体的现状做出，创业活动主体不能离开创业组织的现实情况来做计划。第二，创业计划的实施有赖于创业活动客体与创业活动主体之间的协调，特别有赖于作为客体的人与创业者的合作。如果创业活动客体不予合作，创业活动便无法开展。第三，创业者的行为不能是任意的，如果任性妄为，一意孤行，就会出现各种形式的（公开的和隐蔽的）不合作行为。可见，创业活动绝不是创业活动主体单方面作用于创业活动客体的单向活动，而是创业活动主体和创业活动客体相互制约、相互作用的双向活动。创业活动不应仅仅理解为创业者的能动活动，而应理解为创业者和创业组织成员的互助合作活动。

最后，创业活动主客体的统一是具体的、历史的统一。创业活动作为重要的社会实践活动，是与人类历史相始终的。社会的人划分为创业活动主体和创业活动客体，也是绝对的、不可能改变的。

三、创业活动主体和客体的矛盾运动

世界是充满矛盾的，矛盾存在于一切领域。创业实践活动系统也是一个矛盾世界，创业活动过程即是解决各种矛盾的过程。如在决策过程中，存在着主观目的和实现可能的矛盾，组织目标和社会利益的矛盾，智囊人员同决策人员的"谋""断"矛盾；在具体实践过程中，存在着上下级之间的矛盾，职能部门之间的矛盾，同级人员之间的矛盾；在调整控制过程中，存在着计划与执行的矛盾，环境和组织的矛盾，离散和协调的矛盾；等等。

在各种各样的创业活动矛盾中，究竟有无一种贯穿创业活动过程始终、决定创业活动基本性质的矛盾呢？笔者认为，这对矛盾就是创业活动主体和创业活动客体之间的矛盾。由于这对矛盾决定着创业活动的基本形式和基本性质，引发了其他矛盾的产生并制约着其他矛盾的解决，因此，研究这一矛盾便成为研究创业实践活动的一个有意义的命题。

在一般意义上，创业活动主客体的矛盾是指充当主体的人同作为客体的人和物之间的对立统一关系。但是，人与物的矛盾又可归结为创业活动过程中人与人的对立统一关系，它分别表现为利益和责任、指挥和服从、纪律和自由、控制和反控四类典型矛盾现象。

（一）利益和责任的矛盾运动

利益是满足人们物质需要和精神文化需要的范畴，人们有多少种需要，就有多少种利益；不同时代和不同国家的人有不同的需要，判断利益也就有不同的社会历史标准。责任作为与利益相对的概念，是指人们在社会中所承担的义务和应负的职责。人们要从社会或组织那里获得利益的满足，就必须担负相应的社会义务和尽到一定的责任。如果不负责任，就无权得到相应的利益；反之，不满足一定的利益，人们也就无责任可言。

创业活动的发生和开展，首先依赖于组织成员合理分担一定的责任和获得相应的利益。这是因为，创业活动组织系统的形成，是组织成员为了各自的利益走到一起来的，如果无利可图，人们绝不会结合为组织。同样的道理，既然人们为了自身的利益结合起来协同活动，就会有组织分工，必须承担不同的责任。不承担一定责任，就不可能进行有效的创业活动，自然也无法满足自身的利益。因此，创业活动要得以正常开展，必须明确每一组织成员的责任和满足其应得到的利益。其中，创业者有其工作责任和与之相应的利益，雇员也有其工作责任和与之相应的利益，只有当二者各尽其责、各得其利的时候，主客双方才能耦合为一个动态组织系统，创业活动才得以持续有效地进行下去。

但是在创业活动中，利益和责任又常常是不统一的。这是因为，利益作为满足人们需要的表现形式，具有一种由外到内、由人到己的收敛性和排他性。如果缺乏有效的组织约束机制，无论是个人还是组织都会本能地唯利是图。相反，责任意味着为他人和组织做贡献，它具有由内到外、推己及人的社会发散性和自觉性，只有通过有效的组织约束和道德教化，它才能使组织成员树立责任感，对自己的行为负起社会责任。恩格斯认为，人从动物发展进化而来这一事实，决定了人性之中包含着兽性，社会进步不可能完全消灭人类趋利避害的动物本性，而只能逐渐减少它并增添其社会性。可以说，趋利是人的本能，责任是人的后天获得和社会再造，利益和责任的相互排斥实际是由人的生物性和人的社会性之间的对立决定的。创业活动过程之所以无法避免这一矛盾，也正是因为这一原因。创业活动之所以必要，也在于要使二者统一起来，避免出现唯利是图和逃避责任的情况。

（二）指挥和服从的矛盾运动

"指挥"是一个组织学概念，其意是说创业者运用权力对下属雇员行使指导、施加影响的行为过程。

"服从"则相反，它是指在创业活动中下级接受上级的指令、按照上级的意图而运作的过程。创业活动的重要原则就是指挥统一、令行禁止。如果放弃指挥或者拒不服从，创业活动就不可能进行；指挥无方或服从勉强，创业活动也难以收到最佳效果。

在创业活动实践中，指挥和服从不是自然达到统一的，而是在经常的矛盾运动中求得一致的。之所以会经常出现矛盾，大致有以下一些主要原因：

第一，利益分配不公，雇员因感到无利可图而拒不服从指挥。如果在分配上处理不当，就会引起消极对抗创业者指令的种种行为。

第二，价值观念不统一，创业者和雇员缺乏一致的价值观念。创业活动不仅是少数创业主导者的事，也是组织所有成员共同的事业，它需要大家对组织目标取得共识，上下要有共同的价值观念。但是在实际生活中，人和人的社会地位、主观需要是不完全相同的，基于不同的社会地位和主观需要，各人的价值观念也不可能自然地取得一致。尤其是创业者和雇员，由于他们处在不同的地位，价值观念存在着明显的区别，二者经常发生观念冲突，这就使创业者发出的指令受到雇员的抵制或曲解。

第三，创业活动主导者有权无威，滥用职权。创业活动的指挥权虽是必要的，但指挥是否得到相应的服从则取决于掌握权力的创业者有无威信，指挥是否得当。只有既具有权威、又指挥得当的创业者，才能不仅从信息上而且从情感理智上与雇员沟通，从而得到他们的信任、理解和拥戴。而有权无威的创业者，其指挥要么是强迫命令、滥用职权，要么朝令夕改、意气用事，其结果或者遭到雇员的抵制，或者使雇员被迫屈从或盲目服从。雇员的抵制显然会导致指挥的落空，屈从或盲从只是表面上的服从而非自觉的服从，同样会使指挥失去真实的对象而成为虚假的指挥。

可见，在有分工、有协作的组织系统中，以指挥为一方的创业者和以服从为一方的雇员处在经常的矛盾状态中。创业者越是使用强制命令，雇员越是被迫屈从或盲目服从而丧失主动积极性和创造性；而雇员的屈从和盲从一旦成为一种习惯或通病，创业者又愈益习惯颐指气使、滥发指令。如此恶性循环，就会影响创业目标的实现。

要避免这种情况，应当做好如下几方面的工作：第一，指挥不应采取简单的强制命令，而应伴之以说服、指导和激励，使雇员心服口服、自觉服从。第二，指挥应以上下共识为基础，服从则以真理为前提。反对不管下情的瞎指挥，提倡服从真理，尊重权威。第三，力求指挥的正确和服从正确的指挥，为创业者和雇员的关系创造一种良性循环的格局。创业者越是充分考虑雇员的利益，雇员越会自觉服从其指挥；同时，雇员越是服从创业者的指挥，支持创业者的工作，创业者的指挥就越有效，积极性就越高，就越能体现集体的智慧，使全体组织成员利益最大化。

（三）纪律和自由的矛盾运动

要行使创业者的指挥权，组织必须制定纪律；而要变盲从、屈从为自觉的服从，以发挥广大雇员的主动创造性，又需要自由。

纪律和自由是创业活动中的又一对矛盾，二者也常常通过创业者和雇员的关系表现出来。所谓纪律，是为实现组织目标、保证创业活动有序地进行而制定的各种行为规范，它主要是由创业者来监督执行。自由有多重含义，在创业活动中主要是针对组织纪律而言，主要指雇员在纪律允许的范围内行动的自主性和行为的自觉性、自律性。创业活动之所以能够进行，既要有统一的组织纪律来规范人们的行为，统一大家的行动；又要有一定的自由，以使个人能独立地开展本职工作。没有纪律，就无法约束人们的行为而使组织形成合力，自然也就谈不上实现创业目标。没有自由，组织成员的一言一行都得按创业者的指令行动，活人就会因丧失自主性和自觉性而成为完全由人操作的机器，同样谈不上实现创业目标。由此可见，纪律和自由作为矛盾的两个侧面，是相互依存、彼此作用的。创业活动在一定的意义上，就是创业者代表的组织纪律和雇员代表的个人自由这二者之间的对立统一过程。但是，纪律和自由的对立统一运动不是自发完成的，它作为社会规律之一，必须通过人们的正确认识和具体的创业实践活动才能实现。

在创业活动中，要防止以下两种错误倾向：

第一种是只强调纪律而排斥自由的倾向。这种倾向将创业活动片面地理解为对组织成员的纪律约束和行为强制，试图将人们的一切言行都统统纳入可控的范围。在这种倾向的影响下，纪律就是一切，人们的一言一行无不受到组织的限制和创业者的监督。自由在这里没有合法的地位，人们的主动创造性被看作不安本分而受到鄙视甚至遭到惩戒。持这种观点的人无法理解纪律和自由的辩证关系，始终意识不到没有自由便没有人们对纪律的自觉遵从。久而久之，一方面，雇员因被剥夺了自由，必然会产生对抗情绪或变得麻木呆滞，纪律无法起到真实的效用；另一方面，也助长了创业者的专擅任性，使之我行我素、唯我独尊，成为纪律的破坏者。这样一来，本来人人都应享有的自由和人人都须遵守的纪律就发生两极分化：一极是雇员，他们只能遵守纪律而无权享有自由；另一极是创业者，他们享有自由而无须遵守纪律。显然，这种创业活动模式既践踏了自由又破坏了纪律，它充满压迫、强制、屈从、愚昧和逢迎气息，是一种极其脆弱又极为霸道的方式，很容易引发社会问题。

与只讲纪律、不讲自由的倾向相反的另一种极端，第二种是只讲自由、不讲纪律的自由主义倾向。自由主义者肯定人的自我力量、尊重人的自由创造、批判专制主义蔑视人的种种观点，无疑具有部分的真理性。但是自由主义者对自由的理解是片面的，他们认为纪律是自由的敌人，任何纪律对自由都只能是一种有害的束缚，自由是绝对不受他人约束。自由主义有其深厚的社会根源，分散的小生产经济是它们滋生的温床。列宁曾说，小生产习惯于散漫，自觉地不遵守纪律。事实正是如此。

纪律和自由的辩证统一为创业实践的健康发展提供了根本的保证，为了维护组织利益和个人的尊严，既不允许任何人破坏纪律，也同时保护个人的自由。因此，要求创业者在创业实践活动中既要警惕无视自由、只讲纪律的专制创业活动方式，注意尊重雇员的首创精神，维护人们的自由权利；又要反对破坏纪律的极端自由主义，严格组织纪律，培养遵守纪律的良好习惯。

（四）控制和反控的矛盾运动

控制是一个多义范畴，其基本含义有三：一是普通控制论的含义，一是管理学的含义，一是哲学上的含义。普通控制论的控制，是指在一个闭环系统中通过信息的传递和反馈过程，控制系统对被控系统所施加的目的性活动，以使被控系统在规定的限度内活动。普通控制论运用到创业管理中，控制的含义是指创业者追踪计划执行情况，捕捉偏差信息，调适计划和执行的关系，保证人流、物流、信息流按组织目的定向流动的职能活动。从哲学的角度看控制，控制可以理解为主体能动作用于对象性客体的实践活动，凡是人类的实践活动，无不包括主体人对它作用的对象活动的定向控制。因此，既然将创业活动看成一种特殊的实践活动，控制就可解释为创业活动主体对作为雇员的人的行为的干涉、强制和引导。

因为创业活动中的控制主要是人对人的关系行为，所以在控制别人的同时必然会出现别人的反控。如果没有反控，将被控制看成一方对另一方的绝对服从，人就成为机器，就无所谓对人的控制。

在各种创业实践活动中，控制和反控是作为一对矛盾而存在的，它们从另一侧面反映了创业活动主客体的对立统一关系。

首先，控制是创业活动主体贯彻组织目标、实现创业目标的活动过程。在实施控制的过程中，创业活动必须通过多种方式向雇员传递信息、解释目的，使广大雇员理解并接受他们的意图，这可以说是思想控制。但处在客体地位的人并不都能完全理解和接受主体的意图，由于思维方式、文化素质、价值观念的差异，他们常常有选择地接收信息，按自己的思维方式来领会创业者意图，有时还会敌视创业者的指令，形成逆反心理，这就会出现反控情绪。因此，控制过程并非我们想象的那般顺当，指令信息的传递和接收经常不畅。一旦创业者的指令遭到雇员或公开或隐蔽的自觉抵制时，创业者和雇员就会从两个不同方向想问题，形成思想控制和反思想控制的矛盾。

其次，控制不只是创业者发出指令信息，为保证创业者指令的贯彻，还必须对雇员的行为进行监督和纠正，这就是行为控制。但处在被监督地位的既然是人不是物，而人在本能上是不喜欢别人对自己的行为进行监督的，甚至只喜欢听好话，不喜欢听坏话，这也必然形成反控行为。现代心理学认为，人往往有自我辩解的习惯，心理上常常存在一种防御机制，尽量排除那些令人不快的消极感受。尤其是现代人，自尊感和独立感与日俱增，特别不习惯别人对自己发号施令、说长道短，哪怕错了也不愿公开承认。因此，当创业者以指挥、监督的身份对雇员的错误行为公开指责、批评乃至当众处罚时，不仅受指责、受处罚的人可能会当场冲撞，在场或不在场的其他人也往往会同情受指责的一方。如果创业者习惯于这种控制方式，久而久之就会将自身置于公众之敌的不利地位，使反控行为蔓延，形成对控制的一种条件反射。

再次，控制是对计划的执行情况进行追踪分析，将捕捉到的偏差信息反馈到决策系统再进行调整。这里有两类偏差：一是计划大致正确但执行不力所发生的偏差；二是计划部分不正确甚至基本不正确所造成的偏差。当要求雇员执行部分不正确或基本不正确的计划时，最初因为矛盾暴露不充分，人们尚能按计划行事，但随着矛盾暴露，人们越来越感到计划的荒谬或不切实际，执行计划的雇员就会中断原计划的执行，或者按自己的意图行动。这也是一种反控，而且是经常的、大量的反控现象。因此，在错误计划被反馈到创业者，并在做出修正之前，创业者和雇员之间便形成一种"博弈"格局，一切都是对着干。人们常说的"上有政策，下有对策""你说你的，我干我的"，或者"阳奉阴违"，多是由决策错误、计划不周所引起的反控行为。既然计划不可能一开始就是绝对符合实际的，这种反控行为的出现也就不足为怪、自然而然了。

由此可见，控制和反控作为创业活动中的一对矛盾，是客观普遍存在的。要使二者得到统一，必须正确处理以下几种关系：

第一，要正确处理创业者和雇员的利益关系，统一两者的价值观念。反控现象出现的深层根源，在于创业者未能公正处理同雇员的利益关系，导致价值观念和物质利益的冲突。要避免或缓冲这种冲突所引起的反控行为，在可能的条件下应尽量做到公正，以使全体组织成员意识到组织目标也是他们自身所追求的功利价值目标。

第二，要正确处理主观和客观、需要和可能、目的和手段的辩证关系，尽量使计划比较科学、大致可行。反控行为产生的另一重大原因是计划不符合实际。要避免或妥善解决因计划失误引起的反控，就应当坚持实事求是的认识路线，反对主观主义，使计划大致符合组织系统的实际，而不能从可能出发。另外，当计划在执行中出现偏差、证明了原计划的不妥之处时，创业者应及时修正甚至完全变更原有计划，而不能自以为是，将问题归结到执行人员身上去。为此，尊重科学、尊重雇员就成为控制者的座右铭。而想当然、瞎指挥则会诱发催化反控行为，是创业者的大忌之一。

第三，要正确处理创业者和雇员的行为关系，雇主和雇员之间要做到彼此了解、沟通情感。反控现象产生的一个原因是上下隔膜、情感不通，其主要表现在创业者在执行计划时对待雇员的方式简单、行为粗暴。因此，要避免这一原因造成的反控行为，创业者和雇员在平时要多接触、多了解，增进友谊，交流感情。当雇员行为越轨出错的时候，创业者要冷静沉着地处理问题，启发雇员自己认错，自己改正，最好不要当众教训，更不能以惩罚相威胁。

第三章　创业机会与创业风险

第一节　创业机会识别

一、创意与机会

　　创业家们常说："好的创意是成功的一半。"创意不是发明创造，创意是将一些司空见惯的元素以意想不到的方式展现给消费者，从而在消费者和品牌之间建立某种关系。大多数的经销商在代理其他品牌产品的时候，往往希望能够存在一个很好的市场机会使自己目前的业务有所发展或者开拓更多的业务方向，因此，绝大多数的经营者对创意都很敏感。然而，一个很好的创意未必就是一个很好的市场机会，尽管大多数情况下，市场机会源于创意。但并不是所有的创意都会成为市场机会。一个市场机会必然是一个实实在在的，能够用来作为企业发展基础的。这就是创意和市场机会之间最重要的差别。一个好的创意仅仅是一个好的创业工具，而将创意转化为良好的市场机会却是一个非常艰巨的工作。人们常常过高地估计创意的价值，而忽视了市场需求是否真实可靠。

　　创业因机会而存在，而机会是具有时间性的。纽约大学柯兹纳教授认为机会就是未明确的市场需求或未充分使用的资源或能力。机会具有很强的时效性，甚至瞬间即逝，一旦被别人把握住也就不存在了。而机会又总是存在的，一种需求被满足，另一种需求又会产生；一类机会消失了，另一类机会又会产生。大多数机会并不是显而易见的，需要去发现和挖掘。如果显而易见，总会有人开发，有利因素很快就不存在了。

　　对机会的识别源自创意的产生，而创意是具有创业指向的同时又具有创新性的想法。在创意没有产生之前，机会的存在与否意义并不大。有价值潜力的

创意一般会具有以下基本特征:

(1) 独特、新颖,难以模仿。创业的本质是创新,创意的新颖性可以是新的技术和新的解决方案,可以是差异化的解决办法,也可以是更好的措施。另外,新颖性还意味着一定程度的领先性。不少创业者在选择创业机会时,关注国家政策优先支持的领域。不具有新颖性的想法不仅将来不会吸引投资者和消费者,而且对创业者本人都不会有激励作用。新颖性还可以加大模仿的难度。

(2) 客观、真实,可以操作。有价值的创意绝对不会是空想,而要有现实意义,具有实用价值,简单的判断标准能够开发出可以把握机会的产品或服务,而且市场上存在对产品或服务的真实需求,或可以找到让潜在消费者接受产品或服务的方法。另外,有潜力的创意还必须具备满足用户和创业者需求的价值。创意的价值要靠市场检验,好的创意需要进行市场测试。

总而言之,先有创意,再谈机会。创业机会指那些适合创业的机会,特别是创意。看到机会、产生创意并发展成清晰的商业概念,意味着创业者识别到机会,至于发展出的商业概念是否值得投入资源开发,是否能成为有价值的创业机会,还需要经过认真论证。

二、创业机会与商业机会

创业机会,一般是指适合创业的商业机会,指具有吸引力的、较为持久的有利于创业的商业活动空间,创业者可以基于此为客户提供有价值的产品或服务,并同时使创业者自身获益。

一般来说,适合创业的商业机会至少有三个特点:一是特定的盈利空间可能有一定的成长性,如果没有成长性,创业者今天去创业,过不了多长时间就得关门;二是利用这样的商业机会去创业,起步阶段一般只需要较少的资源;三是利用这样的机会去创业,起步阶段一般对组织模式没有绝对需求,即在组织模式设计上,创业者可以最大限度地发挥想象力和创造力。

市场机会的出现往往会受到环境的变化,市场的不协调或混乱,信息的滞后、领先或者缺口,以及市场中各种各样的其他因素的影响。市场越不完善,相关知识和信息的缺口、不对称或不协调就越大,市场机会也就越充裕。对于创业公司的经营者来说,就是在面对自相矛盾的数据、信号、嘈杂的市场动态中敏锐地发现和识别市场机会。

三、创业机会的特征与类型

有的创业者认为自己有很好的想法和点子，对创业充满信心。对创业机会的捕捉是创业者要学会的一门技术，创业者有灵敏的商业嗅觉，就能捕捉到别人看不到的创业机会。蒂蒙斯教授认为，一个创业机会"其特征是具有吸引力、持久性和适时性，并且可以伴随着可以为购买者或者使用者创造或增加使用价值的产品或服务"。

（一）吸引力

创业机会要有吸引力，它不仅要对创业者有吸引力，还必须代表一种顾客渴望的未来状态，对顾客也很有吸引力。所以，创业机会一定是一个有吸引力的创意，这个创意让人期待。

（二）持久性

把握创业机会的持久性是非常重要的，有的创业机会稍纵即逝，不好把握，即使把握到了，由于不具持久性，获利空间也不大。创业机会必须有一定的时间长度待创业者去把握。

（三）适时性

创业成功讲究天时、地利、人和，在把握创业机会时，同样要注意对时间的把握。适当时间内出现的机会才是真正的创业机会。如果把握不好，时过境迁了，就不是创业机会了。蒂蒙斯教授认为，好的商业机会必须在机会之窗存在期间被实施，其中的机会之窗就是指商业想法推广到市场上去所花的时间。

（四）为客户创造价值

创业最终只有依附为买者创造或增加价值的产品、服务或业务才能进行。如果一项产品或服务不能给顾客带来价值，而是带来麻烦，那么肯定不能构成创业机会。

创业机会的类型从表现上看可以分为三种：一是隐性的机会，现有的产品种类未能满足或尚未完全为人们意识到的隐而未见的需求，就是潜在的市场机会；二是显性的机会，显性的机会是指在目前的市场上存在着明显的没有被满足的现实需求，这往往是人们共知共识的机会；三是突发的机会，即有时会有一种突发的变化造成一种不平衡，由此而带来新的机会，我们把它叫作突发的机会。

从来源上看，创业机会也可以分为三种：一是问题型机会，指的是由现实中存在的未被解决的问题所产生的一类机会；二是趋势型机会，就是在变化中看到未来的发展方向，预测到将来的潜力和机会；三是组合型机会，就是将现有的 2 项以上的技术产品、服务等因素组合起来，以实现新的用途和价值而获得的创业机会。

四、创业机会的来源

当前，创业机会层出不穷，总体来说，创业机会大致有五个来源。

（一）问题

生活中出现的问题或生活中的烦恼就是创业机会。创业者在捕捉创业机会的时候，要经常思考人们生活中种种烦恼形成的原因。创业的根本目的是满足顾客需求，而顾客需求在没有满足之前就是问题，就是烦恼。寻找创业机会的一个重要途径就是善于去发现和体会自己和他人在需求方面的问题或生活中的难处。

（二）变化

创业的机会大都产生于不断变化的市场环境，环境变化了，市场需求、市场结构必然发生变化。著名管理大师彼得·德鲁克将创业者定义为那些能"寻找变化，并积极反应，把它当作机会充分利用起来的人"。这种变化主要来自产业结构的变动、消费结构升级、城市化加速、人口思想观念的变化、政府政策的变化、人口结构的变化、居民收入水平提高、全球化趋势等诸方面。

（三）创造发明

创造发明提供了新产品、新服务，更好地满足顾客需求，同时也带来了创业机会。比如随着电脑的诞生，电脑维修、软件开发、电脑操作的培训、图文制作、信息服务、网上开店等创业机会随之而来，即使你不发明新的东西，你也能成为销售和推广新产品的人，从而给你带来商机。关注新产品也是关注新商机的一个途径。如果你比别人早一步进入这个行业，你创业成功的可能性就比别人大得多。

（四）竞争

在竞争中发现商机，把握创业机会，也是创业者要关注的。如果你能弥补竞争对手产品或服务的缺陷和不足，这也将成为你的创业机会。如果你可以比周围的公司提供更快、更好、更可靠、更便宜的产品与服务，那么你就找到了一个新的创业机会。

（五）新知识、新技术的产生

随着社会的不断发展，新知识、新技术层出不穷，创业者不要对新知识、新技术视而不见，而要不断关注这方面的信息，方能捕捉到不少创业机会。

五、影响机会识别的关键因素

面对具有相同期望值的创业机会，并非所有潜在创业者都能把握。成功的机会识别是创业愿望、创业能力和创业环境等多个因素综合作用的结果。

首先，创业的愿望是机会识别的前提。创业愿望是创业的原动力，它推动创业者去发现和识别市场机会。没有创业意愿，再好的创业机会也会视而不见，或失之交臂。

其次，创业能力是机会识别的基础。识别创业机会在很大程度上取决于创业者的个人（团队）能力。国内外研究和调查显示，与创业机会识别相关的能力主要有：远见与洞察能力、信息获取能力、技术发展趋势预测能力、模仿与创新能力、建立各种关系的能力等。

最后，创业环境的支持是机会识别的关键。创业环境是创业过程中多种因素的组合，包括政府政策、社会经济条件、创业和管理技能、创业资金和非资金支持等方面。一般来说，如果社会对创业失败比较宽容，有浓厚的创业氛围，国家对个人财富创造比较推崇，有各种渠道的金融支持和完善的创业服务体系，市场有公平、公正的竞争环境，那就会鼓励更多的人创业。

六、识别创业机会的一般过程

创业机会的发现是创业机会识别过程中最重要的一步，它意味着创业者发现存在着的创业机会并使之成为自己所理解的创业机会。

（一）形成创意

一个企业创业成功开始的关键，可能来源于一个新产品或服务的创意，而创意往往来源于对市场机会、技术机会和政策机会的感觉和把握，具体来源于顾客、现有企业、企业的分销渠道、政府机构以及企业的研发活动等。

1. 顾客

创业者可以通过正规或非正规的方式，接触有关新产品或服务的创意的最终焦点——潜在顾客，了解顾客的需求或潜在需求，从而形成创意。

2. 现有企业

主要是对市场竞争者的产品和服务进行追踪、分析和评价，找出现有产品存在的缺陷，有针对性地提出改进产品的方法，形成创意，并开发有巨大潜力的新产品，进行创业。

3. 分销渠道

由于分销商是直接面向市场的，他们不仅可以提供顾客所需的产品改进和新产品类型等方面的广泛信息，而且能对全新的产品提出建议并帮助推广新产品。因此，与分销商保持沟通是形成创意的一条途径。

4. 政府机构

一方面，专利局的文档中包含着大量的新产品创意，尽管其专利本身可能对新产品的引进形成法律制约，但可能对其他具有市场潜力的创意带来有益的启发；另一方面，创意可能来源于对政府有关法规的反应。

5. 研发活动

企业本身的研发活动通常装备精良，有能力为企业成功地开发新产品，它是创意的重要来源。

一个创意可以通过多种方法产生，主要有：①根据经验分析。对创业者而言，创意是创建企业的工具，在创建成功企业的过程中少不了它。就这方面而言，经验在审视创意时显得至关重要。有经验的创业者往往在模式和机会还在形成的过程中，就表现出了快速识别它们和形成创意的能力。②创造性思维。创造性思维在形成创意的过程中是很有价值的，而且在创业的其他方面也是如此。创造性思维可以通过学习和培训等来提升。③激发创造力。激发创造力的方法有很多，如头脑风暴法、自由联想法、灵感激励法等，可以通过这些方法来激发创造力。④依靠团队创造力。当人们组成团队时，往往可以产生单个人不会出现的创造力。而且，通过小组成员集体交换意见所产生的问题解决方案和其他方式相比，或者更好，或者相当。据统计，约47%的创意来源于工作团队的活动。

（二）创业机会信息的收集

不掌握大量的市场信息，是很难判断出创业机会的。创业机会信息的收集是使创意变为现实的创业机会的基础工作。

首先，根据创意明确研究的目的或目标。信息收集时的一个目标便是向人们询问他们如何看待该产品或服务，是否愿意购买，并了解有关人口统计的背景资料和消费者个人的态度。当然，还有其他目标，如了解有多少潜在顾客愿意购买该产品或服务，潜在的顾客愿意在哪里购买，以及他们的消费习惯如何，预期会在哪里听说或了解该产品或服务等。

其次，从已有数据或第二手资料中收集信息。这些信息主要来自商贸杂志、图书馆、政府机构、大学或专门的咨询机构以及因特网等。一般可以找到一些关于行业、竞争者、顾客偏好趋向、产品创新等方面的信息。该种信息的获得一般是免费的，或者成本较低，创业者应尽可能利用这些信息。对这些信息加以认真梳理，也能发现很多有用的东西。

最后，从第一手资料中收集信息。收集第一手资料包括一个数据收集过程，如观察、上网、访谈、集中小组试验以及问卷等。该种信息的获得一般来说成本比较高，时间比较长，但能够获得更有意义的信息，可以把握实时的市场情况，更好地识别创业机会。

（三）创业环境分析

环境在创业过程中扮演着非常重要的角色，因此，创业者准备创业计划之前，首先有必要对所处的环境进行研究分析，主要包括技术环境分析、市场环境分析和政策环境分析。

1. 技术环境分析

技术的进步难以预测，从某种意义上说，技术是变化最为剧烈的环境因素。技术的进步可以极大地影响到企业的产品、服务、市场、供应商、分销商、竞争者、用户、制造工艺、营销方法及竞争地位等。技术进步可以创造新的市场，产生大量新型的和改进的产品，改变创业企业在产业中的相对成本及竞争位置，也可以使现有产品及服务过时。技术的变革可以减少或消除企业间的成本壁垒，缩短产品的生命周期，并改变雇员、管理者和用户的价值观与预期，还可以带来比现有竞争优势更为强大的新的竞争优势。因此，创业者应对所涉及行业的技术变化趋势有所了解和把握，考虑或因政府投入可能带来的技术发展。

2. 市场环境分析

市场环境分析可以从宏观、中观和微观三个层次来进行。

在宏观上，主要是对经济因素、文化因素的分析。一方面，一个新创企业成功与否，在很大程度上取决于整个经济运行情况，如整个国民经济的发展状况、产业结构的构成与发展、消费和积累基金的构成及其变化、失业状况以及消费者可支配收入等，具体体现在人均 GDP、可支配收入等指标上，这些因素都会影响市场的需求状况，从而对创业企业有一定的影响。另一方面，文化环境，如人们生活态度的变化、价值观念的变化、道德观的变化等，也会对创业的市场需求产生影响，特别是那些与健康或环境质量等有密切关系的产品或服务更是如此。

在中观上，主要是对行业需求的分析。市场是增长的还是衰退的、新的竞争者的数量以及消费者需求可能的变化等重要问题，创业者必须加以认真考虑，以便确定创建企业所能获得的潜在市场的规模。

在微观上，根据波特的竞争模型，潜在的进入者、行业内现有竞争者、代用品的生产者、供应者和购买者是主要的竞争力量。①新进入者的威胁。新进入者是行业的重要竞争力量，虽然创业者本身往往是一个行业的新进入者，但它同时也会面临着其他意识到同样创业机会的创业者或模仿者新进入的威胁，威胁的大小主要取决于进入障碍和本企业的可反击力度。其影响因素主要包括规模经济、产品差别优势、资金需求、转换成本、销售渠道等。②现有竞争者的抗衡。创业者在进入某一个行业时，会遇到行业内现有企业的压力与竞争，其程度是由一些结构性因素决定的。由于每个行业的进入和退出障碍不同，便形成不同的组合。③替代品的竞争压力。企业的发展将导致替代品的不断增多，因此创业者在制订战略时，必须识别替代品的威胁及程度。对顺应时代潮流，采用最新技术、最新材料的产品，或对从能获得高额利润部门生产出来的替代品，尤其应当注意。④购买者和供应者的讨价还价能力。任何行业的购买者和供应者都会在各种交易条件上尽力迫使交易对方让步，使自己获得更多的收益，其中讨价还价能力起着重要作用。⑤其他利益相关者。主要包括股东、员工、政府、社区、借贷人等，它们各自对各个企业的影响大小不同。创业者从创业初始就应适当考虑与利益相关者的价值均衡问题及它们对创业的影响。

3. 政策环境分析

政府的政策规定、法律、法规等都可能直接或间接影响创业的活动，如取消价格控制法规，对媒体广告的约束法规（如禁止香烟广告），影响产品及其包装的安全条例等，这些法规都将对创业企业的产品开发和市场营销等产生影响。另外，政府对市场的限制也是一个值得重视的方面，如美国政府在20世纪80年代对电信和航空业进入限制的放松，就导致了大量新公司的组建。

（四）分析结果，形成创业机会

一般来说，有关市场特征、竞争者等的可获数据，常常反过来与一个创业机会中真正的潜力相联系。也就是说，如果获得的市场数据清晰显示出重要的潜力，那么大量的竞争者就会进入该市场，该市场中的创业机会就会随之减少。因此，对收集的信息进行结果评价和分析，识别真正的创业机会是重要的一步。一般而言，单纯地对问题答案的总结，可以给出一些初步印象。接着对这些数据信息交叉制表进行分析，则可以获得更加有意义的结果。也就是说，对创业者来说，搜集必要的信息，发现可能性，将别人看来仅仅是一片混乱的事物联系起来以发现真正的创业机会是非常重要的。

七、识别创业机会的行为技巧

创业机会的存在是由于技术、行业结构、社会和人口趋势以及政治和制度等方面的信息发生了改变，这说明获取信息以及相应的信息处理能力是识别创业机会的关键所在。首先，通过对整体的市场环境以及一般的行业分析来判断该机会在广泛意义上是否属于有利的商业机会；其次，对于特定的创业者和投资者来说，考察这一机会是否有价值，也就是个性化的机会识别阶段。

创业机会的识别过程的核心线索是理性的分析方法。创业者凭简单的直觉不能够挖掘创意和识别机会，只有通过深入的思考和认识，才不至于决策失误。没有相应的理性分析作为基础，创业者进入市场之后，很快会由于市场经营环境的变化或竞争者的经营行动而陷入被动之中。因此，我们强调在创业机会识别阶段的理性分析，就是要创业者在创业准备阶段进行更多的调查和分析，做好准备工作，应对实际创业中可能遭受的挑战。

识别创业机会的行为技巧，首先了解创业机会的识别方法。主要有三种方法：一是趋势观察法。观察趋势并利用它来创造机会，寻找出各种最能反映趋势的要素，观察这些要素的变化，分析这些变化中存在的规律。二是问题发现法。问题会不会成为商业机会，就是要从商业角度来思考，不仅解决问题，而且解决方案可以商业化，不是所有问题都是商业机会，但通过创造性解决问题的方法，许多非商业机会的常规问题解决方案可以把它变成非常规解决的商业机会。三是市场研究法。市场研究包括市场信息的收集，以便确定其产品的策略、潜在市场的规模等，还包括定价策略，最合适的分销渠道策略、促销策略等。在企业创业的早期阶段，信息对创业者来说非常重要。搜集必要的信息，发现可能性，将别人看来仅仅是一片混乱的事物联系起来以发现真正的创业机会。

识别创业机会的行为技巧，还有一点就是进行市场测试。大公司可以投入巨大的资源开展周密的市场调查和策划，因为它们有实力，可以用投入资金做广告宣传，可以投入大量的资源推销创意。即使如此，不少大公司在此基础上还是谨慎地开展市场测试。杜邦公司当年开发了一种计划生产皮鞋的皮革——可发姆。公司大规模投产前专门用这种皮革生产了一批鞋让消费者试穿，收集消费者的反馈意见。雀巢咖啡为打开中国市场，选择一些城市向住户投递小袋包装咖啡。肯德基在进入北京市场前也反复免费请广大消费者品尝。创业者经常犯的错误是，自己认为好的，就一厢情愿地断定顾客也应该认为好。古人说，"己所不欲，勿施于人"，然而"己所欲施于人"也不一定能奏效，因为创业者面对的是全新且陌生的市场。研究表明，大部分创业者的第一个顾客是家人、同事或亲戚朋友。其他消费者的感受如何，只有通过市场测试。市场测试是把产品或服务拿到真实的市场中进行检验。市场测试与市场调查不完全相同，无论是创业者本人的感受，还是消费者的感受都不一样。市场调查得来的只是消费者意向性的资料和信息，市场测试是要体验消费者是否真的愿意消费，总结后得出的信息可能更加准确。

第二节　创业机会评价

对于创业者来说，关键在于如何能够从众多机会中寻找出有价值的创业机会，并采取快速行动来把握机会。鉴别有价值的创业机会是创业者要面对的最大挑战之一。

一、有价值创业机会的基本特征

创业者要善于把握创业机会,特别是要善于把握有价值的创业机会。有的创业者认为自己有很好的想法和点子,对创业充满信心。有想法、有点子固然重要,但是并不是每个大胆的想法和新异的点子都能转化为创业机会的。许多创业者仅仅凭想法去创业而失败。那么如何判断一个好的商业机会呢?《创业学:21世纪的创业精神》的作者杰弗里·A.蒂蒙斯教授提出,好的商业机会有以下四个特征:

第一,它很能吸引顾客;

第二,它能在商业环境中行得通;

第三,它必须在机会之窗存在期间被实施(注:机会之窗是指商业想法推广到市场上去所花的时间,若竞争者已经有了同样的思想,并把产品已推向市场,那么机会之窗就关闭了);

第四,必须有资源(人、财、物、信息、时间)和技能,才能创立业务。

二、个人与创业机会的匹配

创业机会的识别、评价和利用是创业者个人的个性、能力、资源等情况与创业机会本身相互作用的过程。

(一)创业者的能力和资源

创业者的人力资源、认知能力(识别和产生新机会的能力)、与其他个人和组织建立的信任关系、引导组织必要的资源设立企业的能力以及通过企业创造多种多样的市场需要的产出能力,都是影响创业活动的资源。而且这些资源具备社会复杂性和路径依赖性这两个特点。

1. 社会复杂性

当企业的资源和能力具有社会复杂性时,这些资源和能力就成为可持续的异质性的来源。具有社会复杂性的资源很难模仿,因为它们是复杂现象,很难系统管理和影响。许多导致异质性的资源都具有社会复杂性,如企业文化、企业声誉和人力资本。与这些资源相似的是,与创业者有关的使创业者可以有效地利用机会的资源,如创业者的能力、积累的实践经验或技能,都具有社会复杂性。创业者的社会复杂性资源会为企业增加价值,而且其他企业很难模仿创造出这样的能力和资源。创业资源具有社会复杂性，这个条件对创业来说很重要，因为它提醒我们——复杂的技术并不是完全不可模仿的，利用这些复杂技术涉及具有社会复杂性的资源的使用，这才是更重要的。

2. 路径依赖性

创业资源是可以不断进化发展的，不过新的演化发展是有路径依赖的。在这种观点中，特殊资源的积累依赖过去的创业决策，这些由创始人和未来企业管理者制订的决策就构成了企业的 DNA。可持续的竞争优势是这样一个历史（路径）信赖的过程。创业者常常为了协调分散的知识而发展不同的知识基础，因为他们学习和理解事物发展规律的能力不同，这是企业发展不同能力和企业差别的不同路径。在创业企业里，由于它们是新成立的小企业，决策将对企业的未来起重大作用。企业差异的重要源泉是企业的历史，如专利技术和学习曲线。因为在这样的制订企业决策的独特条件下，企业具体的技能和资源的组合导致企业的长期路径依赖性。

由于创业现象的特殊性，创业资源的社会复杂性和路径依赖性比传统概念下的资源更为明显，对企业发展的影响也更大。

（二）创业者的重要资源

1. 人力资本

尽管有许多争议，但以往的经验研究还是倾向于支持在人力资本和创业活动之间存在正相关关系。需要明确的是，个人的人力资本，即个人知识水平的提高不仅是正式教育（如大学教育）的结果，也是非正式教育（如工作经验和职业教育）的结果。工作经验、在工作中学习、非传统正式教育结构的专门课程训练，这些从理论上来说，都可以增强人力资本。经验研究显示，正式教育对于创业活动的影响，不如非正式教育的影响大。而创业者的工作经验、管理经验和以前的创业经验与创业活动显著相关。研究说明，由学校教育年限表示的人力资本与发现创业机会的显著正相关性比较小；由工作经验表示的人力资本对创业活动的影响是很小的正效应，不过这个指标没有统计显著性；最强的人力资本变量是创业经验，它与发现创业机会之间存在强正相关关系，而且统计检验显著。这意味着一般来说，在其他变量不变的情况下，有过创业经历的人更可能开始创业。对于机会的开发利用来说，人力资本的影响有所减弱，特别是正式教育对机会利用的关系很弱，只有管理经验和以前的创业经验的正相关性显著，并通过统计检验。

2. 机会识别能力

历史上有许多这样的例子：技术发现创造者没有看到重要技术带来的商业机会（新的生产函数关系）。以前许多研究揭示了人们在识别这样的关系方面的能力差异。例如，认知科学的研究指出，人们将现有概念和信息整合成为新观念的能力是因人而异的。有研究指出，成功的创业者在其他人看到风险的情况下会看到机会。创业者比其他人更可能发现机会，是因为他们更少进行反事实的思考（如在特定情况下，很少花时间和精力来设想"本应该如何如何"），更少对失去的机会表示遗憾，很少受无作为的惯性影响。Busenitz & Barney 的研究指出，创业者进行决策的过程有异于常人，他们更多地进行探索性的决策，决策中有显然的偏向性。而这种具有非理性特征的决策模式有助于创业者在信息有限、资源有限、风险不确定的情况下迅速做出决策。

3. 社会资本

社会资本涉及主体从社会结构、网络和成员关系中获取利益的能力。社会资本能成为有用的创业资源，原因之一在于，其可以将主体结合在一起增强组织内部的信任，并为了提供资源而对外部网络产生支持作用；原因之二在于，社会资本能为创业提供信息等资源的联系，这是一种支持性（包含性的）润滑剂。从创业者的角度来说，社会资本提供的是便于发现创业机会以及识别、收集和配置资源的网络。社会资本也通过提供和扩散关键信息以及其他一些重要资源对创业机会利用过程产生积极影响。尤其是在我国，社会网络作为一种特殊的创业资源，常常对创业机会获取和开发有重要影响。

4. 外部信息

外部信息虽然为创业机会的识别提供了可能，但是如果个体没有特定领域的相关专业知识，根本就不可能确定外部信息对自己的价值。换句话说，外部环境中充满了不确定性，而个体又不具备相应的知识，那么就根本不可能视不确定性为机会，因而也不可能感知到机会的存在。因此，个体能否感知到创业机会的存在取决于他们是否有先前知识去甄别外部信息。这意味着掌握特定领域的知识对识别创业机会而言至关重要。个人因素（如先前知识）有利于创业者感知和识别机会因素（如新信息的价值）。

三、创业机会评价的特殊性

对于创业者而言，发现创业机会是一个方面的问题，而另一个方面的重要问题是创业机会的评价。这是一个关系到创业者未来创办企业的市场价值的关键环节。据有关学者的研究，大约有60%～70%的创业计划在其开始阶段就被放弃，主要是因为这些计划不符合创业者的评价准则。当前对创业机会进行评价已经产生了一些有代表性的研究成果，如蒂蒙斯提出了包含8个一级指标、53个二级指标的评价指标体系，分别从行业与市场、经济因素、收获条件、竞争优势、管理团队、致命缺陷、创业家的个人标准、理想与现实的战略性差异这8个大类对机会进行评价，是目前最全面的创业机会评价的指标体系。但是创业机会的属性具有许多方面，既有可以量化的，也有不可量化的，既要考虑当前的实际，更要注重未来长远的发展。例如对战略性新兴产业领域创业机会的评价，是否属于国家及地方政府重点扶持和发展的范围，就是很难量化的，在评价过程中必须依据国家和地方政府的相关法规和政策制定符合实际的决策。蒂蒙斯列出的指标只是一些可以参考的衡量标准，更主要的还是要依靠创业者对市场敏感的直觉和充分的了解分析。

创业者在识别创业机会的过程中，必须学会不断放弃很多机会而后抓住少数的机会，放弃或抓住机会的依据是机会识别的目标。蒂蒙斯给定了一个共同的机会识别的锁定目标，即机会能够为顾客或最终用户创造或增加极大的价值，能够解决一项重大问题，或者满足某项重大需求或愿望，有需求旺盛的市场，与当时的创始人和管理团队配合得很好，也很适合市场状况和风险。

四、创业机会评价的技巧和策略

创业者自身的特征及想法固然重要，但并不是每个想法都能转化为创业机会。许多创业者仅凭想法去创业，也对创业充满信心，但最终失败了。不是每个创业机会都会给创业者带来益处，每个创业机会都存在一定的风险，因此，创业者在利用创业机会之前要对创业机会进行科学的分析与评价，然后做出决策。

（一）提出正确的问题

有很多重要的与评价有关的问题，这里列举了用来评价创业项目的10组预备问题：

（1）这是一个新的产品、服务设想吗？它是独有的吗？它能申请专利或版权吗？它具有足够的在竞争中独领风骚的独特性吗？它可以被轻易地复制（效仿）吗？

（2）样品经过了专业检验者以推翻系统或破坏产品为目的的检验吗？产品存在弱点吗？它经得起检验吗？在未来的5年中对它的研究和开发将达到一个怎样的水平？若它是一项服务，它经得起消费者的挑剔吗？消费者愿意为它掏腰包吗？

（3）它参加过商业展览吗？若有，那它反应如何？达成交易了吗？它介绍给展销商了吗？获得订单了吗？

（4）产品或服务易于理解吗？比如像银行家、风险投资家、会计师、律师及保险代理人这样的人能理解吗？

（5）它的整体市场是什么？细分市场呢？产品能进入细分市场吗？能发展出什么特殊定位吗？

（6）进行过市场调研吗？市场中还有什么别的产品吗？市场容量有多大？市场成长有多快？发展趋势是什么？产品或服务的预计生命周期有多长？能达到多大程度的市场进入？受到顾客或代理人的好评了吗？将运用何种类型的广告及发展计划？

（7）将采用何种分配和销售方式——批发商、独立销售代表、公司销售人员、直接邮寄、挨户推销、超市销售、服务站，还是公司自有店铺销售？产品如何运送？公司自行运送、委托运输公司、邮政服务，还是航空运输？

（8）产品如何生产？机会成本是多少？比如说，产品是作坊生产还是其他方法？是加工车间还是流水作业？公司现有设备的生产能力是多少？盈亏平衡产量是多少？

（9）公司的发展理念是开发并出售特许经营权，还是先开发再专卖？

（10）公司具有或已形成运作商业企业的必要技能吗？要雇佣什么样的人？他们能够胜任吗？现在需要多少资金？将来还需要多少？研究过主要金融战略吗？

（二）特征评价

我们采用列表的方式可以让创业者明白创业项目在市场、财务、营销、组织及人力资源等方面的优势和劣势，保证创业项目的成功。通过分析，创业者便能为可能阻碍创业项目的弱势做准备。

（三）技术可行性评价

在评价创业项目时必须首先确定其技术要求，即技术可行性，是指为满足预期潜在顾客而提供产品或服务的技术要求。其要点如下：

（1）产品功能设计与外形设计的吸引性。

（2）柔性生产，可随时根据顾客的要求或随技术或竞争力的革新来修改产品的外部特征。

（3）产品所用材料的耐久性。

（4）可靠性，确保正常使用时的良好功能。

（四）综合可行性评价

上述那些标准问题和外部因素的综合评价，列举了创业项目的综合可行性因素——技术、市场、财务、组织及竞争性，指出了每个可行性领域包含的特殊活动。

一方面，创业机会需要从不同侧面予以综合评价；另一方面，这些不同侧面的机会特征存在主次之分，其重要程度存在较大差异。这就是说，在机会识别时需要把重点放在某些更为重要的指标上，对其正确识别评价后，再结合其他方面的特征做出整体判断。

创业机会可以从三个层次进行分析和评价：一是创业机会的核心特征：产品和市场。这一层次的特征属于创业机会的自然属性，不依赖创业者或者创业机会的其他特征而存在，相反，创业机会的其他特征却往往需要与其核心特征相匹配，才能创造出最大价值。二是创业机会的支持要素：团队、资源和商业模式。这是创业机会评价指标的第二个层次，也是创业者或者创业团队能够有效开发创业机会的支持条件。三是创业机会的成长预期：财务指标和收获条件。这是创业机会评价指标的第三个层次，成长预期是创业者对于创业机会的潜在价值的最终判断。

现在国际公认比较权威科学的是蒂蒙斯提出的全面的机会评价框架，与其他理论不同，蒂蒙斯更多的是从一个机构投资者或者从一个旁观者的角度来分析，结合机会本身的特点和企业（或创业家）的特质来综合考虑。他概括了一个筛选创业机会的框架，其中涉及8大类53项指标，针对不同指标做权衡打分。

这些指标提供了一些量化的方式，使创业者可以对行业和市场问题、竞争优势问题、经济结构和收获问题、管理团队问题、致命缺陷问题做出判断，以及这些要素加起来是否组成一个有足够吸引力的商机。尽管蒂蒙斯也承认，现实中有成千上万适合创业者的特定机会，未必都能与这个框架相契合，但这个框架目前仍是包含指标比较完整的一个体系。

第三节 创业风险识别

在企业的风险识别中，我们可以把风险理解为与希望产出出现偏差的可能性，应用于创业企业，是指给公司财产与潜在获利机会带来损失的可能性。这里的财产不仅仅指有形财产，还包括雇员、企业声誉等无形资产。

创业风险是指在企业创业过程中存在的风险，由于创业环境的不确定性、创业机会与创业企业的复杂性，创业者、创业团队与创业投资者的能力与实力的有限性而导致创业活动偏离预期目标的可能性。

一、机会风险的构成

任何事物都有其两面性，创业也不例外，机会和风险是创业者遭遇的一对"连体兄弟"。创业意味着开拓新的领域，前面的路有许多不可把握的未知数，这就是风险。面对风险，有些人选择了退缩，同时也选择了失败；有些人选择了挑战，也就走上了可能看到光明的道路。我们先来看看创业的机会在哪里。

机会风险又称"机会的识别与评估风险"，指在机会的识别与评估过程中，由于各种主客观因素，如信息获取量不足、把握不准确，或推理偏误等，使创业一开始就面临方向错误的风险。另外，机会风险的存在，是由于创业而放弃了原有的职业所面临的机会成本风险，也是该阶段存在的风险之一。

二、系统风险防范的可能途径

创业的系统风险是指由于创业外部环境的不确定性引发的风险，是创业者和企业无法控制或无力排除的风险，因而又可称为"客观风险"，比如政策立法、宏观经济以及社会、文化等带来的风险。对于这类风险，创业者只能在创业过程中设法规避。

（一）政治风险

由于国家政治的稳定性、社会政策的连贯性等产生的风险。对高技术企业而言，国家对其在国民经济发展中发挥作用的认识，进而所采取的政策，对其创业的风险度有一定的影响。对于这种类型的风险，高技术企业在创业过程应该积极关注和预测国家的政策走向。如果预测到某一政策将对企业的发展不利，企业可以早做准备，改变企业的运营方式，适应政策的变化。

（二）法律风险

法律、法规的制订和修改都会对创业企业产生影响。政府会采取某些事后的行政措施或法律手段，来限制某些已经开发成功的高技术产品的生产、销售或使用。例如，近年来国内外一些新创企业开发转基因产品，曾被有关国家政府部门明令禁止销售，这样企业的所有创业投入就转化为沉没成本，创业者根本得不到任何商业利益。目前，我国对于高技术企业的立法还存在很多的政策、法规空白，这势必造成法律上的风险。这类风险企业难以控制，只有尽可能地加以规避。

（三）宏观经济风险

因国家宏观经济状况、产业政策、利率变动以及汇率的稳定性等因素所带来的损失的风险。任何企业的发展都必须依托所在国家和地区的经济环境。利率、价格水平、通货膨胀等因素的变化，以及金融、资本市场的层次、规模、健全程度等，都会带来很大的不确定性，使创业企业容易暴露在风险之中。当这类风险将要或者已经出现时，企业应该能够快速响应，采取措施，使企业适应这一变化。

（四）社会风险

传统文化、社会意识，以及新技术、新产品的冲击，或社会的中介服务机构和基础设施不完备等引起的创业风险，很多是固化于社会文化或社会发展之中的，短时期内不可能有太大的改变。企业应该加强自身企业文化的建设，形成一个有利于企业长期稳定发展的企业文化，同时可以在某种程度上降低社会传统文化中的不利因素对企业发展的影响。

关于系统性风险的防范需要创业者提高警惕，尽量采取避免的措施。

三、非系统风险防范的可能途径

创业的非系统风险是指非外部因素引发的风险,即指与创业者、创业投资和创业企业有关的不确定性因素引发的风险。非系统风险可以通过创业各方主观的努力而控制或消除,因而又叫"主观风险",如技术风险、管理风险、市场风险等。对于这类风险,创业者则需要千方百计地设法加强控制。对于非系统风险的防范途径可以按照"识别→原因分析→防范"三步走的模式进行。

(一)技术风险

1. 识别

技术风险的识别通常从以下四个方面进行:

一是技术成熟度。技术成熟度是首先应该考虑的问题,只有新颖、独创、先进的技术才可能为企业带来独特的优势,技术成熟度的判断标准一般根据国内外同类技术达到的水平参数指标来确定。

二是技术适用性。技术的适用性描述了技术适用的范围、推广和实施的难易程度。技术的适用性是与市场的大小有密切关系的,一项技术所面对的市场越大,那么这项技术的适用性就越强;反之,则越弱。对技术的适用性的判断可以通过市场调查来实现。

三是技术配套性。一项科研成果转化所需的配套技术不成熟就会带来技术风险,有些技术虽然非常先进,但由于工艺的特殊性限制,无法进行大批量生产,这样就会对风险投资的收回带来较大的风险。因此,在高技术企业创业初期,必须确认与该技术配套的工程技术和产品生产技术是否已经完善,是否已经达到标准。

四是技术生命周期。高技术产品往往生命周期较短,不但自身更新速度快,而且还有被其他类似技术替代的可能,如果不能有效地提高技术的更新速度并维持更新成本或具有防止技术老化的能力,并在技术生命周期内迅速实现产业化,收回初始投资并取得利润,企业就将蒙受损失。对技术生命周期的估计,可以根据技术自身的特性、市场状况以及和同类技术相比较来进行。

2. 原因分析

一是产品化阶段的风险来源。产品化阶段是指将研发阶段的科研成果经过试验,转化为一个符合市场要求的产品阶段。这一阶段要将不同的技术结合在一起，特别是要消除某些薄弱环节对技术整体水平的限制，以便将关键技术上的优势真正转移到待开发产品上。对于那些缺乏系统设计和生产经验的高技术企业而言，产品化阶段的技术风险主要来自其技术结构的缺陷。如有的产品虽然在几个关键技术上领先，而其他技术如工业设计、产品装配的水平却不一定能够达到要求，这种失衡的技术结构将难以体现高技术产品的技术优势，从而导致其产品化的失败。

二是商品化阶段的风险来源。进入商品化阶段的技术成果，此时已基本完成产品创新，并占有一定的市场，尚须注入大量资金进行工艺创新、管理创新和开拓市场，建立起完善的营销网络，创立品牌，并形成主导型技术产品。此阶段的技术风险主要是技术替代风险，技术替代会改变产业的竞争态势，使该产业丧失原先所拥有的技术优势。

技术风险在高技术企业创业不同阶段的大小是有差异的，随着时间的推移、信息的聚集，技术上的不确定性会越来越小，技术难度会越来越低，高技术企业因技术风险而创业失败的可能性就会减少。

3. 防范

技术是一项动态发展的过程，因此技术风险的防范与控制也是一项动态变化的过程，技术风险控制体系由技术风险预测、技术风险监控、技术风险抑制3个前后相关的环节组成。技术风险预测是企业在现有技术风险数据和专家经验的基础上，通过评估和预测，选择适合企业的技术或对企业自身进行适当的调整，避免所研发或利用的技术存在先天的缺陷。企业要结合内部和外部环境，在预测技术前景的同时准确地分析自身是否拥有发展该项技术的能力。技术风险监控是在企业应用技术的过程中进行有效的组织和管理，将人、财、物、信息等资源合理、高效地应用到所从事的技术创新中并随时对风险潜在因素进行监控，一旦发现风险潜在因素变量发生变动应及时修正。技术风险抑制是在风险发生后，运用适当的分散、转移和退出手段，设法将损失降低到最小的程度。

（二）市场风险

1. 识别

市场风险的识别一般应从以下三个方面进行：一是推出的产品能否被消费者接受的问题。在现实市场中，人们对传统技术产品司空见惯，故对传统技术产品的市场需求是较为稳定的。而高技术产品对消费者来说是新鲜的，它的市场多是潜在的、待开发的、待成长的。在这种情况下，创业者就很难预先判定市场是否会接受自己推出的某一高技术产品，包括接收能力和接收速度。二是高技术创业企业生产的产品一般都是高新技术或技术创新产品。由于产品技术本身的前瞻性，企业无法得到相对准确的市场预期，对市场的接受度、产品导入市场的时间、市场的需求量等都难以估测，因而存在着较大的风险性。三是很难确定某一高技术产品未来的市场竞争力。由于新产品的竞争力是企业竞争力与产品优势、企业营销策略等有机结合的结果，高技术产品营销要求售前、售中、售后技术服务，而高技术企业这方面的能力一般较为缺乏。另外，高技术产品上市之初，产品成本多数会被前期的研发成本所抬高，在较高售价下才不致亏损，因此就可能导致它很难有适当的价格竞争力。

2. 原因分析

企业市场风险在于成功地制造出产品后能否销售出去，这种不确定性的形成因素主要包括以下几个方面：

一是技术开发策略失误。企业的产品开发策略应紧紧围绕市场需求和市场的消费习惯，否则开发出来的产品就有可能因为与市场需求、消费习惯相悖而不能被市场所接受。

二是产品开发不力。企业的市场风险主要是产品市场的风险，有的高技术企业产品单一、市场单一、经营范围狭窄；有的企业只抓技术档次高的产品，忽略了更广阔的普及型、中低档技术产品市场；有的只注重某一种产品的开发，忽略了相关产品系列的开发；有的企业融资策略不当，不能及时获得资金，延误了推出新产品的时机。高技术产品生命周期越来越短，技术更新、产品更新越来越快，要获取市场的成功和良好的经济效益，降低企业的市场风险，还要在一定基础上实现多元化策略，而这就依赖企业的产品开发和市场开拓。如果企业经营者着眼于近期利益，只注重现有高技术产品的生产和销售，而不注重现有产品的完善和新产品的开发，就会使企业随着消费者对其产品反感的增加或市场上更新产品、替代产品的出现而陷入困境。

三是市场创新能力不足。许多高技术企业的失败，并非仅仅因为其产品质量不高、市场容量小，相反其产品质量可能相当不错，但由于其市场创新能力不足，仍然会被淘汰出局。由于高技术产品的知识密集度高，使得高技术企业的营销与传统产品的营销有较大的区别，因此企业要使自己的产品为市场接受，必须善于进行市场营销创新，这样才能有效降低高技术企业的市场风险。

四是不注重产品技术保护。不注重产品的技术保护是形成高技术创新收益不确定的主要原因之一。企业研制成功的高技术产品要保持一定的竞争优势，就必须注重技术保护，否则就会在市场上失去竞争优势。

五是生产过程控制不力。高技术企业能否生产出高质量的、符合市场需求的产品，与其生产过程的科学控制有很大的关系。高技术企业的生产往往需要高质量的零配件和及时的原材料供应，以保障高质量的产品及时供应市场，所以如何从外部及时获得所需的高质量的原材料，是高技术企业正常生产经营的一个重要方面。

3. 防范

高技术企业在创业过程中可能会遇到市场份额小，甚至无法实现规模经济、产品性价比不高、消费者不认同，以及产品生命周期过短等市场风险。企业应该采取合理的营销组合，提高产品的技术含量和服务质量，研发时就考虑将来产品的成本，并做适当降低成本的研究；在创业前期的市场论证时，根据市场和产品的特点分析产品生命周期，对于生命周期过短的产品，企业应分析其是否具有开发价值。

（三）生产风险

1. 识别

生产风险的识别应从生产技术人员构成、生产设备与工艺水平、生产资源的配置状况、原材料供应状况四个方面展开。

2. 原因分析

生产风险是指企业在创业过程中，由于生产环节的有关因素及其变化的不确定性而导致创业失败或利润受损的可能性。对于创业企业来说，由于企业刚刚起步，生产人员的配备、生产要素的供给、各类资源的配置等容易出现问题，新产品又多是首次进入生产环节，工艺、设备等都难以得到保证，而且新产品必然要求与其质量控制相适应的新标准、新检测手段。这在创业阶段都需要尝试和摸索，故存在着较大的风险。

3. 防范

为了避免研发技术被替代技术替代或超越、现有生产设备或工艺无法达到产品商品化的要求，以及远离原材料供应地，企业无法正常生产等问题，高技术企业在技术研发时，就应考察替代技术的发展状况，评估技术本身的替代性，采取风险规避或自留策略，在研发时还要综合考虑现有设备与工艺的水平，以及自我研发相关设备与工艺的能力，创业时还要综合考虑原材料及能源供应，公司的地址要接近原材料产地，且能源供应充足。

（四）财务风险

1. 识别

财务风险的识别主要从两个方面进行：①资产负债表状况。从资产负债分析，主要分为三种类型：一是流动资产的购置大部分由流动负债筹集，小部分由长期负债筹集，固定资产由长期自由资金和大部分长期负债筹集，自有资本全部用来筹措固定资产，这是正常的资本机构，财务风险较小；二是资产负债表中累积结余是红字，表明有一部分自有资本被亏损侵蚀，总资本中自有资本比重下降，说明出现财务危机，必须引起警惕；三是亏损侵蚀了全部自有资本，而且还占据了一部分负债，这种情况属于高度风险，企业必须采取强制措施来缓解这种状况。②企业收益状况。从企业收益分析，分为三个层次：一是经营收入扣除经营成本、管理费用、销售费用、销售税金及附加费用等经营费用后的经营收益；二是在第一层次上扣除财务费用后为经常收益；三是在经常收益基础上与营业收支净额的合计，也就是期间收益。对这三个层次的收益进行认真分析就可以发现其中隐藏的财务风险。对这三个层次的收益进行分析可以分成三种情况：一是如果经营收益为盈利而经常收益为亏损，说明企业的资本结构不合理，举债规模大，利息负担重，存在一定风险；二是如果经营收益、经常收益均为盈利，而期间收益为亏损，这种情况如果严重可能引发财务危机，必须加强监控；三是如果从经营收益开始就已经亏损，说明企业财务危机已经显现，反之，如果三个层次收益均为盈利，则是正常经营状况，财务风险不存在或很小。

2. 原因分析

财务风险主要是由高科技创业投资难以预期，前期资金周转太慢，而高技术新创企业普遍缺乏持续投资能力引起的。主要表现在以下四个方面：高科技创业的资金需求极难判定；高科技创业需要持续的研究开发资金投入；技术整合需要更多的资金投入；开发高科技产品的市场需求需要资金。财务风险在企业初创时更多体现为融资风险，其存在于技术支持和商业支持之间，是研究基金和投资基金之间存在的断层。创业者虽可以证明其构想的可行性，但往往没有持续的或足够的资金投入将其实现商品化，并达到初创企业的稳定运营。在企业创立后，财务风险体现为企业运营过程中资本的追加投资风险；当企业需要扩大规模，财务风险体现为融资风险；追加投资时，若无法筹集到足够的资金，其生产和经营将经受严峻的考验；同时，若企业的财务管理不规范，还会出现资金周转慢、呆账和死账多的现象，形成财务风险。

3. 防范

财务风险是高技术企业创业必须特别注意的重要风险，企业在创立阶段可以采取合伙制，引入风险投资，或者向国家申请创新、创业基金；为保证企业持续发展有充足的资金，可以引入风险资本，股份化改制或公开上市；对企业经营过程中出现大量应收款、坏账，生产或销售资金匮乏的情况，企业应采取以销定产策略，财务上采取风险预警措施，促进资金及时回笼。财务风险主要通过下面几个方面进行控制：

一是增强投资者和企业管理人员的风险意识。创业投资本身就是一项风险很大的投资行为，应该大大增强投资者和企业管理人员的风险意识，使其具备很强的风险观念，这样在投资和经营过程中就会有意识地注意防范风险，特别是财务风险。因为企业的市场风险和经营风险最终都会在财务风险上有所体现，可以说财务是创业企业经营的精神末梢，财务风险是创业企业最外在的风险，也是最后的风险，因为财务风险可以直接导致企业创业失败。企业理财人员应能够发现和正视风险，为决策层提供企业的财务风险信息，并提出有效防范措施供决策层参考，建立健全企业财务风险的防范机制。创业企业应该建立预算模型，选择预测风险的方法，对各种情况下可能发生的财务风险及风险的影响程度进行测试，对测试出的风险应采取预防措施，如通过保险、合同、担保和租赁等方式，把风险转嫁给保险公司、购销对象、担保人员和租赁人等。创业企业可以考虑利用变动成本法编制财务预算，而且要应用弹性预算，以尽量留有余地应付业务变动的影响。在预算编制时还应综合利用零基预算和滚动预算的预算编制方法，使预算成为抵御财务风险的有力武器。

二是积极吸收风险投资基金。风险投资基金是一种向创业企业提供股权资本的投资行为，其基本特征是：投资周期长，一般为 3～7 年；除投入资金外，投资者还向投资对象提供企业管理等方面的咨询和帮助；投资者通过投资结束的股权转让活动获得投资回报。创业企业如果能够多方面吸收风险投资基金的投资，就会大大改善创业企业的资本结构，充实企业的资本金，提高企业的偿债能力，降低和防范企业的财务风险。

三是保持资产流动性。企业资金流转总是周而复始地进行的，企业应当缩短应收账款周转期，以保持良好的资产流动性。创业企业应降低整体资产中固定资产的比重，这样就可以大大降低产品中固定成本所占的比重，降低企业的经营风险和财务风险。

四是加强组织结构和人员控制。按照决策系统、执行系统、监督反馈系统相互独立、相互制衡的原则进行财务内部控制组织结构的设置。创业企业投资者和管理人员应在其职责和权限范围内行使职权，做到高效、有序。企业内部监督系统应建立各项业务风险评价、内部控制状况的检查评价的处罚制度。创业企业的决策者及高层管理人员的能力、品行、资历和稳定性，关系到创业企业的安全和发展，因此有必要建立控制制度，特别是财务安全与风险控制制度，让决策者及高层管理人员科学可靠地承担起财务安全与风险控制的责任。

五是加强财务会计制度的建设。创业企业要按照科学规范、职责分明、监督制约、财务核对、安全谨慎和经济有序的原则建立严密的财务会计控制制度。会计纪录、财务处理和财务成果核算等完全独立，并且严格按照企业财务会计制度规范进行，保障财务、会计信息的完整性、准确性、客观性与有效性。

（五）管理风险

1. 识别

管理风险的识别主要从三个方面进行：一是创业者综合素质和经验。创业者综合素质和经验可以从创业者的技术能力、管理能力和经验、企业家精神和创业者的身心素质方面来考查。二是决策的科学化。考查决策是否符合规范，以及决策目标是否和企业的目标一致。三是管理机制的成熟度。初创企业管理制度方面往往不够成熟，企业应通过调查产业内相似企业的管理制度，将本企业与之对比，识别出哪些管理制度方面还不够完善。

2. 原因分析

管理风险指创业企业因管理不善而导致企业不能够获得预期利润或威胁企业运营甚至生存的风险。高技术企业的创业者一般都是技术出身，创业者利用某一新技术、新发现进行创业，他可能是技术方面的专业人才，但不一定具备专业的管理才能和意识，在战略规划上并不具备特殊的优势，或不擅长管理具体的事务，从而形成管理风险。这种风险主要体现在经营决策、战略规划、营销组合不合理以及组织制度的不科学，管理层的综合素质较低，以及对生产运作，企业内部沟通、激励等问题管理不力等方面。

3. 防范

管理风险的防范和控制可以从以下三个方面考虑：

一是建立健全的现代企业制度。建立科学的决策和监督机制是高技术企业控制管理风险的前提，而这些又离不开合理的产权制度与健全的公司内部治理结构。所以，为减少企业管理风险，企业必须要按照现代企业制度的要求，建立起真正完善的法人治理结构。经营者激励机制也是法人治理结构中不容忽视的重要问题，解决好经营者特别是中高层管理人员的利益分配问题，不仅可以引导他们致力于企业利益最大化，尽可能把决策风险和操作风险降到最低程度，减少经营者的短期行为，而且可以对企业"内部人控制"现象起到遏制作用。

二是完善企业的内部控制制度。完善企业的内部控制制度的一个重要手段就是建立健全严密的内部控制系统。企业内部控制系统必须覆盖企业的各项业务、各个部门和各级人员，并渗透到投资决策、执行、监督、反馈等各个环节。同时企业还必须建立科学的授权制度和岗位分离制度，对掌握企业内幕信息的人员实行严格的批准程序和监督处罚措施。

三是提高决策者、管理者的自身素质。对企业中高层管理人员的使用必须坚持德才兼备的用人标准，在人员甄选过程中两方面的素质都应该列入考核内容，同时还应加强员工的职业道德教育和业务培训工作。

（六）人员风险

1. 识别

人员风险的识别主要从三个方面进行：①流动性风险。流动性风险通过考查企业发展所需人力资本在市场上的稀缺程度、企业对该种人力资本的依赖程度和企业现有人力资本的流动性来确定。②契约风险。契约风险的评价通过考查员工的工作意愿来确定。③道德风险。道德风险通过考查代理人追求自身利益的程度来衡量。

2. 原因分析

高技术企业的人员风险和一般企业的人员风险有所不同，主要是指流动性风险、契约风险和道德风险。流动性风险是指拥有高存量人力资本的知识型劳动者的高流动倾向性给企业带来的损失的不确定性,知识型劳动者的这种倾向性又是由人力资本的稀缺性、依附性及其所有者的能动性所共同决定的。契约风险是由企业生产经营的长期性所决定的契约在履行过程中存在的种种风险和不确定性。在高技术企业中,人力资本效能水平的发挥,取决于其所有者工作的意愿和对工作的心理评价。当知识型劳动者处于低激励水平时,企业将相应处于低产出水平,使企业契约履行不完全,这就是所谓的"契约风险"。道德风险是由委托-代理关系产生的。企业创业过程中,出于经营管理和研发的需要,必然会聘用职业管理人员和新的技术人员加入企业,产生授权,形成委托-代理关系:创业者成为委托人,外聘人员成为代理人。两者之间的利益和目标往往不一致,且委托人不可能完全知道代理人的信息,造成信息的不对称,从而出现代理人以牺牲委托人利益为代价追求自身利益最大化的行为,导致委托人利益受损的风险,即道德风险。

3. 防范

首先,以人为本的管理理念是风险预防的前提。传统的管理理念仅仅关心劳动者创造财富的多寡,而忽视了劳动者自身发展的需要。随着知识经济时代的到来,新的稀缺资本出现,"资本雇佣劳动"让位于"劳动雇佣资本"。在新的游戏规则中,知识型劳动者既要求与企业家一同分享利润,又要求实现自我价值。人本管理可以使管理重心下移,组织结构趋向柔软化、扁平化,横向沟通加强,员工的需求被迅速识别,生产效率大幅提升。

其次,知识管理是减轻风险损失的有效途径。知识管理是以知识主管为组织者,以创建学习型组织为内容,为高技术企业实现显性知识和隐性知识共享而服务的新管理途径。其关键在于可使员工自觉地参与到知识共创与共享的过程中,最大化地发挥个人的创新能力,增加组织的知识储备。当隐性知识被及时记录、收集并整理为数据化知识后,因员工离职而造成的个体信息流失将大为减少,个人掌握核心技术环节对企业生产计划中断带来的威胁将不复存在。知识主管作为知识外显过程的主要负责者,其任务在于科学合理地设计以鼓励创新为基础的业绩评价与激励系统,打破等级界限,发挥员工的最大潜能。

最后,构筑复合式激励机制,发挥激励的综合效应。在复合式激励中,物质激励是基础,环境激励、目标激励是核心。将物质激励作为激励基础必须注意3个问题:第一,高薪酬必不可少,任何人都有满足生存的底层需求,知识型劳动者也不例外;第二,满足员工安全需要的医疗、养老、失业保障等应予以配套;第三,报酬形式的选取要兼顾企业短期利益和长期利益,员工持股计划、股票期权及合伙人制度都是有效的留人"法宝"。环境激励强调知识型员工的自我管理,将组织约束降至最低,仅给予员工共同愿景的指导,同时营造宽松的环境,以合理的授权帮助员工用自己的方式完成任务。目标激励是基于对知识型员工"自我实现人"的假设,侧重于工作多样化、挑战性的设计,通过协助员工制订职业生涯规划,实行工作丰富化,激励员工的事业心、责任感,满足其成就感。

四、创业者风险承担能力的估计

创业者风险承担能力估计需要从以下几个方面考虑:

(一)明势

明势的意思分两层,作为一个创业者,一要明势,二要明事。我们先来看明势。势,就是趋向。做过期货的人都知道,要想赚钱关键要做对方向,这个方向就是势。比方说,大势向空,你偏做多,结果可想而知。

创业的人,一定要跟对形势,要研究政策,这是大势。很多创业者是不太注意这方面工作的。对一个创业者来说,在政策方面,国家鼓励发展什么,限制发展什么,对创业之成败有莫大关系。做对了方向,顺着国家鼓励的层面努力,可能事半功倍;坐反了方向,比如说,某个行业、某类型企业,国家正准备从政策层面进行限制、淘汰,你偏赶在这时一头撞了进去,一定会鸡飞蛋打。

中势指的就是市场机会。市场上现在时兴什么、流行什么,人们现在喜欢什么、不喜欢什么,可能就标明了你创业的方向。假如你准备创业,而你的资金不足,经验又不足,那么你可以看看周围的人都在做什么,大家一起做的,你跟着做,一定没有错,虽然不可能赚到大钱,但赔本的可能也小,风险也小,较适合于那些风险承受能力较弱的创业者。能赚平均利润,对于小本经营的创业者就不错了。通过这样的锻炼,可以慢慢学习赚大钱的本领,慢慢积累赚大钱的资本。假如你的本钱雄厚,风险承受能力强,你当然可以从创业伊始就去剑走偏锋,寻冷门,赚大钱,只是这样的创业者不多。

小势就是个人的能力、性格、特长。创业者在选择创业项目时,一定要找那些适合自己能力,契合自己兴趣,可以发挥自己特长的项目,这样才有利于你持久性的全身心的投入。

明势的另一层含义，就是明事，创业者要懂得人情事理。世事洞明皆学问，人情练达即文章。创业的首要目的是合理合法地赚钱，创业不是为了要跟谁赌气，而是要心胸坦荡地去干事业。

（二）敏感

敏感不是神经过敏。神经过敏的人不适合创业。创业者的敏感，是对外界变化的敏感，尤其是对商业机会的快速反应。一些人的商业敏感来自耳朵，一些人的商业敏感来自眼睛，还有一些人的商业敏感来自自己的两条腿。

有些人的商业感觉是天生的，如胡雪岩，但更多人的商业感觉则依靠后天培养。如果你有心做一个商人，你就应该像训练猎犬一样训练自己的商业感觉，善于捕捉商机。良好的商业感觉是创业者成功的最好保证。

（三）人脉

创业不是引无源之水，栽无本之木。每一个人创业，都必然有其凭依的条件，也就是其拥有的资源。一个创业者的素质如何，看一看其建立和拓展资源的能力就可以知道。

创业者资源可分为外部资源和内部资源两种。内部资源主要是创业者个人的能力，其所占有的生产资料及知识技能，也就是人们通常所说有形资产及无形资产。创业者的家族资源也可以看作创业者内部资源的一部分。拥有一份良好的内部资源，对创业者个人来说无疑是重要的，但其中大部分不是通过创业者个人努力获取，而是自然存在的，具有天然属性。外部资源则是指创业者可以整合利用的除内部资源以外的资源，这对创业者的成功同样重要。

（四）谋略

创业是斗体力的活动，更是斗心力的活动。创业者的智谋将在很大程度上决定其创业成败。尤其是在目前产品日益同质化，市场有限、竞争激烈的情况下，创业者不但要能够守正，更要有能力出奇。

谋略或者说智慧，时时贯穿创业者的每一个创业行动中。谋略就是一种思维的方式，一种处理问题和解决问题的方法。对于创业者来说，智慧是不分等级的，它没有好坏、高明不高明的区别，只有好用不好用、适用不适用的问题。我们归结创业者智慧：不拘一格，出奇制胜。作为创业者，你的思维是否至今依然因循守旧？

（五）胆量

创业本身就是一项冒险活动，创业者必须具有一定的胆量。科学研究发现，成功人士的心理承受能力远远强过普通人，而创业正是最需要强大心理承受能力的一项活动。

创业专家在研究中发现，大凡成功人士都有某种程度的心理承受能力，有一定的胆量，企业界人士尤其如此。很多创业者在创业的道路上都有过惊险一跳的经历。这一跳成功了，功成名就；要是跳不成，则可能跌得头破血流。

创业需要胆量，需要冒险。冒险精神是创业家精神的一个重要组成部分，但创业毕竟不是赌博。创业家的冒险迥异于冒进。

（六）自我反省的能力

反省其实是一种学习能力。创业既然是一个不断摸索的过程，创业者就难免在此过程中不断地犯错误。反省正是认识错误、改正错误的前提。对创业者来说，反省的过程就是学习的过程。有没有自我反省的能力，具不具备自我反省的精神，决定了创业者能不能认识到自己所犯的错误，能不能改正所犯的错误，能不能够不断地学到新东西。

五、基于风险估计的创业收益预测

创业的收益一般指创业者投入资源后的实际产出核减会计成本后的剩余部分。一般来说，创业者投入越大，产出越高；创业的会计成本越低，创业的实际收益越高。尽管创业成功率低，但创业一旦越过盈亏点，收益会大大超过工薪阶层。

预期收入是创业者创业的主要动因。按照西方理性预期学派的观点，创业者作为"经济人"，设法规避风险，追求利益最大化是其本性。因此，在做出创业决策之前，必然会搜寻一切相关的信息，并进行合理的分析、测算，来形成对创业收入的理性预期。尽管这种预期是心理的、主观的，但由于这种预测的客观概率分布的期望值等于主观概率的分布期望值，因此，这种主观的预期仍是创业者进行创业抉择的客观基础。预期收入与创业者选择的项目和进入的行业相关，与其能控制的资源相关。不同的项目和行业、不同的资源收入，带给创业者的预期收入是不同的；同时，创业者所在环境中其他创业者的示范效应也影响创业者的预期收入。其他创业者的成功概率、财富状况，客观上会左右着创业者对收入的预期。因此好的创业环境是提高预期收入、促进创业活动的要素。不断改善创业环境，有利于招商引资或自主创业。社会收益是创业者在"看不见的手"引导下贡献给社会的财富，也是创业家们回报给社会提供的创业环境的酬金。个人的创业成就取决于国家或地区的体制和环境的优劣。创业者个人收益和社会财富间呈现一种正相关的关系。一个国家或地区市场化程度越高，体制环境和商务环境越优，创业成功者越多，该国家和地区的财富就越多，社会收益越大。创业者个人财富越多的国家和地区，社会财富越多。同样，那些个人创造财富最多的国家和地区，也是创业体制和环境最好、创业社会收入最高的地方。

第四章　大学生创新创业教育路径分析

高校创新创业教育工作是一项系统工程,要提升创新创业教育质量,就要全方位地做好工作。高校开展创业教育工作的终极目标是提高大学生的创业素质,要实现这一目标需要众多的教育工作者的共同努力。因此,提高创业者的素质十分重要。笔者认为,创业者需要具备的典型素质包括马克思主义哲学素养、政治理论水平、创业观念、创业工作方法、创新能力和创业决策能力。由于马克思主义哲学素养和政治理论水平是高校学生思想政治理论必修课所涉及的内容,因此,本章将从创新创业教育内容选择的角度分析创业观念、创业决策能力,探讨创业方法论,分析创业者创新能力提升对策。

第一节　创业者创新创业观念教育

创业者创业观念教育是一个十分重要但却容易被人们忽视的话题,因为表面看起来这项工作与具体的创业活动无关。然而,如果一个创业者理想不坚定、创业意识混沌、创业三观不正,即便在经济指标上取得成功,也不一定会回馈社会,这样,就很难说是创业教育的成功。因此,创业理想、创业意识、创业观念教育都不容忽视。一个有社会责任感的创业教育工作者,在教学活动开始前要认真研究创业理想、创业意识、创业观念的本质及其相关问题。

一、创业理想

在创业教育工作中,最重要也最容易被忽视的是对大学生的理想进行的教育培养。如果说,鼓励等主要手段表现为创业教育者对大学生的外在"激励",那么,理想教育就是将外在"激励"转化为内在的自我"激励"。只有这样,大学生的创业品德和素质才可能得到普遍提高,团体精神也才可能得到培育发扬，创业教育工作的理想目标也才可能得到实现。

理想作为人类特有的精神现象，是人们对社会发展趋势的一种超前反映和对未来世界的设计、向往和追求。人不同于动物的主要区别之一在于动物没有理性，更无理想，因而它们永远生活在现存的物质世界之中。而人是理性动物，人既生活在现实中，又企图超越现实；既生活在物质世界当中，同时又以理想的精神方式享受生活。自有人类以来，理想就是人们的一种生活方式，是构成人类精神生活的一个重要方面。如果做人而无理想，就意味着人格的变质和人性的退化。

但是必须看到，理想并非古今一体、千人一面，而是形形色色、多种多样的。从理想的指向上分，有所谓社会理想、群体理想和个人理想；从理想同现实的距离分，有所谓长远理想、中期理想和近期理想；从理想形成的途径分，有个人或群体在生活中自发形成的理想和通过理性思考及系统学习形成的自觉理想；从个人理想、群体理想同社会理想的关系分，理想又存在境界高下的区别。此外，假想、空想、幻想也是理想的不同表现形式，甚至宗教也充满虔诚的理想色彩，它们与科学的理想构成了两类不同的理想类型。由此可见，虽人人有理想，但理想各有不同。认为理想只有一种或认为理想一定高尚伟大，是对理想的狭隘理解。只要是生理健康、有理智的人，都有各自不同的理想信念，而且都以不同方式追求着自己的理想目标。

创业教育工作和理想是紧密不可分割的，创业教育工作不能脱离理想。虽然创业教育工作目标的确立立足于现实，是通过分析现实中的种种可能做出规划和计划，创业教育工作计划表现为一个环环相扣的目标链，但是创业教育工作最终要达到的目标之一，就是帮助大学生树立正确的理想，成为一个有理想、有责任感的创业者。因此，支撑创业最终目标和工作计划顺利实现的关键因素之一就是学生工作中的理想和境界。

正是由于创业教育工作和理想有着上述不可分割的内在联系，大学生创业者理想的培育必然成为创业教育工作第一重要的任务。在创业教育工作中，理想培育对于大学生创业者具有如下两方面的激励功能。

一方面，通过理想培育，可以将大学生不自觉、不系统的创业者理想上升为自觉、明晰和稳定的信念，从而获得持续激励大学生主动性的心理效应。创业教育者在创业教育工作中，应当把对大学生进行创业者理想教育作为首要工作，使学生自发的理想变成自觉的理想，使空谈、幻想变成切合实际的、科学的创业理想，使一时的冲动变成稳定的信念，将种种心理故障转化为理智支配的执着追求。当然，这个工作相当艰巨，它是一个比一般激励手段更复杂的工作，需要的是耐心、持久和科学的方法。只要不懈努力、方法得当，就能帮助当代大学生树立正确的理想，学生的主观能动性就会被挖掘出来，被自觉理想所支配的大学生就能激励自己，而且历久不衰、愈挫愈奋。这是其他精神激励无法与之相比的。

另一方面，创业教育工作理想培育的核心、实质和终极目标是社会理想教育，离开社会理想及其教育，理想培育就失去教育的价值和理想的社会意义。社会理想包括内容和形式两个方面。从内容上说，社会理想就是超越现实社会的理想社会。农民的社会理想，是超越封建土地所有制而对"耕者有其田"的私有社会的向往；无产阶级的社会理想，是消灭私有制和剥削，人人占有生产资料的共产主义公有制社会。在形式上，社会理想是某一社会大多数人对未来社会设想的共识，表现为各种理想的共同面和彼此之间的共通点。由于受个人视野和团体利益的局限，个人在形成自己的理想或者组织对其成员进行理想教育时，往往会因为局限于个人和群体的将来而容易忽视整个社会的前途命运，这样就造成个人理想、群体理想同社会理想的偏离，产生诸如个体意识和各种狭隘的团体意识，显然这是与社会理想冲突的。创业教育者在进行理想教育时，一定要超越团体界限，放眼社会未来，将社会同群体、环境和组织联系起来通盘考虑，帮助大学生树立社会理想。只有当大学生不仅热爱团体、也热爱国家，既关心自己团体的前途、更关注民族命运的时候，才可能投身公益创业、社会创业或在商业创业成功后热心公益、回馈社会，个人和团体的理想才能逐步融入社会理想。也只有这样的理想教育，才能有效地克服团体的狭隘和短视，使理想成为激发大学生内在心灵的活力，实现创业教育工作的最高目标。

二、创业意识

创业意识是社会意识的一种，一切创业活动无一不是在创业意识的指导下进行的。创业意识正确与否，直接影响到创业的效率，关系到创业活动的成败。因此，研究创业意识是我们深入考察创业发生的关键，也是对历史唯物主义社会意识论必要的补充。

1. 意识和创业意识

意识是人脑对客观事物的主观反映。它在社会发展中又逐渐分化为诸如道德、艺术、宗教、政法思想、哲学、科学等各类社会意识形态，共同织造了历史唯物主义所描绘的社会意识理论。

但是，有没有创业意识呢？如果没有，如何解释创业活动中的意识现象？如果有，又应如何规定其内涵、区别它与其他意识形态的不同点？

当下的马克思主义哲学原理著作没有将创业意识作为一种社会意识形态提出来加以研究。创业的相关著作虽然经常涉及创业中的各类意识现象和创业观念，也未明确地以创业意识相称并对之进行系统考察。

意识作为与物质相对应的哲学概念，涵盖了社会领域的一切精神现象。既然创业活动是一种有目的、有计划的特殊实践活动，就意味着有一种源于创业实践又反过来指导创业活动的社会意识形态。

那么，能不能认为源于创业实践又反过来影响、指导创业实践的意识就等于创业意识呢？答案是不能。这是因为，第一，创业实践同人类大多数一般实践虽然在逻辑上可以区分开来，但在事实上却难以分开。所以，从根源上看，各种社会意识形态包括创业意识同出一源，这个源就是社会实践，它既包括改造自然、改造社会的实践，也包括以具体组织目标体现的创业实践。从起源来区分创业意识和别的社会意识形态，显然机械地割裂了创业同实践的有机联系，并不科学。第二，同样的道理，也不能笼统认为凡是影响、指导创业实践的社会意识都是创业意识。固然，创业意识对创业实践有反作用，但哪种社会意识形态又不对创业实践发生影响或反作用呢？作为世界观理论体系的哲学不对创业发生作用吗？离开了科学技术能进行创业吗？法律、道德不是作为人们的行为规范对人们创业进行约束和规范吗？即使是艺术，有时也可能参与到创业实践中去。可见，凡是社会意识都对创业实践发生不同方向和不同程度的反作用，都以其特定的方式影响创业实践。以是否影响、指导创业实践来区别创业意识和非创业意识也是不科学的，这样做势必会抹杀整个社会意识对创业实践的能动作用。

那么，究竟什么是创业意识呢？创业意识同别的社会意识应有哪些区别呢？要回答这些问题，必须从创业意识的形成、作用、特点三方面加以分析。

首先，创业意识作为社会意识的一种，固然离不开一般的社会实践，追本溯源，它也是人们在改造自然、改造社会的实践中产生的。但是，培植创业意识的最切近的基础不是一般的社会实践而是人们的创业实践，创业意识只能在创业实践中形成而不能在一般性的改造自然、改造社会的实践中形成。这即是说，虽然创业实践离不开社会一般实践，创业意识同其他社会意识保持着紧密的联系，但创业实践毕竟有别于一般实践，创业意识也不同于其他社会意识。因此，创业意识是对创业实践的直接反映。脱离创业实践的人，是无法形成创业意识的。

其次，在创业实践中，各种社会意识都发挥作用。离开了人类在各类实践中积累起来的社会意识形态，无论是改造自然、改造社会的实践，还是创业实践，都无法进行。但是不同形式的社会意识，其指向又各有侧重和区别。比如，自然科学主要被用于指导改造自然的生产实践；政治法律思想则主要被用于指导人们改造社会的社会实践；宗教、哲学主要指向人们的思想，直接改造的是人的思想观念。创业意识不同，它不是直接指向上述各类社会实践活动，而是指向创业实践活动，用于指导、组织、调整各类创业实践活动。

再次，创业实践是创业主体对创业客体的对象性活动，是创业者的能动性活动。因此，创业意识主要是创业者的意识，不是或主要不是雇员的意识。人们只有作为一个创业者的角色进入现实的创业领域，才可能产生创业的冲动、形成各类创业意识。对于处在参与地位的大多数人来说，也可能形成若干关于自己如何创业的观念或想法，但因置身于创业实践核心活动之外，这种创业意识是模糊不清、片面零散的。所以说创业意识主要不是作为一般社会实践参与者的其他社会意识，而主要是创业实践者所拥有的创业意识。

综上所述，我们可以把创业者在创业实践中直接形成并反过来直接影响、指导创业实践活动的创业心理、创业观念、创业理论、创业方法统称为创业意识。

创业意识作为一种相对独立的社会意识形态，具有不同于别的社会意识的若干特点，主要表现为以下几个方面：

第一，普遍性。社会意识的各类形式都具有一定的普遍性，而创业意识则与人类创业活动紧密相连，普遍存在于社会各类实践领域，具有普遍性。创业意识随着有组织的人类创业活动的出现而产生，随着它的发展而发展，与社会相始终。从各种社会意识形态所反映的空间来看，哲学、道德、创业意识普遍作用于社会生活的各个领域，宗教、艺术、政治思想则只对某一特殊社会实践起作用。科学是个总概念，不同学科的科学技术也只适用于特定的实践活动，这四者都不如创业意识普遍。所以说，创业意识具有普遍性。

第二，综合性。社会意识作为对社会存在的抽象把握和主观反映，都有一定的综合概括性，但各自的综合概括程度又有差别。其中，哲学是对各种知识的最高概括，具有最高的综合性。宗教虽也是一种世界观，但它是用信仰代替理性，谈不上科学的理性抽象和科学综合。道德作为人们行为关系的总规范，对涉及人与人利益关系的方面作出规定，但显然只是从社会特定方面进行某种综合。政治法律也是人们的行为规范，所综合规定的方面比道德还窄。艺术通过形象、情感语言来表现、传达作者的愿望，与概念综合离得较远，综合只是典型的塑造人物性格的"综合"。各门科学对某一特定领域的特殊规律进行抽象反映，是一个方面的综合。创业意识则不然，它要对各类实践活动进行计划、组织和控制，就必须综合运用多学科知识。以生产型企业创业为例，创业者不仅要了解企业生产经营的一般过程，需要掌握相关的科学知识，还需要了解一系列涉及人的生理、心理、伦理、信仰、价值观念、行为规范的知识；不仅要审时度势、发现问题、及时作出战略决策，运用哲学、政治学、法律学知识保证决策能顺利实施，还需要运用诸如数学、统计学、会计学、审计学等知识来制定计划和对计划实行控制。可见，创业需要综合运用尽可能多的各门知识，创业意识是各门知识的综合运用。在社会诸意识当中，如果说哲学是对各门科学知识最高的综合概括，创业意识则是对各门知识广泛的综合吸收和综合运用。

第三，应用性。各种社会意识既是对社会存在某一侧面的主观反映，表现为特定的知识体系，又反过来影响和指导人们的某类实践，具有不同程度的应用性。一般来说，综合概括性越高的意识形态，距离现实越远，其间的中介越多，应用性越弱。反之，综合概括性越低的意识形态，离现实越近，其中介越少，应用性越强。比如，哲学和宗教二者距现实最远，其应用性最不直接，而科学特别是技术科学距现实最近，最易转化为生产力。创业意识作为一种特殊的社会意识，既具有较高的综合性，又具有直接的应用性。这是因为，创业意识是在创业实践中产生并直接服务于创业实践的意识形态，创业活动需要的不是远离现实的抽象理论，而是经过创业者加工过滤过的可以直接进入创业过程的具体意识。也就是说，创业过程一方面必须广泛吸收诸如哲学、科学、政治思想、道德以及艺术和宗教等意识形态；另一方面，这些意识又不能直接应用于创业，而必须通过创业者的过滤加工、选择综合，转换成可以直接用于指导创业活动的创业意识，从而使创业意识具有鲜明的应用性。可以说，创业意识是由抽象层面的社会意识走向具体层面的社会意识的思想通道，在这里意识的抽象性和具体性得以对接。如果看不到这种特点，以为任何社会意识都可以直接运用于创业，其结果必然是目标模糊、计划抽象，使创业者无所作为。同理，如果指令不清、控制随意，雇员也无所适从。

2. 创业意识的形式

对创业意识作纵向划分，即从其发生形态分类，可以划分为创业心理、创业观念、创业理论和创业决策四种相互联系又彼此区别的表现形态。创业决策是创业意识中实际操作性最强的表现形式，本书将在后文结合 KAB 课程教学进行分析；创业理论与创业的教学内容密切相关，在此不再次展开。下面重点分析前两种意识表现形式。

在创业实践中最初形成的创业意识是创业心理，它大致包括需要、动机、意向、情绪、情感、意志、信仰、习惯等形式。创业需要是由创业者的本能和职责引发的创业欲望，它同人的其他需要相类似，既具有强烈的内在冲动，但又缺少明晰、单一的目的指向。处在创业需要的心理阶段，创业者主要受长期思考形成的潜化意识的支配，本能地生出多种创业欲望。事实上，这种心理活动不能用生物学来加以解释，它与人们由生理本能产生的生存需要和安全需要不同。大量的创业经验也证明，长期参与商业活动、积累了大量创业实践经验的创业者，创业行为在不知不觉中已成为他的潜化意识，成为一种职业的习惯或"本能"的需要。可以说，这类人只要处在创业者地位（有时甚至不处在创业者地位）自然而然地就会有这种冲动。

创业需要的定向化是创业动机和创业意向。创业行为需要作为一种自发的内在冲动，是意向不明、不断转移的心理活动。如果没有外部环境起作用，那么创业者将永远停留在这种躁动不安的心理境地。但事实上这是不可能的，因为创业者不可能将自己封闭起来，而是要受到外部环境各类信息的刺激干扰。一旦某一信息反复刺激创业者而使他将注意力逐渐集中到解释这一信息的时候，便出现人们常说的"问题"或心理学上所说的"情结"，问题是指现实和需要的差异，情结是指反映问题的矛盾心情。这时，为解决问题或解开情结，原有的变动不定的需要心理开始平静下来，交错出现的不明晰的目的指向逐渐转移到问题上，从而形成有明确指向的动机和变成解决某问题的意向。当然，作为创业心理的动机和意向也具有不稳定性。尽管如此，动机和意向又是创业意识形成的一个不可缺少的环节,没有它,不可能产生出创业的其他意识。动机和意向引导创业者如何看问题,准备选择解决何种问题。如果在动机和意向上出了偏差,比如他所期望的目的根本不可能实现,创业者就会走偏方向而使创业实践成为不可能。

创业者作为人,还有情感和情绪。情感是在人与人的交往过程中形成的心理定式,它表现为对某些人的偏爱、信任、同情、感激以至于崇拜信仰。

在创业实践活动中,无论是创业者或雇员,绝不可能没有情感;任何一类创业活动,也不可能完全摒弃情感。诚然,创业者如果仅凭情感而不用理性来处理创业活动中的人和事,或者将私人情感带到公共事务中,对创业将是十分有害。但是还应看到,情感对创业也有助益。在创业者之间,多一些情感就少一分摩擦,情感在这里是创业团队的黏合剂,具有无可取代的凝聚力。在创业者和雇员之间,情感是沟通上下级之间的心理通道,是创业者了解下情、激励雇员必不可少的武器。大量创业实践也证明,凡是情感丰富并善于控制情感的创业者,不仅能团结其他的创业人员,形成一个关系融洽、无话不谈的有战斗力的创业团队,还能在雇员中树立良好的形象,使他们乐于听从他的指挥。相反,一个缺乏情感的创业者必定是一个孤芳自赏的人,他既不可能赢得创业合作者的信任,更不会得到雇员的理解和支持。可见,情感是创业者不可或缺的心理因素,创业不在于有无情感,而在于如何培养情感和正确投入情感。

同情感相比较,情绪是另一类心理活动。情感是一种外显的心理倾向,是指人们在长期交往中形成的亲和力;情绪则是一种内隐的心理定式,是由内外环境刺激产生的某种心境或心绪,主要表现为喜、怒、哀、乐。在创业中,不论是创业者还是雇员,常常会受环境的刺激而引起情绪的变化。情绪不同于情感,它对创业弊大于利,特别是对于创业者,千万不能为情绪所左右,不宜带上浓重的情绪来进行创业。这是因为:情绪作为一种心理活动,是一种受环境左右的变动不定的无意识现象,它与理性不相容。尽管喜怒哀乐可能激起一时的激情,在创业中发挥出冷静时无法发挥的积极作用,但因它缺乏理智的支配而不可能持久并具有随意性,任其发展不加控制就会将创业者变成情绪的奴隶,使创业归于失败。可见,创业者不可无情,但这个情是指情感而非情绪,情绪型的人是不宜充当创业者的。作为一个创业者,应当尽量避免将个人情绪卷入创业工作,做到范仲淹说的"不以物喜、不以己悲",学习林则徐的"制怒"。碰到困难不要消极气馁,取得成绩不可妄自尊大、目空一切。要做到这一层很不容易，需要在创业实践中经历长期的修养磨炼，学会一整套现代心理自我调节方法。

属于创业心理的还有意志、信仰和习惯。所谓意志，是指向明确行为目的的心理机制。所谓信仰，是对某人某事或某种最高存在的绝对信任和无条件服从。所谓习惯，最初是指人们思想行为的常规或定式，这里专指思维定式或习惯思维。

创业作为一种组织目的性活动，决定参与创业的人必然形成实现创业目的的创业意志。创业意志主要有三个特点：一是明确的目的性；二是判断是非的果敢性；三是迎战挫败的坚韧性。在创业实践中，创业意志的积极作用是非常明显的。这是因为，创业是一个步步逼近目标又常常遭受挫折的风险过程，为使创业能按预定目标继续下去而不致中断，创业者必须具有坚强的创业意志。如果意志薄弱，在挫折面前就可能观望退让、对事业丧失信心。只有具备坚强的意志，认准了的目标决不改变，才有希望达到胜利的彼岸。当然，由于意志是一种缺乏理性自觉的心理机制，单凭意志并不能保证目的正确。如果意志很坚定而拒绝理性的介入，那么即使当实践证明目的不对也会顽固地坚持下去。可见，意志在创业中虽很重要，但应使它理性化。创业仅靠个人的坚强意志而不注意根据情况随时调整，那么顽强则变为顽固，果敢将流于武断。

信仰在本义上是相对于理性而言的宗教感情，是宗教徒对神的崇奉膜拜心理。宗教的最高境界是信仰，信仰意味着对神祇无条件的信任、服从和追随。在现代社会，当然不能提倡宗教信仰，而应提倡科学和唯物论。不过，又不可没有信仰。这里的信仰不应解释为迷信和盲从，而应解释为对未来目标执着地追求和坚定的信念。从这种意义上看，大至一个民族，小至一个群众团体或企业组织，都应当有自己的信仰。没有信仰这种牢固的心理惯性来约束人们多变的思想，就是离心离德、没有希望的组织。

习惯是在多次实践基础上形成的行为定式和思维惯性，它以固定的经验为根据。当人们主要凭借经验而不是凭借理性来行动的时候，就停留在习惯的心理水平上。所以，经验和习惯是难以区分的。创业者通过多次创业实践，不知不觉中就会形成一套自己的创业经验或创业习惯，其中所包含的难以理喻但又实际发生作用的意识形态为习惯心理。习惯心理在创业中的出现既具有必然性又具有诸多积极作用：首先，它作为一种感性经验，与创业实践最接近，反映创业实践的问题最迅速。创业中许多常规问题主要是通过创业者的经验习惯及时加以处理的。如果创业者缺乏经验而未形成创业的惯性思维，就不可能对纷至沓来的问题做出快速反应，必然事事请示或拖而不决。其次，习惯是理性的基础。大量事实表明，一切创业理论的产生，都不能脱离对创业经验的总结。创业者的创业经验越丰富，对他学习、接受创业理论就越有利。一个没有创业经验的人，尽管他也可以从书本上学到创业理论，但不能真正理解这些理论，更不可能切实运用这些理论。所以，经验习惯对于创业者是十分必要的财富。不过，创业习惯毕竟是非理性的创业心理，它也有局限性：第一，习惯心理是一种心理惯性，它对创业者的创造性思维有一种天然的抑制作用。如果固守经验，由习惯来支配创业，创业方式只能简单重复，组织也很难得到迅速发展。第二，经验习惯只是对过去创业实践的总结和重复，缺乏对创业发展新趋势的预见功能。如果因循经验习惯，就只能往后看而不会向前看，结果必然因目光短浅驾驭不了多变的创业环境。

上述各类创业心理的积淀就是创业观念。观念在广义上本来泛指意识，这里所说的观念是狭义的，它是指在感性经验基础上形成的融入了若干理性因素的固定看法或根本观点。洛克认为观念来自感觉和反省。莱布尼兹主张观念是人的一种倾向、禀赋、习性或潜能。在心理学上，观念即是表象。马克思主义所说的观念是指反映实践并为指导实践所创造的体现目的计划的社会意识形态。创业观念作为创业意识的一种，是介于创业心理和创业理论之间的一系列关于创业的根本观点，主要包括创业价值观、创业决策观、创业人性观、创业组织观（团体意识）、创业效益观等。同上述各类创业心理相比较，创业观念不表现为纯感性而有一定的理性渗入，包含着对事物的深层理解；不是对客观对象的直接反映而是间接反映，表现为对过去的反思和对将来的向往；不是由刺激引起的间发的、不稳定的心理活动，而是对根本问题的持久稳定的心态或倾向。因此，创业观念在创业活动中的地位特别突出，它潜存于创业者和雇员的意识深层，从根本上左右或影响着他们的行为。

创业意识的第三类形态是创业理论，这是创业意识的理性表现或逻辑系列。同创业心理诸形式和创业观念相比较，创业理论具有如下特点：第一，它反映的不再是创业活动的表象而是它的本质和规律，具有本质的深刻性；第二，它不像创业心理那样多变、易逝，具有相对的稳定性和持久性；第三，它是对创业实践的抽象概括，具有抽象性和普遍性。可见，创业理论是更高级的创业意识。创业者如果仅凭创业心理或创业观念去指导创业活动，终生勤劳也不过是一个经验主义者，不可能达到高度的自觉并作出新的贡献。只有学习科学的创业理论，自觉地以相关的理论来武装自己的头脑、指导自己的创业行为，才有可能成为一名合格的现代创业者。当然，像一切理论一样，创业理论也有它的局限性，这主要表现为任何创业理论只能是对创业实践一个方面的本质或事物某一本质层次的抽象，只能近似正确地反映对象。另外，由于创业理论是以纯概念的逻辑方式来反映创业实践的，二者之间横隔着层层中介，要运用它来指导创业实践，还必须将其转化为创业方法。

所谓创业方法，是各类创业意识的具体化、程序化，特别是应用创业理论的方式或模式。而按照方法的特性来区别，又可以划分为数学方法、系统方法、经济方法、行政方法、伦理方法、心理方法等。

综上所述，创业意识按其发生、发展的时间以阶段划分，可以区别为最初的创业心理，其后的创业观念和再后的创业理论，最后是创业方法。

三、创业观念

要深入研究创业意识在创业中的主导作用，有必要对创业中的人性观念、价值观念和效益观念进行专门考察。这三种观念虽不是创业观念的全部，但却从根本上影响着创业者的基本观念。

1. 创业人性观

如前所述，创业的核心问题是人不是物。创业者着手创业时碰到的第一个问题便是：什么是人？由于对人的理解或对人性的看法各有不同，于是就形成形形色色的人性观念。而人性观念上的种种差异，又带来创业目的、创业方法和创业模式的区别。

中国古代学者就对人性问题进行了相当深入的专门研讨，形成了"性善论"和"性恶论"两大对立的派别。以孟子为代表的性善论者认为，人之异于禽兽，不在于"食、色"等生物本能，而在于先天具有与人为善的道德理念。培育弘扬人性中已有的各种"善端"，则扩充为"仁、义、礼、智、信"这五种道德。以荀子为代表的"性恶论"则认为，人的本性并不是善的，恰恰相反，饮食男女、趋利避害、嫉妒强者、残害同类等恶劣兽性才是人的本能。

与中国古代笃信人性本善、主张以仁义道德治国有所不同，中世纪的欧洲和古代阿拉伯国家却蔑视人而高扬神，神性论是其进行社会创业的基本观念。

神性论的主旨在于向人们说明上帝或真主是世界的最高存在和万物的主宰，它具有超人的"全知"和"全能"。

随着西欧资产阶级的崛起，近代思想史上涌动着反对封建伦理和宗教神学的人性论思潮。早期的资产阶级人性论认为，人是理性的动物，生而平等自由，完全不应依赖上帝的恩赐。相反，人要自己主宰自己，使人成其为人，就必须冲决神学罗网，从传统的迷信、屈从、驯服、愚昧和无所作为中摆脱出来，建立平等、自由、博爱的人道社会。大致从21世纪初开始，随着劳资关系的激化，迫使一批学者重新考察人和认识人。由于对人性的理解不同，相应地出现了不同的创业理论。

泰罗、法约尔等古典创业学家认为，人是经济运动和物质利益的主体。这即是说，将若干不同成员联系起来的纽带不是强权也不是激情，不是宗教也不是伦理，而只是共同的经济目标和个人从中所获得的一部分经济报酬。按照上述理论，创业活动中的人是经济化了的"经济人"，人人都为金钱而奔波，"金钱是刺激职工生产的唯一因素"，创业就在于如何通过合理的组织计划活动或最经济、省时的操作程序谋求最大的经济效益。

所谓社会人的思想，其历史可以追溯到很久之前，但形成理论，则始于美国梅奥等人的"霍桑实验"。霍桑是美国芝加哥西部电气公司的一个工厂，美国科学院组织一批研究人员围绕工作条件与生产效率的关系进行了长达8年（1924—1932年）的实验，即"霍桑实验"。实验的结果表明，在正式组织中存在着以情感为纽带的非正式组织；决定工人积极性和提高生产率的主要因素不是金钱、物质和生产条件，而是工人的意愿、情绪、受尊重信任程度和民主参与意识等社会心理因素。这个实验的意义在于用事实否定了传统"经济人"观点的片面性，开始将人理解为有多种欲望、有理想有追求、需要交往的社会动物。

行为学派对人性的看法，首先表现为麻省理工学院教授麦格雷戈（1906—1964年）的人性假说——"X—Y理论"。麦格雷戈认为：如果按X理论，人的本性被设想为天性、愚蠢、不诚实、不爱承担责任、缺乏远大抱负、仅把自身安全放在第一位。如果按Y理论，人的本性刚好相反，他们并不厌恶工作而是乐于负责，不愿接受别人控制而愿进行自我控制。这样，有效的管理就不应当是强迫命令而应是激励他们的献身精神和创造才能。传统的管理实际上是按X理论设定人性的，因而注定不能发挥人的潜能。只有按Y理论来进行管理，才能摆脱人性偏见,走出传统人性观的误区。

对"X—Y理论"进行修正的是美国洛斯奇和摩尔斯在20世纪70年代提出的所谓"超Y理论"。这种理论指出,对人性不能进行假设而必须通过实验;对人性也不能进行绝对恶或绝对善的分类,人性的善恶是以他们所处的环境为转移的。他们在工厂和研究所所做的实验证明,X理论对工厂工人有效而Y理论对研究所有效,这说明工人同研究人员有不同的人性。另外,同一个人的责任感也并非一成不变的,当他们的目标达到之后也会由勤变懒。行为学派中成就最大、人数最多的是前文提到的以马斯洛五层次理论为代表的需要层次论。

通过以上当代管理学者对人性的研究可以看出,作为雇员的人绝不是仅仅为生存而奔波的"经济人",而是具有多种需要、多种个性、存在于复杂人际关系当中并富有主动创造性和反抗性的"社会人"。因此,要搞好创业,关键在于管好人。而要管好人,又必须深入了解人的心理活动和行为规律,激励他们的自觉性和创造性。

2.创业价值观

在哲学中,价值是一个含义广泛的关系范畴,凡是涉及客体对主体的意义关系,就包含人们常说的价值。具体地说,凡是对主体有用的东西,就叫有价值;无用或有害的东西,就叫无价值或负价值。

价值按其客体满足主体的属性,可划分为功用价值、道德价值和审美价值三类。功用价值相当于马克思所说的物的使用价值;道德价值是指人的德行对于他人的精神感召和对社会的积极影响;审美价值是指主体所创造的对象反过来给予创造者的愉悦感,是人对人类自由本质的确证和审视。无论哪类价值,都反映了主体需要和客体功能的肯定关系,都是主体对他所创造的客体的认同或评价。

所谓价值观念,即人们在实践中形成的对客观对象的看法或观点。在实践中,人们对客观对象的看法可分为两类:一类是关于客观对象的本质和规律的看法或观点,这在国外又称"事实真理"或"事实判断"。另一类即关于对客观事物有无意义、有无用处的看法或观点,这即是所谓"价值真理"或"价值判断"。价值观念同事实观念相比,后者侧重于对事物真理的客观性探讨,回答对象是"什么"以及"为什么"一类真理问题;前者侧重于对事物意义的主观评价,回答对象对我"好不好"以及"好在何处"之类的功用问题。人在实践中所形成的各种观念（包括世界观和自然观、历史观、人生观、创业观等各类观念），无一不是由这两类观念组成，如人们通常所说的哲学世界观，它既包括人们对世界本质和发展规律的客观探讨，表现为一个知识体系或说明体系；又包括人们对现存世界的主观体认和评价，对理想的未来世界的设计和追求。人生观亦如此，它既包括对人生本质规律的理性探索，又饱含对现世的主观感受和对理想人生的追求。这就告诉我们，人们的观念既不可能是对客观事物的机械反映，其中必然渗透着人的意向目的、定向选择和主观评价；又不可能是纯粹主观任意的，它必以客观事物为对象，以事实为基础。因此，事实观念和价值观念是互为条件的辩证关系。人们为了研究问题的方便，可以而且必须将二者分开来看，但在事实上，二者是分不开的，任何具体的观念系统都是由二者有机组成的。

究竟什么是创业价值观、创业价值观同一般价值观又有什么区别、大致包括哪些内容和具有哪些基本功能？笔者认为，所谓创业价值观是创业者关于价值取向和价值评价的观点的总称，它是在创业实践中形成的创业主体对创业环境、创业目标、创业客体、创业现状、创业结果以及创业未来的体认、选择、态度、倾向、评价和期待等各种观念的总和。说它是创业主体的价值观，并不意味着创业系统中作为创业客体的人没有价值观，因为创业是创业主体作用于创业客体的特殊实践或主体性活动，因而创业价值观是指导创业主体的观念而有别于创业客体的价值观念。当然，在研究创业的价值观念时，不能也不应回避雇员的价值观念，因为凡是人都有自己特定的价值原则和价值判断。不过，创业过程实际上是用创业者的价值观同化雇员价值观的复杂思想过程，或者说是主体价值观和客体价值观之间的求同过程，因此，又可以将创业价值观规定为创业中占主导地位的创业主体的价值观念。

创业系统存在于一定的社会环境中，创业要正常进行以维持并发展组织系统，就必须了解、适应环境，同环境进行物质、能量、信息、人员的交换。而在了解、适应环境的过程中，创业者一方面必须搜集整理环境的信息，力求使自己的认识符合外在环境的本来面目；另一方面又要根据自身的目的和需要去筛选信息，并按自己的价值方式去整理信息和评价信息，从而对环境作出好或坏的价值判断。创业者通过多次创业实践逐步形成对环境好坏的辨识能力和判断标准，而这种辨识能力和判断标准即是创业价值观的一种表现。任何时代的创业或现代任何一类创业，创业者首先要考虑的对象不是自身的组织系统而是系统所面临的组织环境。只有对环境有尽可能详尽的了解并对之进行了一番"审时度势"的价值判断之后，才可能进行别的思考。比如海外创业投资，第一步要了解、研究的就是该国的投资环境，通过各种渠道掌握有关该国政治制度、法律制度、经济资源、人力状况、市场环境的情况，并根据自身利益进行分析和选择，这种对投资环境的分析和选择，就渗透着外国资本家的价值观念。如果觉得投资无利可图或利润不大，或者有利可图但要冒很大的风险，或者虽一时有利可图但对该国政局稳定等因素无信心，都可能会放弃投资计划。

创业价值观还表现在组织目标的选择确立方面。当对环境有所了解并确认了它对组织有无意义之后，接下来创业者便要根据组织的需要和环境的可能确立组织行为的目标。任何一类组织目标的确立既不是任意选定的，也不是自发产生的，而必须依赖可能和需要两个条件。一是目的要有实现的可能性。如某种目的尽管很有意义但在现实中缺乏根据、无论如何都不可能实现，那么这种目的就是空洞无边的幻想，注定不能实现。二是目的要符合创业者或组织系统的需要。如果不符合需要，尽管在现实中有实现的根据，创业者因其对自身需要无关甚至有害，也是不会将其确立为目标的。可见，在确立创业目的的过程中，也有两种观念在同时起作用：分析目的能否转化为现实，要依据事实观念；而确认目的有无意义、哪种目的符合组织的主观需要，要依据价值观念。总之，组织目的既然不是环境强加给组织系统的，而是组织的创业者在分析环境的多种可能性之后进行价值选择的结果。那么，在同一环境中，不同的组织因有不同的价值观念从而产生不同的组织目的，就是很自然的现象。

创业价值观不仅表现为对环境的体认和创业目的的选择，还表现为对组织内部创业客体的态度和创业现状的倾向。具体说来，这种态度或倾向又包括人才观、时间观、道义观等。

所谓人才观，是指创业者按照一定的人才价值标准来选择、使用人才。高明而有作为的创业者，唯贤是举，择才而用，千方百计广纳英才并且用其所长、不求其全。创业者这样做的原因，不仅是他们深深懂得人才对创业成败的关键作用，而且他们本人就是人才，有一种惺惺相惜的人才价值观在自发起作用。

所谓时间观，是创业者对时间功用价值的估价。现代创业者不仅要认识到时间的机会价值，还要认识到单位时间的效率价值，从而表现出对时间的爱惜和对时机的准确把握。

所谓道义观，亦称道德观，是创业者对道德的总看法。在创业活动中，不同的创业者有其不同的道德观点,存在着不同的道德评价标准。根据一定的道德观念和道德标准,创业者不仅从观念上对别的组织成员进行着道德评价和引导,而且常常将这些标准转化为一定的道德规范或组织条例,强制人们遵守。道德价值观在创业中的作用主要表现为三点:一是对组织行为进行善恶评价,引导组织成员为实现组织目标自觉地多做贡献;二是转化为组织成员的行为规范,以纪律、制度、奖惩等方式强制人们执行;三是调节组织成员之间的利益关系,沟通他们之间的感情,以形成团体凝聚力。

创业价值观最后表现在对创业结果的评价和对组织未来的期望。创业过程的终结,必形成一定形式的创业结果(如产品、服务效果等)。结果是否符合预定的组织目的,创业者必须对之进行评价。一般说来,凡结果符合原先的目的,便做出肯定性评价;而不符合原先的目的,则作出否定性评价。不过在实际创业过程中,参与评价的人存在价值观念上的差异,而创业结果一般又不可能与预期目的完全符合,所以评价创业结果并不像上面说的那样简单,必然充满不同意见和争议。评价创业结果的过程是不同价值观念相互斗争的复杂过程,如何使不同看法统一起来,需要做相当多的工作。当某一创业过程结束而对未来创业进行设想的时候,因人们价值观念的差异和理想期望不同,人们对创业前景的设想和所期待的东西也必然不一致,这种不一致即人们常说的目光有远近之分、境界有高下之别。创业既然是一个不断深化的循环过程,这种价值观念对于预测未来、掌握创业的主动权比其他观念更具影响力,更需要引起创业者的高度重视。

通过以上分析不难看出,所谓创业价值观,绝不仅限于人们常说的某种观念(比如效益观,或者"企业文化""团体精神"等),而是贯穿在创业各方面和全过程的各类创业意图、创业目的、创业态度、创业倾向、创业评价和创业理想的总和。由于人们的出身经历、文化素质、道德修养、社会阶层地位、职责权限、利益关系、理想情趣各不相同,决定了他们的价值观念是存在差异的。要想使创业有效地进行,就必须设法将这些不同的价值观念大致统一起来。而要做到这一点,仅从个人的价值观念去思考显然是不够的,而应寻找一个组织都可以接受的价值标准,这个标准就是人们常说的效益观念。

3. 创业效益观

效益一词是我国学者的一个创造,要揭示这个概念的内涵,有必要比较它同效率、效果的关系。

效益一词源于效率。效率最早是一个物理学概念，它是指功能转换的比率。比如热效率，指的是所消耗的热能和转换成有用的热功的比率，转换的比率越大，就意味着效率越高；反之，比率越小，效率越低。

由效率引申出的概念是经济学中的经济效率或经济效果。经济一词含义丰富，而其中一个含义即投入小、产出多。所以，经济或经济效率的意思与物理当中的效率很相近，指的是生产的使用价值和所耗费的劳力、物资之比率。所耗少而产出多就说明经济效果大，而耗费大产出少则意味着经济效果差。

无论是物理学所说的效率还是经济学上所说的效果，都是人们对物质转换过程中功用价值的客观描述。某台热机的功率是多大，某项生产活动的经济效果如何，是一个客观存在的事实。因此，效率或效果是自然科学或经济科学的概念，与人们对它的主观评价无关，效率的大小或效果的好坏绝不以人们的好恶为转移。

而效益则不同。效益既包括客观存在的效率（如行政工作效率）或经济效果，还包括人们按一定价值观对效率或效果的主观评价。某种效率如果对人有用，即是效益；如果无用或有害，就叫无效益或负效益。可见，效益既不等同于效果，不是一个纯粹的科学概念；但又离不开效果，不是一个纯价值概念。效益概念包括着人们对客观结果的事实判断和价值判断，可谓集"真""善""美"于一身。

创业作为一种特殊的社会实践，其最终目的就是追求创业的效益。而要提高创业效益，就应对效益观进行专门的研究。

正确的创业效益观首先应关注效率问题。创业作为一种特殊实践，其目的之一就是通过合理的计划、恰当的组织、有效的指挥和及时的调控等方式，实现创业目标。

创业有无效益，首先要看所创业的实践活动的客观效用如何、效率怎样，或者说是否"经济""划算"。如果经济划算，投入少、产出多，就叫有效或提高了效率；如果投入多、产出少，就意味着不经济不划算，或叫无效劳动、"赔本买卖"。显然，无效谈不上效益，效益是以效率为前提的。如果脱离效率谈效益，我们的价值判断就失去了事实标准而流于主观。

但是效率又不等于效益，效益是符合组织目的和社会目的的效用。因此，正确的创业效益观还包括对创业效率的肯定性评价，即对这种客观效率进行有益或无益的认定。那么，究竟什么样的效率才称得上效益？抽象地说，凡是人们实践创造的结果，对人总是有益的。但具体分析便可以发现，因为人与人有不同的目的需要，存在着不同的价值标准，对同一客观效果必然会出现评价上的差异，在一部分人看来是有益的效率，另一部分人则可能认为无益甚或有害；反之亦然。这样，确立正确的评价标准就显得十分必要。

首先，评价某一创业实践活动效率有益或无益，不能以对个人或少部分人是否有益为标准，而应以对组织中的多数成员是否有益为标准。如果某一创业实践活动效率仅对少数人有利而对多数人有害，这就叫有效率而无效益。反之，只有对多数人有益的效率才可称为有效益。

其次，评价某一创业实践活动的效率是否有益，不能单从经济效益着眼，还应考虑它的社会效益、道德效益和精神效益。所谓经济效益，是指对人们物质生活的有益性，它所满足的是人们的物质欲望。但人们除了这种基本的需要外，还有社会的、伦理的、精神的各种高层需要。如果某项创业使人们物欲横流、道德沦丧、精神生活极度空虚，也不能被认为有社会效益。这即是说，判断一个组织的创业实践活动是否有益，不仅要看它的效果是否有益于人们的生理健康，还要看它是否有利于人们的心理健康；不仅要考察人们的物质财富是否增加，还要看人们的道德水平、文化修养、社会责任感是否提高。

再次，判断创业的效益不能只着眼于眼前利益，还应考虑到未来利益。这是因为，地球上的资源有限而非无限，人们对其开发利用不能只顾眼前而不顾子孙后代。掠夺式地开发和短期行为的创业方式，所得的只是眼前的高效益，而对于将来的社会和人类的发展却是一种犯罪。创业者如果缺乏这种效益观，即使他可能轰轰烈烈于一时，并受到一部分人的拥戴，但随着时光的流逝和交往范围的扩大，必将受到历史的裁判和民众的唾弃。

最后，创业的最终目的是为了人，创业实践活动是否有效益，最终还要看是否有利于人的完善和发展。马克思主义认为，一切实践活动都是发展和完善人类自身的手段，人是一切活动的最终目的。因此，凡有利于人的全面发展的创业实践活动就具有最大的效益。反之，一切压制人、摧残人，不利于人的发展的创业实践活动，尽管它具有别的功用价值或政治效益，却不具有最高的社会价值或人道效益。因此，有责任感的创业者应以人为目的，不允许将人当作谋求某种其他效益的单纯的工具。这就要求创业者必须确立崭新的效益观。

可见，创业效益观是一种极其复杂又至关重要的创业观念，它涉及创业中"真""善""美"的统一问题。因此，创业者必须以人为目的、以人为中心，正确处理人与人的关系，提高人的创造性和积极性。

第二节 创业决策能力教育

创业意识不仅表现为前文讨论的心理、观念和理论，在创业实践过程中还集中表现为创业决策。心理、观念和理论侧重探讨的是创业过程中从客观到主观的认识评价活动，创业决策则侧重表现为从主观到客观的各类创业意识的综合应用活动。创业决策作为一种特殊的创业意识，主要不是创业者对创业实践的主观感受、心理体验、价值判断和理性抽象，而是围绕创业目的展开的预测、决策、计划、控制等一系列更具体的思维过程。显然，要深刻把握创业意识的丰富内涵和功能，仅仅研究心理、观念和理论等问题是远远不够的，只有进一步掌握创业决策过程及其功能，学生才可能真正将抽象的理论和观念转化为可操作的思想工具。

一、创业预测

决策作为创业的重要职能和创业过程的起点，是由一系列复杂的超前思维活动构成的。它首先表现为创业预测。只有在预测未来的基础上，创业者才可能确定创业的目的，制定、选择和计划实现某一目的的行动方案，从而使创业成为可能。研究预测是考察决策思维的起点。

所谓预测，是人们运用在以往实践基础上形成的经验、理论、方法对事物发展未来趋势的分析、论证、推测和预料。创业预测则是创业者运用自己过去的工作经验和理论，通过搜集有关信息，推测、预料创业系统在未来将面临哪些问题，其发展前景如何，有哪些可能发生的情况，以及其中哪一种可能最大，从而为决策提供依据。

预测作为人类的一种超前思维，是随同认识活动一起产生的，"凡事预则立，不预则废"。随着人类实践能力和认识水平的提高，预测在近代有了质的飞跃。近代科学之所以有高速的发展，是同科学幻想和科学预测直接有关的。门捷列夫利用元素周期表规律对新元素进行预测，马克思、恩格斯对未来社会主义社会必然出现的理论，列宁关于社会主义可以首先在一国胜利的论断，毛泽东关于抗日战争是持久战的论述，都是科学的预测。

预测作为人类认识世界的一种特殊形式，不仅与其他认识活动一起产生和发展，而且具有与其他认识活动不同的特点。

首先，预测具有可靠性。预测同一般的认识活动的不同之处在于，其他大量认识是人脑对客观事物的现场反映；而预测不是对现存事物的反映，而是对事物未来的种种发展趋势做出推断和猜测，是由已知到未知。任何事物的发展都要经历由可能到现实的过程，现存的事物中都蕴含着未来事物的根据或胚芽。如果人们不是从主观愿望或可能出发而是从现实根据出发，同时又不违背人们在为数众多的实践中所形成的逻辑规则，而按严格逻辑程序对潜在的根据进行科学推导，那么，人们就一定可以从已知推导出未知、从今天预知明天。可见，科学的预测是合乎辩证唯物主义认识论的，具有科学上的可靠性。创业预测是以现实为根据，数据可靠、方法正确的科学预测，其推断的结果大致是可靠的。

其次，预测具有超前性。预测不同于别的认识活动，还表现为它不是事后思维和当下思维，而是超前思维。所谓当下思维，是指人脑对当时刺激自己感官的客观对象的直接反映。所谓事后思维，是对已发生的感觉知觉进行回忆、联想和事后理性加工，包括表象、理性认识以及反思等间接反映。这两类思维都是从客观到主观，都以客观事物作为思维的基础。而预测在形式上刚好相反，它既不是对现存事物的现场直观，也不是对过去事物的回忆、整理和反思，而是根据已有的认识去分析现实中客观存在的"根据"，推断事物将来发展的各种可能，以构建现实中尚未出现的未来事物的轮廓，为人们的认识活动和实践活动提供先导。预测的超前性，充分反映了人类意识的能动性，使人类认识与动物的心理严格区别开来。预见的准确度和预见期的长短，又将人类不同时期的认识能力区别开来。预见的超前性并不违背唯物主义的反映论原则，也不意味着预见者可以脱离实践、仅由主观去预言未来。在创业中，预见必须以现实为出发点，预见者用以预见的理论、逻辑，预见时所必须搜集的信息，都是实践的产物或是对现实的反映。

再次，预测具有试探性。预测既然是对未来多种可能性的分析推测，就不可能做到准确无误、十分具体，而只能是大致的估计，并带有试探性质。因为在创业实践中，创业预测主体不可能对未来的发展做出确凿无疑的认识，只能预测到总的趋向。同时预测的客体处在经常的变化之中，尤其是人参与的社会，其变化的随机性更大，不可能使预测准确无误。因此，创业者为了在创业中居于主动，一方面不能不对未来进行预测，另一方面又受主客观的双重限制，不可能对未来预测得完全准确，只能"摸着石头过河"，依靠预测对未来进行试探性的认识。因为创业预测带有试探性就断言预测完全不可靠的观点固然不可取；同理，要求创业预测百分之百地可靠，也是不符合科学的。

最后，预测还具有概率性和不精确性。所谓概率性，是指正确的预测与预测方案总数的比率。所谓不精确性，是指预测正确的程度不可能是百分之百，或者说只能预测事物发展的总趋势或大致的轮廓，而不能正确估计到它发生的准确时间、发生的每一步骤和每一细节，预测的概率和精确度是随着人类认识能力的提高而增大的，但无论如何，既然是预测，就必然具有不精确性。预测的这一特点决定了它永远不可能像人类其他认识那样，最终可以用自然科学的精确眼光对之进行定量描述。

预测作为人类认识的一种特殊方式，不仅具有上述各类特点，而且在人们的认识特别是创业活动中发挥着独特的功能。在创业决策过程中，创业预测的作用主要表现为以下几点：

第一，分析创业环境的变化趋势，为创业者确定下一步的创业目标提供背景。创业实践活动是存在于一定的社会环境之中的，社会环境虽有相对稳定的一面，但同时又处在经常的变化当中。这种变化在创业领域更为明显。创业者在制定新的决策以确立下一步工作目标时，不能只从自身的主观需要出发，而应考虑外部环境提供了多大可能。这样，决策的第一步就要了解环境、预测环境变化的各类趋势，使决策能适应变化了的环境条件，以便提出可行的创业目标。每一个创业组织所处的环境都有所不同，如果不调研分析自身环境的变化，决策所需信息的客观性就很难保证。

第二，分析组织系统的结构功能变化趋势，为创业者制订和选择行动方案提供组织依据。创业系统既有稳定的一面，也处在经常的变动之中。为了确定工作的目标，决策者既要了解、预测外部环境，还要了解、预测内部动向。例如，在即将开展的项目中，雇员怎样想，有多大的积极性，需要多少资源、人力和资金，组织有无能力达到新的目的，等等。因此，只预测外部环境是不够的，还应预测组织系统的未来状况。如果只有对外部环境的了解而无对系统内部的了解，这种预测是片面的。只有充分了解内外因素，才能进行参照比较，从而进行决策。

第三，无论是对外部环境还是对创业系统内部未来发展趋势的预测，都需要全面占有材料、广泛搜集信息，对事物发展的多种可能性做出详尽的分析。首先根据取得的信息，分析有无实现目标的可能性，如无可能，坚决放弃；其次分析可能实现的目标有几个，并比较其利弊之大小和实现这些目标需要哪些条件，为决策者择优提供资料；再次对有利的、成功把握大的可能性，还应进一步区分实现目标所需的时间，为决策者制订创业计划提供依据。

创业预测是一项十分艰巨的认识活动，创业预测的方法很多，有凭经验的预测和凭理论的预测，有定性的预测和定量的预测。当内外环境变动不大，预测的目标时间又很短时，凭创业者的经验就可以进行预测。而如果内外环境变化明显，预测目标时间过程较长，就不能仅仅凭个人经验而应集中各方面力量的智慧，严格按科学方法进行。

二、创业决策

预测作为创业决策过程的起点，其功能在于为创业者提供一幅创业系统未来发展的模糊前景图，指出种种可以估计到的可能性。在此基础上，创业者根据可能和需要制定和选择对策的活动过程，即狭义的创业决策。创业预测要解决的是创业的前景，向创业者展现创业组织将面临的种种问题；而创业决策则是针对某一与创业有关的问题制定和选择对策方案，并以此确定以后创业活动的方向和制订行动原则。

决策也是一种超前思维，同预测相比较，它有着如下几个鲜明的特点：

首先，决策具有鲜明的目的性。人的认识活动都有目的性，但不同认识的目的性的明晰程度又有区别。预测的目的是猜想未来工作中的可能性，为决策服务。由于未来充满种种可能性，因而预测只能是模糊的、不具体的，决策则不可能是模糊的。创业决策是针对与工作组织系统未来发展关系最紧密、意义最重大的某种可能的对策性思维活动。因此，决策的目的不是模糊的而是具体的，不是多元的而是单一的。所以，创业决策具有鲜明的目的性。如果进入决策阶段，创业者还未确定具体的组织目的，或者说对决策的目的还不清楚，而处在模棱两可的思维状态，决策将无法正常有效地进行。

其次，决策具有选择性。要使预测可靠，一条重要的原则是必须广泛收集信息、全面占有材料，尽量避免以创业者的个人好恶选取材料。决策必须进行选择。一方面，为了将来开展有成效的活动，创业者首先必须在预测提供的种种可能性中进行目的选择，即选择某一种与组织系统未来发展关系最大的可能性进行深入考察。没有这次选择就提不出问题，也无法确定组织目的。另一方面，为解决某个问题，实现某一目的，创业者还必须通过深入研究，制定各种对策方案，并在此基础上进行择优。没有择优就等于取消了决策，抹杀了创业决策存在的意义。

再次，决策具有思维的明晰性和行动的可行性。决策思维不同于预测思维之处，在于前者是一种模糊性的思维状态，不可能是很明晰的。决策与计划相比，它只是为达到某一目的的行动方案，不如计划具体详细，但与预测相比又显得具体明确。预测是对组织环境和系统组织发展未来多种趋势的总体推测和预估，因此只能是大致的，没有必要对每种可能的细节做出十分具体的说明。决策是选取某一种可能性并设计如何解决某一问题、实现某一目标，因此停留在预测的模糊思维水平上是不行的，必须进一步使之具体化，尽可能考虑到创业活动的每一个步骤和基本方法。决策思维是较预测思维具体的思维，不仅要选择确立某一目标，还要设想、研究如何实现这一目标的多种办法或方案。这样的决策才能用于制定计划、指导创业实践。

决策是一个发现问题、分析问题、确立目标、研究对策的复杂思维过程。所谓发现问题，是在预测的基础上，找出哪类或哪个问题与系统组织的未来发展关系密切；所谓分析问题，是对某问题产生的原因和导致的后果进行分析和研究；所谓确定目标，是通过解释问题找到"实然"和"应然"之间的差距，确定创业组织今后向什么方向努力；所谓研究对策，是根据今后的工作目的研制多种实施方案，并在比较论证的基础上进行最佳选择。在发现问题时，需要创业者不被表面现象所迷惑，能准确敏锐地找出与创业目标关系最密切、实现的可能性最大的信息。分析问题则要求追本溯源，预想后果，切忌就事论事。确立目标必须比较利弊得失、分析有无可能和可能性的大小。至于制定各种对策和最后选择最佳方案，则需要以仔细的调查研究为基础。

创业决策可分为个人决策和集体决策、经验决策和科学决策、确定性决策和不确定性决策以及风险决策等不同类型。

所谓个人决策，并不是只有一个人参加决策活动，而是指决策方案的选择权控制在一人的手中，由一个人作出最后决定。集体决策是由两人以上的集体共同讨论、协商各类备选方案，最后以多数人的一致意见决定某一方案。集体决策是一种民主决策，而个人决策可能不是民主决策。如果决策者个人不广泛吸取专家们的意见，决策方案由个人制订，这就是个人专断，当然谈不上民主决策；而如果是在智囊团独立研究的基础上再由一人作出最后决断，也是一种民主决策。个人决策和集体决策各有优劣。个人决策的优点是决策程序简短快速、机动灵活，适用于环境变化太快或环境相当稳定的两种情况；缺点是受个人的主观局限，稳妥性不够。集体决策的优点刚好是对个人决策短缺的补充，因为人员较多考虑问题自然就会更全面。对创业中重大问题的决策最好采用创业组织核心层集体决策而不是进行个人决策。集体决策的缺陷是决策周期长、环节多、个人责任不明确，容易导致议而不决、互相推诿、延误时机的不良后果。无论个人决策还是集体决策，就选择决定某一工作方案而言，都只由少数人来承担，决策者只能是少数而不可能是多数，否则便无法决策。

经验决策和科学决策是两种比较典型的决策思维模式。经验决策是创业者主要依赖于经验对多种方案进行比较判断和选择，具有直观性和非定量性等特点。科学决策是创业者以创业相关理论为基础，运用逻辑的思维方法，对各种方案进行系统全面的科学论证，严格按科学的程序办事。随着时代的发展，经验决策的主导地位正在逐步下降，科学决策越来越广泛地被采用。科学决策必须以掌握事物发展的客观规律为前提，以严格的思维逻辑为基础，并借助于数学模型进行定量判断。但是，无论科学如何进步，人类总有未知的领域、未发现的规律。即使掌握规律，有时也不能达到定量把握的高度。因此，在创业中不能全凭科学决策，而仍须借助经验决策，特别是对于情况多变的学生工作，科学决策是难以解决全部问题的。这时，充分发挥创业者的经验、直觉、灵感、知识和胆略的作用，对于做好决策意义重大。

根据创业主体掌握决策信息的多少和实现创业目标的难易程度，创业决策还可划分为确定性决策、不确定性决策和风险决策。所谓确定性决策是指信息占有充分、因果关系明朗、对工作目标有十足把握的决策，这种决策很稳妥、无风险。如果信息占有极不充分，因果关系不明朗，对工作目标结果把握不大但又不得不进行决策，就是不确定性决策。这种决策所冒风险极大，在创业中很少使用。介于上述两种决策之间的决策模式就是风险决策。这里的风险，即指决策主体不可能准确地预测到未来各种可能发生的情况。所谓风险决策就是分析各种可能性，拟出各关键变量的概率曲线，了解选择多类行动方案所冒风险的性质和大小，然后根据风险的大小和所冒风险的价值做出最后决策。风险作为一种客观存在，决策者是无法完全回避的。对待风险可以采取以下四种对策：一是风险太大，加以回避，转而选择风险较小的方案；二是风险太大，收益也很大，值得一试，不惜铤而走险；三是转移风险；四是尽量减少风险。当风险既无法避免又无法转移时，决策者应尽量设法寻找减少风险的措施，在选择方案时应考虑某方案有无减少风险的可能。选择何种对策，不仅取决于决策者对风险的概率测算，还取决于决策者的胆略、魄力和权限。比如，如果某个决策方案成功的可能占60%，有的人敢于冒40%失败的风险选择它，而有的人则不愿冒此风险。这往往与不同创业者的性格有关。

通过对各种决策属性的分析不难看出：创业决策过程不仅是决策者认识客观可能性的认知过程，同时也是根据效益原则优选最佳决策方案的价值判断过程。决策思维既要尽量做到主观符合客观，要对各种可能作出准确的事实判断；又要使客观可能符合主观需要，选择投入少、效益大、风险小的创业方案。

三、创业的计划控制

计划作为广义决策的一个环节，是决策方案的具体化和秩序化。通俗地说，计划就是决策者为实施具体决策方案而对组织成员的各种活动所做的统一部署和具体安排。其作用在于使决策落到实处，将决策转化为可实施、可操作的行为依据，并以此对组织成员的行为进行定向控制。在创业实践中，决策和计划是两种基本职能。事实上，决策和计划是两个既有联系又有区别的范畴。一方面，决策中包含计划的因素，制定任何一种决策方案都离不开对如何实现组织未来目标的谋划和安排。如果没有一定程度的计划，决策就只停留在抽象的目标设定上，势必不成其为决策；另一方面，计划本身就是被选定的决策方案，或者说计划是被具体化了的决策方案。当创业处于决策阶段时，需要通过多种决策方案或较抽象的行动计划来表现决策者的想法。而当某一方案被选定并具体化后，就成为计划。决策是计划的根据和前提，或者说是偏定性的计划；而计划则是决策的结果和升华，或者说是细密周详的定量化决策。

但是，计划与决策相比，又有质的区别。笔者认为计划的思维特征大致可以包括以下几点：

第一，具体性。决策思维与预测思维相比较虽有一定的具体性，但仍显得较抽象。决策方案对未来目标的设定和实现目标的方法步骤只能是大致的轮廓。计划则不同，计划是决策的实施方案，它不允许方案停留在一般的设想层面上，而必须对组织活动的全过程做出明确具体的规定。因此，计划所要求的不仅是关于组织未来目的和任务的说明，重要的还在于编制出实现这一目标所应采用的战略、策略、方法、步骤和时限。如果说被选中的决策方案仅仅勾画出组织未来活动的框架，那么计划则是在此框架内添加材料，使之成为可使用、可操作的行动模型。倘若计划停留在抽象的层面而不具体，就无法指导创业组织成员的行为。

第二，程序性。计划既然是组织成员完成创业目标的指南和依据，它就必须具有可操作的程序性。所谓程序性，是指事物进行过程中各类活动先后发生的顺序。计划的程序是指计划为组织成员和组织系统预先规定的各类工作顺序及其转换、前后衔接的原则。任何组织为实现某一工作目标，必须对组织行为在时间上加以合理分割并使之紧密衔接。如果不作阶段分割或分割不合理，或虽然分割合理但前后衔接不上，就将导致创业实践活动出现混乱局面。计划的一项重要任务，就是编制出合理可行、省工省时的工作程序，对先做什么、后做什么、各项工作花多少时间、投入多少人力物力以及前后阶段的工作如何衔接过渡等细节，尽可能做出明确详尽的规定。

第三，可控性。计划的可控性主要包括目标控制、预算控制、资源控制、时间控制和计划监督五项内容。所谓目标控制，就是根据计划确立的创业总目标层层确立各子系统的具体目标，制定创业组织各部门的分计划，使各部门处于具体计划的控制之下，从而保证总计划的落实和总目标的实现。预算控制是一种传统的计划控制方法，是以数字形式将计划分解为各个部分，并通过制定与计划有关的预算表，限制执行计划中偏离计划的行为。资源既包括各类物质资源，也包括人力资源。资源控制就是按计划配给创业组织各部门必需的资源，防止资源分配不公造成的资源浪费和组织混乱。时间控制即对创业组织各部门的工作时间预先作出规定，并根据跟踪情况加以调整，使各部门协同工作、各阶段紧密衔接，从而保证计划在规定的时期内完成。计划监督是计划控制的重要方面，其主要做法是增大创业具体计划的公开性和透明度，树立计划的权威性，引导整个组织人人按计划执行，人人以计划相互督促，使计划转化为一种自觉的组织意识。

计划作为指导具体创业实践活动的依据，具有定向、指导、控制、调整以及创新等多种功能。所谓定向，是指计划为创业实践确定了明确的工作方向，规定了一定的任务；所谓指导，是指计划为创业活动规定了基本的操作原则和工作程序；所谓控制，是指计划对组织系统各要素的活动幅度、活动节奏以及时机时限起着限制作用；所谓调整，是指通过计划的相应变化或部分修改，对组织各部门的关系、系统的总体结构加以调适，以协同系统和谐有序地运作。

综上所述，创业意识在指导创业实践的过程中，分别表现为预测、决策、计划三种思维形态。预测是对创业实践多种发展趋势的大致估计；决策是通过深入的比较分析，逻辑论证并根据组织需要对多种可能性进行的判断和优选；计划则是将决策方案进一步具体化、程序化，使之成为可操作、可应用的活动规则及工作指令，以便引导组织成员参与活动，这个过程既是思维由抽象到具体的升华过程，也是由主观到客观、从精神变物质的过程。

第三节 创新创业教育工作方法探索

方法是主体实现目的的手段，或是主体能动作用于对象性客体的各种工具的总称。无论是认识世界或是改造世界，人们都必须借助一定的物质手段或精神工具，离不开相应的方法。没有方法或方法不当，人们就寸步难行、一事无成。创业教育工作作为高校教育工作领域特有的一种对象性活动，自然也依赖一定的方法，这即是工作方法。不过，究竟什么是创业教育所需要的工作方法，不同方法之间有何联系与区别，以及如何正确选择和恰当运用众多的创业教育工作方法，是一个十分复杂的方法论问题，需要进行深入分析与探讨。

时代的进步和科学技术日新月异的发展，一些前人未知的领域和前人没有采用或无法采用的方法逐步被人认识，并运用于创业教育工作实践。正是这些伴随新兴科学技术产生的创业教育工作方法逐步被人类认识和运用，创业教育工作活动才跃升到一个新的水平，并日臻完善和富有时代特征。因此，研究现代条件下创业教育中的技术方法意义重大。本节将在对方法进行概括分析的基础上，进一步分析创业教育者应当熟悉和掌握的工作方法。

一、创业教育工作方法及其系统结构

创业教育工作作为一种特殊的教育实践活动，必然有其经常使用的工作方

法。但是在如何认识和界定创业教育所需的工作方法的问题上，需要进行认真的探讨。

首先必须指出，创业教育工作方法不是创业教育工作活动中人们所采用的一切方法，而只是创业教育者在开展创业教育活动中涉及工作的方法，特别是创业教育工作中如何做好教学工作的方法。创业教育工作作为一种实践活动，是创业教育工作主体和创业教育工作客体的互动过程。在工作过程中，创业教育者和大学生都在活动，两者都有自己作用的对象，同时也都借助于一定的方法。那么，是否可以认为创业教育工作活动过程中人们所采用的方法就是创业教育工作方法呢？笔者认为这种观点是不正确的。因为，大学生在创业教育工作过程中虽然也在活动，但他们是在教师的引导下参与创业教育工作的。创业教育者的工作才是创业教育工作的重点，是引导大学生树立"三观"、提高创业能力的特殊实践活动。因此，只有创业教育者的行为方式才具有教育的属性，其方法才是严格意义上的创业教育工作方法。如果将创业教育工作过程中所有成员所使用的方法都看成创业教育工作方法，就会模糊创业教育者同大学生的关系。

创业教育工作方法既然是创业教育者进行创业教育工作所采用的各种工具和手段，就说明创业教育工作方法是多种而不是一种。那么，创业教育工作方法究竟包括哪些种类？这些不同的方法彼此之间又有何关系？这就涉及方法的系统问题。因此，需要从哲学角度分析、研究、探讨创业教育工作的方法系统。

创业教育工作方法作为一个系统，是由多层次、多侧面的不同方法按照一定结构有机组成的。从方法的总体特征来分类，创业教育工作方法可以划分为创业教育者的认识方法和实践方法；按创业教育工作方法的普遍性程度，又可划分为哲学方法、技术方法和专业工作方法。关于创业教育工作的认识方法和实践方法，前文已有论述。本章重点介绍创业教育工作的哲学方法、一般方法和技术方法及其关系，揭示创业教育工作方法系统的一般特征。

所谓哲学方法，是指创业教育者运用某种哲学观点来研究、观察和指导创业教育工作活动的方法，它包括创业教育者如何理解创业教育工作的社会本质和一般规律；如何确立创业教育工作的最终目标和进行价值判断；怎样评价教师和大学生的能力以及两者的基本关系；怎样在宏观上把握组织和环境、团体和社会之间的关系，等等。总之，凡是涉及创业教育工作的根本路线、战略决策、基本原则和用人宗旨等重大问题，便需借助哲学方法，有关基本信仰的一系列思想价值的问题，也离不开哲学方法。这种方法最具普遍性也最抽象，初看起来似乎不能直接解决创业教育工作中任何具体问题，因而常常被人们所忽视，似乎哲学与学生工作无关。实际上，创业教育者是摆脱不了哲学的，哲学左右着创业教育者的思维方式和行动路线，自觉或不自觉地影响着各种创业教育工作活动，甚至决定着创业教育工作的成败，为创业教育者提供了必不可少的方法论原则。

与哲学方法相关但又有所不同的另一类创业教育工作方法是一般方法。同哲学方法相比，这类方法没有哲学方法那么广的普遍性和形式上的抽象性，显得比较具体、容易操作，但与更具体的各门技术方法相比，它又具有相当大的普遍性，可以称之为一般方法。比如行政工作法、物质刺激法、行为控制法等方法就属于一般方法。因为各类创业教育工作都离不开行政命令、利益激励和行为控制，这类方法普遍适用于各类创业教育工作。再比如进行决策的常规原则、用计划控制监督创业教育工作全过程的目标监管方法等，也因其在一定范围内具有通用性而成为一般方法。

创业教育者特别是基层创业教育者常用的创业教育工作方法是具体的技术方法。这里的"技术"不是指工程技术，不是人们常说的各种技术工具，而是指作为个体的学生工作人员进行创业教育工作的具体方法和技巧。技术方法是最具体、最易操作的方法，也是最直观、最丰富的工作手段。这类方法为创业教育者提供了明确的创业教育工作工具和具体的创业教育工作手段。

创业教育工作方法之所以是一个系统，正是由于创业教育者所采用的不是一种方法或一类方法。一方面，上述方法分属于创业教育工作的不同层次，各有自己的特点和功能，彼此不能取代。另一方面，上述方法又相互制约、相互影响、互为补充，综合运用于创业教育工作。哲学方法属于最高层次的方法，侧重于宏观决策和总体控制，多为高层创业教育者（如学校分管学生工作的领导）所采用；属于中间层的一般方法，因其通用性和一定范围的规范性，被部门创业教育者和中层创业教育者所采用。至于技术方法，因其具体而实用性强，主要是基层创业教育者采用的创业教育工作手段。当然这并不是说，高层创业教育工作人员只需要懂得哲学方法就够了，可以对一般创业教育工作方法和必要的技术方法一无所知；也不是说中层创业教育工作人员可以抛开哲学方法或基层创业教育工作人员无须掌握必要的一般方法和学会哲学方法；而是说不同层次的创业教育工作人员首先应当学会与自身工作关系最密切的主要方法，而且应该掌握其他方法，不能主次不分或平均使用力量，否则一样方法都掌握不好也使用不好。从创业教育工作主体群体来看，因为创业教育工作方法是一个系统，各类方法单独使用都不能发挥最佳的组织创业教育工作效用，只有三种方法兼用、互相配合，才能在大学生创业教育工作中发挥作用。这就要求各级创业教育者树立系统观念，既能熟练掌握某一种创业教育工作方法，又做到互通信息、上下配合；既注意克服方法上的单一化倾向，又杜绝不同方法的混淆和错位。

二、现代技术方法的类别和特征

现代技术方法是在现代创业教育工作中应用的各种现代数学方法、定量化方法和先进技术手段的统一体。广泛应用现代技术方法，是社会发展的客观要求，也是学生工作现代化、科学化、与时俱进的必然趋势。

随着社会发展和科学技术的进步，社会分工日趋精细，各部门之间的联系日益密切，影响学生工作的因素更加复杂多变，因而学生工作相关的信息量和工作量激增，对创业教育工作的要求也就越来越高。在这样的新情况下，除认真总结各种行之有效的传统学生工作方法外，还必须广泛应用适合于现代社会的技术方法，以便能更准确地描述和分析问题，深入研究各种因素多方面的数量关系，及时处理大量的创业教育工作信息，并对拟订的计划方案和政策规定进行科学论证。同时，由于现代数学、信息科学和系统科学等学科的产生以及电子计算机的广泛运用，也为现代技术方法在包括学生工作在内的各领域中广泛运用提供了必要的条件。

现代技术方法是按照现代社会发展规律和适应现代科学技术进步的客观要求，运用现代自然科学和社会科学的最新成果，对各种工作对象进行有效控制的一系列新技术和新方法。它是在继承和发展一般方法的基础上运用现代科学技术成果，经过不断探索、科学试验、精心优选逐渐形成的。同传统方法相比，创业教育工作现代技术方法具有以下三个明显的特征：

首先是系统性和择优性。一般说来，每一种现代技术方法都有内在的系统性，它包括明确的目标、一定的约束条件、达到目标的程序和方法以及信息反馈等，从而为科学地解决问题提供一定的模式或模型，使复杂的工作实现科学化。例如，在创业教育工作实践中，引进并建立数学模型进行求解的过程也是优化的过程。又如在一定的约束条件下，对多元学生工作目标选择最佳的组合方案，或在一定的目标要求下，对各种约束条件进行选择和组合，都存在择优的过程。

其次，现代技术方法使创业教育工作数据化，并能把创业教育工作的定性分析与定量分析密切结合起来。现代技术方法区别于传统工作方法的一个重要标志，就是使学生工作活动从定性分析发展为定量分析，从依靠经验判断转变为数理决策。因为建立数学模型，进行定量分析，可使创业教育工作任务进一步科学化，从而大大提高了创业教育工作系统的运转速度和工作效率。

再次，现代技术方法具有较大的通用性和关联性。现代技术方法应用的范围较广，在解决创业教育工作系统中复杂的实际问题时，各种方法可以相互补充，发挥多方法配套使用的整体功能。

现代技术方法的种类很多，这就要求创业教育者要针对不同的对象准确地选择合适的方法，避免方法的混用或错位。同时，各类技术方法又存在着相互联系、相互制约的关系。如果在创业教育工作中孤立地应用一种或几种方法，虽然也能收到某些成效，但有很大的局限性。为此，创业教育者在工作中，应努力使各种方法和技术相互补充，发挥各种方法的综合功能。在当代学生工作中，尤其是创业教育工作中，使用得比较多的方法包括系统方法、数学方法和预测方法。

三、系统方法

所谓系统方法，就是按照事物本身的系统性把对象放在系统的形式中加以考察和处理的一种方法。这种方法要求从系统的观点出发，始终从整体与部分、系统与环境的相互联系、相互作用、相互制约的关系中综合地、精确地考察对象，以达到最佳处理问题的目的。其显著特点是整体性、综合性、动态性、开放性、环境适应性、最优化。

所谓整体性是指管理系统要素之间的相互关系以及要素与系统之间的关系，都要以系统整体为主体进行协调，局部服从整体，使整体效果最优。在它的指导下，服务管理要从整体着眼、部分着手、统筹考虑、各方协调，达到整体的最优化。整体性是系统方法的基本出发点。它把整体作为研究对象，认为世界上各种对象、事件、过程都不是杂乱无章的偶然的堆积，而是一个合乎规律的由多种要素组成的有机整体。这一整体的性质和规律只存在于组织各要素的相互联系、相互作用之中，而不是各组成部分孤立的特征和活动的代数和。因此，这种方法反对传统工作事先把对象分成不同部分，分别加以研究然后综合起来，而是一开始就把对象作为整体来对待，以便从整体与部分的相互依赖、相互结合、相互制约的关系中揭示系统的特征和运动规律。从系统管理目标上分析，任何系统的局部目标和整体目标之间都存在着复杂的联系和交叉效应。大多数情况下，两者是一致的。有时，系统局部认为有利的事，从整体上来看并不一定有利，甚至有害。因此，当局部目标和整体目标发生矛盾时，局部利益必须服从整体利益，体现系统管理目标的整体性。从系统管理功能上分析，系统的整体功能不等于要素功能的简单相加，而是往往大于各部分功能的总和，即"$1+1>2$"。这种总体功能的产生是一种质变，它的功能大大超过各个部分功能的总和。因此，系统要素的功能必须服从系统整体的功能，体现系统管理功能的整体性。否则，就要削弱整体功能，从而失去了系统功能的作用。

所谓综合性是指任何一个系统都是由许多要素为特定目的组合而成的综合体，在进行系统管理时，要把系统的所有要素联系起来，综合考察其中的共同性和规律性。它从两个方面对创业教育者提出要求：一是创业教育工作目标的综合，即要求组织系统各个部分必须围绕系统总目标开展工作，或者说要求一个组织的最高领导必须用组织总目标统摄各部分的分目标；二是创业教育工作过程各个部分功能的综合，即要求创业教育者对任何对象的研究，都必须从它的成分、结构、功能、相互联系和历史发展等方面综合地、系统地考察，以保证创业教育工作按组织总目标运行。同时系统综合性原理还提示学生工作关注两个问题：第一是系统可以分解，由于系统都是由许多要素综合起来形成的，因此，任何复杂的系统都是可以分解的。第二是综合可以创造新事物，现有的事物或要素通过特定的综合可能生成新的事物和系统。"量的综合导致质的飞跃"正是基于这一规律。

动态性是系统方法的第三个特点。所谓系统动态性，是指系统作为现实生活中的一个有机体，其稳定状态是相对的，运动状态则是绝对的。因此，根据状态属性对系统的划分，静态系统是相对的，也是动态系统的极限状态。系统不仅作为一个功能实体而存在，而且作为一种运动而存在。在动态性的指导下，可以预见创业教育工作系统的发展趋势，树立超前的管理意识，减少偏差，掌握主动，使系统向期望的目标顺利发展。创业教育工作系统动态性主要体现在系统管理要素的动态性和系统管理功能的动态性两种形态。创业教育工作系统要素的动态性表现在两个方面。一方面，创业教育工作系统要素之间存在着纷繁复杂的联系，这种联系就是一种运动。系统要完成功能输出，需要内部要素相互作用、相互影响，形成一定的输出模式，这个过程本身是动态的。另一方面，创业教育工作系统管理要素与环境的相互作用是一种运动。由于现实生活中封闭系统是相对的，开放系统则是多数，因此，系统与环境之间会存在信息、能量或者物质的交换活动，这个相互作用过程也是动态的。创业教育工作系统管理功能的动态性主要表现为：创业教育工作系统的功能是时间的函数，是随系统要素状态的变化、环境状态的变化、各要素之间联系以及要素与环境间联系的变化而变化。

开放性是系统方法的第四个特点。所谓系统开放性是指在非理想状态下，不存在一个与外部环境完全没有物质、能量、信息交换的系统。即所有的系统都是开放性的，在创业教育工作中，任何试图把系统封闭起来与外界隔绝的做法，都只会导致失败。系统管理的开放性源于系统本身的耗散结构。任何有机系统都是一个耗散结构系统，只有与外界不断交流物质、能量和信息，才能维持其生命。并且只有当系统从外部获得的能量大于系统内部消耗散失的能量时，系统才能不断发展壮大。所以，对外开放是系统的生命。在系统开放性理念的指导下，学生管理者应当充分估计外部对系统的种种影响，努力通过开放扩大系统从外部吸入的物质、能量和信息，做好创业教育工作。

环境适应性是系统方法的第五个特点。所谓系统的环境适应性是指系统不是孤立存在的，它会与环境发生各种联系，只有能够适应环境的系统才是有生命力的。同时，系统对环境的适应并不都是被动的，也有改善环境的能动行为。如构成社会系统的人类具有改造环境的能力，没有条件可以创造条件，没有良好的环境可以改造环境。这种能动地适应和改造环境的可能性，受到一定时期人类掌握科学技术、知识和社会经济发展水平等因素的限制。在系统的环境适应性理念的指导下，创业教育者进行创业教育工作决策时既要清醒地认识系统本身的局限性，又要把握一切能动地改变环境的机会，实事求是地做出科学的判断和决策，设计出有利于学生素质提升的工作方案。

最优化是指运用系统方法进行创业教育工作所能达到的最佳效益。根据需要和可能，系统方法可以为系统定量地确定出最优目标，并运用最新技术手段和处理方法把整个系统分成不同等级和不同层次结构，在动态中协调整体与部分的关系，以使部分的功能和目标服从系统总体的最佳目标，达到总体最佳。

从以上特点的分析中可以看到，系统方法是一种立足整体、统筹全局、使整体与部分辩证地统一起来的科学方法，它将分析和综合在现代科学技术的基础上有机地结合起来，并运用数学语言定量地、精确地描述对象的运动状态和规律，为运用数理逻辑和计算机软件来解决创业教育工作中的复杂系统问题开辟了道路。

在创业教育工作过程中，运用系统方法应遵循以下几个基本步骤：

首先，确立目标，搜集信息。目标是运用系统方法所要达到的目的，根据具体情况，目标可以是明确的、定量的，也可以是粗略的、定性的。确定目标既要从单项目标入手，注重单项目标的可行性和最优化，又要将各单项目标放在总目标的现象中进行考察，把落脚点立在整体系统的目标上。为了达到系统方法追求的目标，还要按确定的目标搜集信息。搜集信息主要包括三项内容：一是进行实地调查，直接掌握情况。二是广泛收集材料，并按目标要求对有关情况进行筛选。三是对筛选过的情况进行单项分析，包括定性和定量分析，得出一些性能指标和参数。这些指标和参数，或称信息数据，是系统分析的基本根据。

其次，建立模型，拟制方案。这是系统方法的主要部分。建立模型，就是将搜集得来的有关信息因素按一定关系结构组合成一定的模型，用以反映系统活动所要耗费的人力、物力、时间和系统诸因素在系统活动中的作用方式。模型建立后，再以系统活动的各种效益为指标进行综合性比较、评价，然后选择拟定最佳方案。系统模型可能是定性的，也可能是定量的，也可能是定性与定量相结合的。

最后，对方案进行评估检验。建立模型拟制方案之后，还要对方案进行检验评估，分析方案的可靠程度或风险程度。这是因为任何事物都受到随机性干扰，随机干扰是人们在现有知识水平上尚无法认识或无法确定的事件。例如自由垂直下落的物体在千秒之内所经过的距离 $S=1/2gt^2$（g 为重力加速度），本来是确定性模型，但下落物体要受到空气阻力，而且有随机性的气候（风）干扰，由运动方程计算的下落距离只能有百分之几十的可靠程度。这就要求对方案必须进行评估检验，以确定方案的把握度和风险度（两者之和为 100%）。如果超过了风险标准，就修改目标，重新制定方案，直到实现最优方案。

现代社会活动规模大、因素多、关系复杂，如果照抄过去那种条块分割、分兵进击的传统方法进行学生工作，势必造成人力、物力、财力和时间上的巨大浪费。

系统方法改变了创业教育工作主体的思想方法，给整个创业教育工作方法论带来了深刻的革命性变化。系统方法可以使创业教育者对创业教育工作的研究方式从以个体为中心过渡到以系统为中心，从单值的过渡到多值的，从线性的过渡到非线性的，从单一测度的过渡到多测度的，从主要研究横面关系过渡到综合研究纵横面关系。这些变化，不仅改变了创业教育工作的背景，改变了学生工作的知识体系，同时引起了创业教育工作主体世界观和方法论的深刻质变。

四、数学方法

数学本身不是目的，而是一种工具和手段，这在应用数学方面表现得特别具体而清楚。因为应用数学就是为设法解决各种具体科学课题而产生的数学工具，是为某一具体科学提供适当而有效的数学方法的学科。

数学方法有以下几个主要特点：

第一，抽象性。现实对象是复杂具体的，每一事物无一不是质和量的统一体。这样的现实对象如果不经过科学抽象，人们便无法在思想中对其加以把握。而数学把量及其关系从现实对象中抽取出来，就摆脱了现实对象的各种具体的复杂形态，从而大大简化了研究对象，使我们可以在纯粹量的关系上来研究对象，以揭示对象的数量关系和过程。

第二，精确性。数学具有逻辑的严密性和结论的确定性。数学推导是严格按照一定的规则进行的，只要前提正确，那么，由数学的内在逻辑所推出的结果本身具有毋庸置疑的确定性。爱因斯坦说："数学方法受到科学家的特殊重视，一个理由是它的命题是绝对可靠和无可争辩的。还有另一个理由，那就是数学给予精密自然科学以某些程度的可靠性，没有数学，这些科学就达不到这种可靠性。"运用数学方法，对客观事物中各种质与量以及量的关系、量的变化进行推导和演算，能够使现象及其过程得到精确的定量描述。所以，数学方法也是决策最优化的可靠工具，利用数学模型对几种可能的方案进行推导和演算，就能从数量上进行精确的比较，帮助人们选择最优的方案。

第三，普遍性。数学对象的普遍性决定了数学方法的普遍性。数量及其关系是各种事物所具有的共同特征。任何事物既存在质的方面，又存在量的方面，没有质的事物固然不存在，没有量的事物也不存在。既然任何事物都是质和量的统一，那么从可能性来说，任何领域都可以应用数学和数学分析，大学生创业教育工作自然也不例外。

数学作为数量结构科学，数学方法的普遍性还反映了异质同构现象的存在。就是说，不同质的事物和系统可以存在着同样的数量关系，而同样的数量关系又可以反映不同的物质存在形态和不同的物质运动过程。

数学方法可以应用于各门科学，这是就原则和理论来说的，要把这种原则和理论上的可能变为现实，需要人类不断地探索。科学和社会发展的历史表明，进行质的定性分析相对来说比较容易，而进行定量分析就比较困难。近代科学产生以后，数学方法首先在力学和物理学中得到了广泛的应用，而后是化学。目前，数学方法在社会科学某些领域中也开始得到应用，比如运筹学（优选法、统筹学、规划论、对策论等），数学在一些社会科学（特别是经济学）中正在显示出它的作用。

随着现代科学的不断进步，数学方法也开始应用于大学生创业教育工作。在数学方法的参与下，部分创业教育工作就可以用数学模式程序来表示计划、组织、控制、决策等合乎逻辑的程序，求出最优的答案，从而达到目标。

此外，计算机还为数学方法应用于大学生创业教育工作开辟了新天地。它不仅可以协助创业教育者对大学生创业教育工作活动的全过程进行宏观的调控，提高大学生创业教育工作跨度，而且适应高速发展的现代社会的需要，使大学生创业教育工作高速化、精确化。当然，随着大学生创业教育工作的发展，人们对现代创业教育工作各个层次的认识越来越深入，反映到创业教育工作的认识手段和方法上，就比以往任何时候更加需要多种方法协同发展。

五、预测方法

所谓预测是指对于客观事物未来发展状况进行分析、估计、设想和推断。预测并不神秘，事实上，人们时时处处都在做出预测判断，例如出门需注意天气的变化，预定乘车路线等。总之，要实施一个有目的的行动，都必然会有一个对未来的考虑过程，这个过程就包含预测。日常生活中的预测一般比较简单，较易执行。但对创业教育工作活动来说，预测的内容就复杂多了。

科学的预测，应通过对客观事物的历史和现状进行科学分析和调查研究，由过去和现在推测未来，由已知推测未知，从而揭示和预见事物未来的发展趋势和变化规律。科学的预测不是随意猜测，而是在正确理论的指导下，对客观事物进行深入分析，并运用现代先进的预测技术，进行系统的研究。

第一种方法，专家评估法。即组织有关领域的专家运用专业方面的经验和理论，研究预测对象的性质，对过去和现代发生的问题进行综合分析，借以对学生工作未来的发展前景进行判断。专家评估法主要包括个人判断、专家会议和德尔菲法（即专家调查法）等。个人判断一般指专家权威凭个人经验和知识才能做出预测。专家会议即依靠专家集体智慧做出预测。德尔菲法是由美国兰德公司首先采用的一种方法，又称专家调查法，就是采用书面的形式征询各个专家的意见、背靠背地反复汇总与征询意见，最后得出一个比较一致的预测意见。

第二种方法，预兆预测法。这是通过调查研究前兆现象推断后继现象的一种预测方法，它是因果联系最敏捷的发现形式。预兆预测法的关键是准确掌握后继现象与前兆现象之间的种种联系，特别要注意两者的内在联系，排除偶然性。有时只知道两者相随发生，并不知道其内在联系，这种预测便是不可靠的。只有密切注意两种现象相随的再现率，并通过思考以发现二者之间的本质联系，才能确定引起后继现象的前兆现象，从而对将来的发展趋势作出正确的预测。

第三种方法，时间序列预测法。时间序列也叫时间数列，是将某种统计指标的数值按时间先后顺序排列而形成的数列。时间序列预测法，就是通过编制和分析时间序列，根据时间序列所反映出来的发展过程、方向和趋势，进行类推或延伸，借以预测下一时期或以后若干时期可能达到的水平。时间序列预测的内容包括：收集整理某种社会现象从过去到现在的历史资料，编成时间序列，按各种可能发生作用的因素分类（长期趋势、季节变动、循环变动、不规则变动），分析时间序列，从中寻找该社会现象随时间变化而变化的规律，得出一定的数学模式，并以模式去预测该社会现象的未来情况。

第四种方法，回归分析法。即研究引起未来状态变化的各种客观因素的相互作用，找出各种客观因素与未来状态之间的统计关系的方法。这是一种依据事物间的因果性原理，用数学工具建立的预测方法。在随机事件中，某些变量之间存在着一定的依赖关系，一个变量的变化引起另一个变量的变化。当人们能够准确地发现这些变量之间的数量关系时，就表现为函数关系；难以准确地确定其数量关系时，就只能通过对大量数据的分析，找到某种相关性关系。为了定量地把握事物的因果规律，需要通过回归分析的中介，使相关关系转化为函数关系。回归分析，就是根据大量统计数据来近似地确定变量间的函数关系，即定量确定相关因素间的规律和方法，它可以用来预测未来。

第五种方法，类推法。类推法至少是在两个事物中进行的，一个作为模型出现，另一个作为被预测事物出现，前者称为类推模型，后者称为类推物。类推法的本质是把类推物与类推模型进行逐项比较，如果发现两事物间的基本特征相似，并且有相同的矛盾性质，就可用类推模型来预测类推物。

预测的程序一般有以下几个步骤：

首先，确定预测目标和任务。预测目标指预测所要达到的目标，实际上就是确定未来事物质的规定性和量的规定性，或者是二者的统一。预测总是为一定的目标和任务服务的。创业教育工作的目标和任务决定了预测的目标和任务，目标清楚，任务明确，才能进行有效的预测。

其次，输入预测信息。预测结果的准确性取决于输入信息的可靠程度和预测方法的科学性。预测所需的资料有纵向资料，也有横向资料。对于已占有的资料要进行周密的分析检验，检验其可靠性，并通过分析去粗取精，去伪存真；还要检查统计资料的正确性与完整性，不够正确的要进行适当的调整，不够完整的要填缺补齐。

再次，预测处理推断。预测处理推断，是指根据预测资料，运用一定的逻辑推理方法，对事物未来发展趋势进行预计和判断。这是预测的关键环节。在实际工作中，我们可应用的预测方法很多，具体选择什么方法应依据预测目的和预测对象的特点、资料占有情况、预测经费以及预测方法的适用范围等条件来决定。

最后，输出预测结果。它包括鉴定预测结果和修正预测结果两个内容。预测毕竟是对未来事件的设想和推断，由于受到资料不足、方法不当及人们认识的局限性等因素的影响，故而容易产生预测误差。误差越大，可靠性就越小。因此必须对预测结果进行鉴定，并对误差大小作出估计。分析误差的目的，在于观察预测结果与实际情况偏离的程度，并找出发生偏离的原因。输出预测结果是预测程序中最后一个步骤，它既是通过修正预测结果，使之更符合客观实际情况的过程，又是检查预测系统工作情况的过程。

科学预测方法在大学生创业教育工作中具有关键性的作用。从决策程序来看，不论是确定决策目标阶段，还是优选决策和追踪决策阶段，都是离不开预测的。看不准未来的发展趋势，就不能确定决策目标；没有预测作为依据，决策就是冒险的、不可靠的；如果没有预测的可靠根据，就有可能造成再次失误。从预测科学的角度来说，没有预测的决策违背了"时机原则"，是根据不足的决策，亦是时机不成熟的决策。当然，最好的科学预测也绝不会是绝对可靠的，它只能是一种有科学根据的最大概率，但对于决策来说，这已经很好了。

加强预测能力是提高创业教育者应变能力的重要一环。随着科学技术的迅猛发展，特别是现代化通信工具、信息技术、计算机的应用，使创业教育者面对一个瞬息万变的世界，需要对各种不同的事物开展预测，提高应变能力，对于各种不同的可能性做出不同的预测判断。另外，加强预测也是提高工作效率和经济效益的迫切需要。

六、心理调适激励方法

创业教育是一个全方位的工作，因此要求创业教育者在运用"技术"方法的同时，还必须洞察大学生的心理活动和思想情绪，学会运用心理沟通和思想激励等心理方法。

1. 心理沟通与心理调节

在创业教育工作中，人是起主导作用的因素。充分调动大学生的积极性和创造性是创业教育工作的一个重要内容，而要解决这个问题有时便需借助心理学。在创业教育工作中运用心理学方法，就是从改变大学生的精神状态入手来调动大学生的积极性和创造性，使每名参与创业学习的大学生都能在活动中得到一定的心理上的满足，进而实现创业教育工作的目标。

这里所说的心理沟通与心理调节，就是在创业教育工作中创业教育者经常运用的两种工作方法。其中，心理沟通侧重于对大学生的心理疏导，而心理调节侧重于启发大学生学会心理的自我调控。

（1）心理沟通在创业教育工作活动中的作用

正确的心理沟通有助于师生之间交流思想、彼此了解，消除分歧和误解，做到互相信赖、统一思想，以加强群体意识，发挥整体效应。心理沟通在创业教育工作活动中有如下几个方面的作用：

第一，心理沟通是实现创业教育工作目标的保证。创业教育工作中许多活动都是以沟通为基础的，例如实践教学环节过程的指挥和协调，都必须借助于心理沟通来实现。

第二，心理沟通是加强思想工作的重要手段。为了使学生在创业实践中树立正确的"三观"，创业教育者必须通过各种沟通形式，向广大学生宣传正确的理念，使之在学生中产生心理共鸣，达到理解和认识，从而使创业教育者的思想转化为每个大学生的实际认识。

第三，加强心理沟通有助于提高工作效率。要提高创业教育工作效率，创业教育者自身的品德、责任心和工作作风等主观因素很重要，同时，还需要保证沟通渠道顺畅。因此，只有加强创业教育者与大学生的心理沟通，建立多形式、高效率的沟通渠道，才能使信息通畅，实现提高创业教育工作效率的目标。

心理沟通非常重要，创业教育者要提高沟通水平，首先要提高自身业务水平。具体来说要做好如下工作：提高创业教育者的思维水平，保证心理沟通的效果；提高想象力，设身处地为大学生着想，以便引起共鸣，使大学生积极接受沟通的内容；提高记忆力，保障及时、准确地传输和接受各种信息；养成良好的沟通习惯，集中注意力，稳定情绪，端正态度，确保与大学生的沟通顺利进行。

（2）心理调节在创业教育工作中的作用

所谓心理调节，简单地说，就是人与人之间在心理上的协调、沟通、交流、转换与平衡等。创业教育工作活动中的心理调节，是指通过调整、调解、疏通等手段，缓解心理压力，消除心理障碍，使之树立信心、相互配合，朝着预定的方向前进，从而顺利地完成任务。具体地说，心理调节在创业教育工作活动中有如下两方面的作用：

第一，凝聚指向作用。要实现创业教育工作的预定目标，创业教育者必须做到心理相容、凝聚成团。良好的心理调节是使人们活动的动机指向共同目标的心理保障，可以使各个方面的人员在心理上贯通一气、彼此配合，以使整个组织有计划、有步骤地为实现特定的目标而努力工作。

第二，节约增效作用。良好的心理调节可以减少创业教育工作组织成员因心理失衡和彼此间心理防范造成的各种内耗，从而用较少的人、财、物和时间办更多的事，避免各种无形的浪费。良好的心理调节还可以提高创业教育工作的质量，达到不增人而增效的目的。

客观世界千变万化，充满着矛盾和冲突。心理平衡也只是相对的、暂时的。环境总是在发展变化，身处其中的人必须不断地调整心理状态才能达到新的平衡。心理平衡是一个动态的平衡，随着环境的不断变化，心理平衡也不断地被打破。心理平衡被破坏是否会引起心理障碍，关键在于能否及时调整心理活动，及时建立新的平衡，以适应环境的变化，维护心理健康。

实践证明，心理平衡是可以通过调节来实现的，这是因为人的心理活动、情绪和行为方式都受大脑皮层神经活动的支配，而大脑皮层的兴奋和抑制是可以调节和转换的，特别是通过有意识地锻炼，可以使大脑皮层的活动趋向健全。心理活动常常是由外界环境刺激而引起的，外界环境条件变了，心理活动必然也会随之改变。根据心理学理论，宣泄、转移、升华等都是调节心理平衡的有效途径，但遇到具体问题的时候，创业教育者可以根据具体情况指导大学生进行心理调节，选择调节方法。具体可以按照如下几种情况选择调节方法：

第一，在创业的征途上，并不都是一帆风顺的，每个人在前进的道路上，都会遇到困难、阻力。在大学生面对挫折时，创业教育者应该帮助、开导受挫大学生，教育他们树立正确的挫折观。首先，可以告诉大学生在感情上要承受挫折，正视现实，事情已经这样，就不会成为别的样子，要勇于面对现实，平心静气地接受已发生的事情。其次，要让大学生相信"失败是成功之母"，从失败和挫折中总结经验教训，才会使人变得聪明起来。在事业上要想做出一点成就，必须要有不怕失败和挫折的顽强拼搏精神。最后，用"退一步"的方法来减轻大学生的心理压力。在犯了错误之后如果能这样想，心理压力就会减轻。只有这样，学生将来面对创业实践中的挫折才不会不知所措。

第二，大学生由于各人兴趣、爱好、性格不同，在教学环节尤其是在创业模拟环节，彼此之间不可避免地会发生矛盾和冲突。在这种情况下，创业教育者应该教育大学生注意克制，树立正确处理矛盾的方法。首先要教会学生理智、克制和忍让，要有意识地强行克制自己，促使冲突气氛转变。争吵时，只要一方做出让步，另一方激烈的情绪就会很快平复，因矛盾、冲突带来的烦恼、紧张情绪也会随之缓解。其次，要努力想办法使当事学生离开现场，使其慢慢恢复平静，然后冷静思考，找出解决问题的办法，消除矛盾、处理冲突。最后，要提倡宽容，以求得心理相容，即要大学生学会心理置换，设身处地为别人着想，求得和别人心灵相通，增加相互了解和谅解。这样，很多矛盾都会在大度相容的心境下得到很好的解决。

第三，当大学生遭到失败、挫折后，情绪往往十分激动，如果任其发展下去，势必酿成不可收拾的局面。这种情况下，创业教育者应积极做好大学生的思想工作，晓以利弊，使之树立从长远处着眼、不要被一时的挫折所打败的思想观念；还要教给大学生一些方法，使学生学会解脱。首先，引导学生向教师或朋友倾吐出来，痛痛快快地宣泄，这样，学生就会感到卸掉了一个沉重的包袱，心里就会觉得轻松许多，同时可以从朋友的劝告中得到支持与安慰。其次，自然分心。在情绪剧烈波动时，不要让学生沉湎于烦恼痛苦的事情，而要分散学生的注意力，有意识地做些使心情平静而愉快的事，使怒气和烦恼逐渐消失。

2. 精神激励

创业教育工作中的心理调适方法不仅包括上述的心理沟通和心理调节，还包括多种激励手段。所谓"激励"，是指创业教育者借用各种手段去激发学生的学习热情，具体而言，是指创业教育者运用一切有效的手段，去改变大学生的心理状态，激活他们潜在的主动性和创造性，引导学生自觉地投入到学习和学生活动中，以完成预定的目标。激励的手段和方法多种多样，但依据激励手段的性质来分类，激励大致可以划分为物质刺激（物质激励）和精神激励两个大类。虽然物质刺激能够满足人的物质需要以激起人的热情，在现代社会中使用得很多，但单纯的物质刺激存在明显的局限性，因为人不仅有物质生活还有精神生活，不仅需要满足其物质欲望，还需要满足其更高与更丰富的精神追求。同时由于创业教育工作属于学校教育范畴，因此创业教育工作中应把精神激励作为主要方法和手段。

实行精神激励的第一种方法是增强学习兴趣。兴趣是个人对客体的选择性态度。人的学习过程总是伴随着一种积极的情感体验。当人对某一事物或行动感兴趣的时候，就会感到喜爱和满意，集中精力于感兴趣的对象。而对学习感兴趣就会热爱学习，在学习中充分发挥主动性和创造性。概括起来，增强学习兴趣可以从三个方面入手：一是改善学习条件，在不影响教学效果的前提下，对教学内容进行必要的重新组合，尽量使学习内容丰富些；二是增强对学习意义的理解，使学生了解自己学习创业知识的社会意义，看到自己的学习成果及其社会价值，培养学生的学习兴趣；三是尽可能根据个人特点安排学习，力求学习安排适合其性格、知识、愿望、特点，并调整不合理的学习安排。

实行精神激励的第二种方法是精神表彰。通过表彰对积极行为起强化作用，对消极行为起弱化作用。要做好表彰工作需要注意如下几方面的问题：

第一，通过调查研究准确掌握精神表彰对象，弄清楚哪些人应该表扬，哪些人不应该受表扬，保证表扬的严肃性。

第二，精神表彰要及时。及时表扬才能发挥表扬的最大功效，增强大学生对表扬的重视。

第三，精神表彰要注意场合，要弄清楚哪些事情应该公开表扬，哪些在一定范围内表扬，哪些在若干人面前表扬或单独夸奖几句。

第四，精神表彰要具体，被精神表彰的人要具体、事要具体，越具体越生动，越有感召力。

第五，精神表彰要讲究语言艺术，要热情、诚恳，有感染力，同时要掌握分寸。

除上述几方面外，整个学习集体的精神状态对每个大学生的行为也有很大的影响。和谐的精神状态可以使大学生获得安全感、归属感、自豪感和集体荣誉感，乐于参与集体组织开展的活动，并为活动圆满成功积极努力。

因此，创业教育者要善于用精神激励方法制造一种良好的气氛，使每一个大学生都生活、学习得愉快、舒畅，达到学习集体内相互激励的目的。

第五章 高校大学生创业教育的实施

第一节 大学生创业教育的基本理念

在1989年北京召开的"面向21世纪教育国际研讨会"报告中,将创业教育列为继学术性教育、职业性教育之后的关于"事业心与开拓教育"的"第三本教育护照"。作为知识经济下产生的国际教育新理念,我们有必要对创业教育概念的内涵、目标、内容、特征以及创业教育的意义做一番分析。

一、大学生创业教育的内涵分析

(一)创业教育的内涵

创业教育提出于20世纪90年代末,是目前国内外教育理论研究和教育实践探索的一个崭新领域。创业教育是新概念、新事物,有必要对其内涵做一番考察。综合目前的研究成果,特别是三次相关国际性会议的报告成果,创业教育(enterprise education)的内涵至少包括了三层含义:通过创业教育培养青少年自谋职业、创业致富的能力和本领;通过创业教育培养青少年从事创业实践活动所必须具备的知识、技能、能力和心理品质;通过创业教育培养具有开创性的社会变革的参与者。这三层含义是逐步递进和逐步深入的,并由此产生了两种创业教育观,即广义的创业教育观和狭义的创业教育观。广义的创业教育是指通过课程体系、教学内容和教学方法的改革,第二课堂活动的开展,培养学生的创新能力、实践能力,提高学生的整体素质以及增强学生的创业意识。狭义的创业教育是指对学生创业能力的培养。通过开设课程、资助资金、提供咨询等方式使学生具备开办企业的能力。广义的创业教育强调了教学改革,培养创新精神、创新能力、创业意识;狭义的创业教育强调了创业技能、资金条件等。笔者认为以上对创业教育的解释是完整意义上的内涵解释。综上，创业教育可以定义为以开发和提高学生创业基本素质为核心的素质教育，是一种培养学生的事业心、进取心、开拓精神、冒险精神，并能从事某项事业、企业和商业规划活动的教育。从本质上说，创业教育就是指培养学生创业意识、创业素质、创业技能的教育活动，即培养学生如何适应社会生存、提高能力以及进行自我创业的方法和途径。

第三次全国教育工作会中指出，"要帮助受教育者培养创业意识和创业能力。通过教育部门的努力，培养出越来越多的不同行业的创业者，就可以为社会创造更多的就业机会，对维护社会稳定和繁荣各项事业就会发挥重大的作用"。这既是对加强创业教育的重要性的科学阐述，同时也是对创业教育的内涵的正确理解，为我们在深化教育改革的过程中加强创业教育指明了方向。从这番话中可以看出，创业和创业教育是指广义的创业和创业教育。所谓"不同行业的创造者"，就是说创业不仅是指创办企业，还指在不同的行业开创事业。所谓"繁荣各项事业"，就是说创业不仅指为经济发展做贡献，还指在不同的行业为经济社会发展做贡献，为两个文明建设做贡献，为经济、政治、科技、教育、文化等各项事业做贡献。因此，我们提出的大学生创业教育，是指广义的创业和创业教育，即开创事业和与此相应的教育活动。根据这种理解，人人都有可能成为不同岗位、不同事业的开拓者，都有可能成为创业者。

（二）创业教育与创新教育、素质教育的关系

1. 创业教育与创新教育。创新教育是以培养学生创新精神和创新能力为基本价值取向的教育，它的本质不是教学生如何创新，而是培育受教育者的创新意识、创新精神与创新能力。而创业教育是开发提高学生自主开创事业的基本素质，培养创业意识，形成创业初步能力的教育。创业教育作为一种新的教育理念，一种新的教育模式，从根本上讲是一种创新教育，是在挖掘人类最高本质的基础上把创造力的开发作为根本功能的一种全新的教育理念和教育行为。另外，创业教育在实施过程中不仅是突出创业精神和创业能力的培养，更是一个创新教育过程，需要更新高等教育理念、内容、方法和手段，更需要高等教育功能的重新定位，要全面推进高等教育进行全局性、结构性的改革，是教育领域里一种全新的价值追求。从创新教育和创业教育的概念的比较中，我们不难发现，创新教育与创业教育内容结构相互融合、相辅相成。创新是创业的基

础，高等学校的创新教育成效，可以通过其培养的学生未来的创业实践来检验。创业是创新的重要载体和表现形式，创业的成败根本倚仗创新教育的根基扎实程度。创新教育注重的是对人的发展总体的把握，创业教育着重的是对人的价值具体的体现，二者相互促进又相互制约，是密不可分的辩证统一体。

创新教育与创业教育的内容有许多相似之处，但这并不说明二者可以相互替代。因为，仅仅具备创新精神是不够的，它只是为创业成功提供了可能性和必要的准备，如果脱离创业实践，缺乏一定的创业能力，创新精神也就成了空中楼阁，无法落在实处。创新精神所具有的意义只有作用于创业实践活动才能有所体现，才有可能最终产生创业的成功。因此，创业教育应当是创新教育由侧重创新理念培养向侧重创新实践培养的转移和发展，是对创新教育理论与实践的提升和完善。

2. 创业教育与素质教育。素质教育作为现代教育思想、现代教育模式的一种表述形式，其内涵是全面贯彻党的教育方针，以提高国民素质为根本宗旨，以培养学生的创新精神和实践能力为重点，造就"有理想、有道德、有文化、有纪律"的德智体美等全面发展的社会主义建设者和接班人。素质教育的核心内涵就是使人实现全面发展。大学生创业教育从某种意义上说是大学生素质教育和创新教育的有效载体，是把素质教育引向深入的一种新形式。通过创业教育，发展学生的创造思维能力、专业能力、实践能力，培养学生独立学习的品质、开拓创新的意识等，是促使应试教育向素质教育转轨的重要举措。可以说，创业所涵盖的基本素质是素质教育最终的目标，或者说素质教育最重要的部分就是创业教育。高等院校对学生各种素质的培养，说到底就是要使学生既学会做事又学会做人，这样的学生才具有创业的基本素质，或者说奠定了创业的基础，才有可能在今后各种不同类型的行业或岗位上开创出一番事业。这也是素质教育的最终目标。

素质教育、创新教育与创业教育的实施对象是共同的，学生目标也是一致的，都是为了培养人才，但侧重点不同，解决的是人才的不同层面素质的培养的问题。素质教育的目标是实现人的全面发展，解决的是"成人"的问题；创新教育的目标是培养学生的创新意识与创新能力，解决的是"成才"的问题；创业教育的目标是培养学生的创业精神和创业技能，为"成家立业"做准备。"成家立业"是个人发展的最高目标。

创业教育不是精英教育，而是面向全体学生，是高等学校全员参与、全方位覆盖和全过程贯穿教育各阶段的素质教育的系统工程。在高等学校实施素质教育过程中，培养学生创新能力是进行创业教育、培养学生创业能力的内在本质和支撑；在实施素质教育过程中，进行创业教育、培养学生的创业能力是学生创新能力的具体体现和实践。因此，在大学生中开展创业教育，实际上是大学生素质教育、创新教育的一部分，是素质教育和创新教育的深入和具体化，它应当而且完全可以融会在素质教育、创新教育之中，但同时应把对创业人才的素质和能力的培养，作为一种具体、特殊的教育模式进行研究，从而使高等院校的素质教育、创新教育得以深入发展。

（三）创业教育与就业教育、专业教育的关系

1. 创业教育与就业教育。就业教育和创业教育是高等学校在探寻满足不同社会发展需要的途径与方法过程中的产物。它们既是两种不同的人才培养模式，也是两种不同的教育质量观。前者以填补现有的就业岗位为价值取向，后者则以创造性就业和创造新的就业岗位为目的。创业教育本身并不排斥就业教育，它包含在就业教育之中。就业应该包含从业和创业两种形式。计划经济体制时期，我国高校毕业生通过统一分配得到职业。就业制度改革后，毕业生通过"双向选择"实现就业目的。不论是"统分"还是"双选"，以往中国高校的毕业生实际上都是以参与前人业已存在的事业，即从业方式实现就业。若能在开创基业的同时获得自己的职业岗位，那便是通过创业的方式实现就业。应该说，自主创业的就业观是我们应提倡的一种比自主择业依附性更小、主体意识更强的就业观。如果我们站在就业的角度，把以解决受教育者的就业问题作为直接目的的教育称作就业教育，那么创业教育无疑是从属于就业教育的，创业教育理念在高校的形成和确立将大大地拓宽就业教育的发展空间。

2. 创业教育与专业教育。专业教育是指与普通教育相对，对教育者实施专门的职业技术教育和专门的劳动技能教育的活动。专业教育是创业教育的基础内容，因为人的创造性必须通过现代科学知识和人文知识所包含的文化精神的熏陶和教化才能潜移默化地形成，没有这个基础，创业教育只能是无水之源、无本之木。创业教育中的所创之"业"与专业教育是紧密相连的。创业教育是建立在融合学生所学的基础知识、专业知识基础之上的，通过各种创业实践、设计、模拟构想的实际操作，以达到培养学生创造、创新、创业的精神和技能的教育。创业教育应该从专业教育的特点出发，努力培养学生符合专业发展方

向、适应未来创业需要的能力结构，使创业教育与专业教育相辅相成。

当然，创业教育也有发展为专业教育的可能，如美国百森商学院就设有创业学专业，培养高层次的创业人员。创业教育在我国目前正处于研究、探索阶段。我国创业环境艰难、创业文化稀缺、创业意识淡薄等特点决定了我国目前还不具备把创业教育作为专业教育来开展的条件，它的实施需要借助某种具体的教育类型作为载体，如基础教育、职业教育、成人教育、高等教育等。

二、大学生创业教育的目标

创业教育的目标是根据社会发展需要和人的发展需要综合确定的，创业教育的培养目标和要求是实施创业教育的基本依据，是创业教育选择教育内容、明确教育方法、实施教育举措的出发点和归宿点。

大学生创业教育的目标是充分挖掘学生潜能，开发学生创业基本素质，培养具有创业意识、创新精神和实践能力的具有开创型个性的人才。为此，高等学校创业教育的目标应该在两个层面上开展。第一个层面是以强化全体学生创业意识、丰富学生创业知识、提高学生创业能力和技能、培养学生创业心理品质为重点的创业基本素质教育，这也是实施创业教育的共性目标；第二个层面是以少数学生为对象实施创业教育来培养学生开创性个性，这也是实施创业教育的个性目标。通过创业教育培养大学生的主体意识、市场开拓意识、合作精神和团队意识、创新与超越意识、承受失败的挫折意识，使之具有基本的创业意识、创业知识、创业心理品质、创业能力，形成主动性、研究性学习的意识和习惯，具备独立生活、工作的能力，较高的发展潜力，竞争能力和社会适应能力。

三、大学生创业教育的内容

高校创业教育的内容包括创业思想教育和创业技能教育两个方面，主要是以培养大学生的创业基本素质为目标，培养受教育者的全面能力，尤其是创造能力，建立培养大学生从事创业实践活动所必须具备的意识、心理品质、能力和社会知识结构等的教育体系。它是进行创业教育的依据，是实现高校创业教育目标的一个重要保证。

（一）树立自主创业意识

创业意识是指在创业实践活动中对人起动力作用的个性心理倾向，包括创业需要、创业动机、创业兴趣、创业信仰和创业世界观等心理因素。创业意识集中表现了创业素质中的社会性质，它支配着创业者的创业态度和行为，规定其态度和行为的方向和力度，是创业素质的重要组成部分。创业教育的首要任务就是培养大学生积极探索、开拓创新的改革意识，锐意进取、敢为天下先的竞争意识和励精图治、自强不息的奋斗精神，使大学生树立独立自主、艰苦奋斗、勇于竞争的自主创业意识，这是高等院校创业教育最重要的内容。培养自主创业意识的实质就是让受教育者"愿创"，即通过创业思想教育，端正创业思想，使大学生树立自主创业意识，使他们愿意创业，乐于创业。弱者等待机遇，强者把握机遇，智者创造机遇，从"工作找我"到"我找工作"，再到"我创造工作"，这不只是就业方式的转变，更是深层次的观念转变。当代大学生应该树立这样的意识：创业不是个人行为，而是合作与表率；创业不是攫取私利，而是奉献与无私；创业也是就业，是更高层次的就业；创业者是坚定的爱国者，富有激情的实践者，艰苦创业的实干家。

（二）培育创业心理品质

创业心理品质是指对创业者在创业实践过程中的心理和行为起调节作用的个性心理特征，它与人固有的气质、性格有密切的关系，主要体现在人的独立性、敢为性、坚忍性、克制性、合作性等方面，它反映了创业者的意志和情感。良好的创业心理品质是创业成功的前提和条件，是支撑艰辛创业道路的精神支柱。而一个人的心理品质又是可以在后天的训练中得以培养和提高的。针对我国大学生的特点和弱点，为适应未来经济、社会发展的需要，要特别重视独立性、敢为性、适应性、合作性等心理品质的塑造。由于意志和情感过程是上述心理品质的核心，因此要将培养学生对事业追求的决心和信心，敢于冒险不怕失败的勇气，坚忍不拔、持之以恒的品性和热爱生活、热爱工作的情感，帮助学生学会理性分析问题，善于适应不同的环境和善于交往、合作的心理品质作为重点。

（三）提高自主创业能力

创业能力是一种以智力为核心的具有创造特性和较高综合性的、能顺利实现创业目标的特殊能力。创业能力是一种核心能力，是创业成功的充分条件，它既是创业教育的核心内容，同时又是培育创业意识的重要途径。创业能力包括：学习能力，即获取知识的能力，包括对知识的接受、转化与应用；创新能力，即把创新思想转化为现实的科研、管理和实践动手能力，化解外界风险，取得竞争优势，它包括技术创新、决策创新、管理创新；经营管理能力，是一种人、财、物、时间、空间的合理组合，科学运筹和优化配置的心理能量的显示，是对拟选择的创业领域的体悟、把握、创意和运作水平的总和，包括经营决策能力、分析判断能力、社会沟通能力、指挥协调能力、抵御和化解风险的能力和信息处理能力，它在较高的层次上决定着社会实践活动的效率和成败，因此是一种较高层次的创业能力。

（四）形成创业知识结构

创业是一项系统工程。创业教育在培养大学生的创业意识、创业心理品质和创业能力的同时，还要使大学生具备一定的社会创业知识。首先，应具备扎实的专业知识和丰富的非专业知识。只有这两方面知识相结合，大学生才能正确分析形势和事物的发展趋势，把握事物发展的全局，产生精辟独到的见解和谋略，从而树立并实现自己的创业目标。其次，应具备相应的商业知识，如商品交换、商品需求、商品流通等知识。再次，应具备一定的管理知识，如人事管理、资金财务管理、物流管理、生产管理和市场营销管理等知识。最后，应具备相关的法律知识，如工商注册登记知识、经济合同知识、税务知识、知识产权保护等法律知识。对此，原国家教委副主任柳斌对此做了科学的概括，"在人的全面素质中，不仅包括了思想素质、基础文化素质、技术和职业素质，还包含了创业素质。大学生不仅应做到德智体全面发展，而且应成为社会主义现代化建设的开拓者、创业者。而所谓创业者不仅要能创个人、家庭之小业，而且要能为壮大集体经济、促进社会经济发展，为祖国繁荣富强大业创造或提供新的工作岗位，这就需要我们的新一代具有层次更高、综合性更强的创业素质"。

四、大学生创业教育的基本特征

（一）创业教育是一种主体性的教育

创业教育就是要把学生培养成社会实践活动的主体，强调受教育者社会行动能力的培养，强调受教育者在实践中学会生存，学会处事，从而更好地适应和融入社会。加强社会实践活动是创业教育的一个重要环节，在此环节中强调学生"自学""自悟""自为"，要求大学生不仅成为认识主体，更要成为实践主体和创造主体。因此，创业教育充分尊重学生的人格和学习的主体地位，最大限度地激发学生的积极性、主动性、能动性和创造性，发挥学生学习知识的主体作用，培养学生对知识、问题主动思考的质疑态度和批判精神，并应用所学的知识解决实际问题，使学生了解和掌握创业规律和特点以及创业主体所应具备的基本素质。

（二）创业教育是一种高层次的素质教育

当今时代是一个开放的时代、竞争的时代、变革和创新的时代，新的时代呼唤新型的、具有开创性的教育理念和教育模式。现阶段，要想有效改变高校素质教育与应试教育貌合神离的"两张皮"现象，只有大力加强大学生创业教育。创业教育特别强调人的"学习能力"与"做事能力"的统一，强调知识、技能与情感的结合。通过创业教育，发展学生的创造思维能力、专业能力、实践能力，培养学生独立学习的品质、创新开拓的意识等，这是促使应试教育向素质教育转轨的重要举措。因此，创业教育是高层次、高质量的素质教育，是素质教育的最高体现。创业教育的高层次还体现在创业教育的目标是素质教育真正的落脚点。一方面，创业教育所要培养的创业型人才的素质全面涵盖了素质教育提出的培养目标，是素质教育的高级阶段；另一方面，社会实践活动贯穿创业教育的始终，可以随时为素质教育的成果提供评价。

（三）创业教育是一种健全人格的教育

创业教育强调以人为本，充分尊重学生身心发展的客观规律和特点，注重发展学生健康、健全、完整统一的人格。创业教育以培养学生的创业意识和创业能力为重点，以形成创业基本素养为目标，注重开创性个性发展，强调培养学生良好的创业心理素质。通过创业教育，可以培养大学生的自立自强、勤劳勇敢、诚实守信、积极向上、善于合作、敢为人先、开拓创新等良好品质。任何人的创业成功都离不开环境和机遇，但最根本的因素还在于创业者自身素质的高低，在于其是否具有非凡的人格魅力。创业教育把对学生的知识传授、能力培养和人格塑造有机融为一体，因此，创业教育归根结底是一种健全人格的教育。

五、大学生创业教育的作用和价值

（一）促进社会进步发展与和谐

创业教育作为一种教育活动，对社会的发展起着重要作用。在我国高等教育初步实现大众化新的发展阶段，开展大学生创业教育，培养具有开拓性、创新精神和国际竞争力的高素质人才，不仅可以有效解决大学生就业难题，避免人力资源的浪费，增进社会和谐稳定，而且可以促进高校办学与社会的衔接，有利于深入推进产学研一体化，为社会经济快速发展做出更大的贡献，更好地体现以人为本的和谐社会要求。高校开展创业教育既是主动适应社会和经济结构调整时期人才需求变化的需要，更是积极应对知识经济时代对创新创业人才培养要求的需要。

大学创业教育要运用现代自然科学和社会科学发展的最新成果，针对学生成长与发展中出现的新问题，通过专业课程教学中创业教育的实施和第二课堂创业实践活动的广泛开展，培养具有开拓创新精神、创业意识、创业知识、创业能力与创业心理品质的创业型人才，使大学生不仅成为知识的拥有者、社会财富的创造者，而且成为具有开创性的社会发展的推动者。

（二）促进高等教育改革与发展

十九大报告中指出，要坚持就业优先战略和积极就业政策，实现更高质量和更充分就业。高校必要坚持以国家战略需求为牵引，大力推进毕业生就业引导工程建设，实现学校毕业生高质量就业，为创新型国家建设输送优质人才资源。大学教育如何走出传统教育理念的局限性，培养出具有开拓性、创新精神和国际竞争力的创业型人才，当务之急是创新教育模式。创业教育就是要改变以往就业教育思维模式，克服长期计划经济形成的就业依附性，使高校学生不仅成为求职者，而且逐渐成为岗位的创造者。这样既可以解决自身就业问题，还可以为更多的人创造就业机会，在一定程度上缓解大学生的就业压力，改善大学生的择业质量，形成良好的社会舆论，成为发展经济、推动社会进步、保持社会稳定的积极力量。

大学创业教育要树立科学发展观，通过确立与创业教育相适应的人才培养模式，通过改革现有的专业教育和课程体系，通过教学内容、教学方法与评价方式的创新，通过教学管理体制的探索，适应市场经济对人才培养规格的要求，适应知识经济对知识型、科教型创业人才的需要，适应世界高等教育改革与发展的新趋势，不断实现高等教育新的跨越式发展。在大学生中实施创业教育，既是适应知识经济发展、拓宽学生就业门路和构建国家创新体系的长远大计，也是高等教育功能的扩展。

（三）促进人的自由而全面的发展

创业教育既是一种生存教育，更是一种人生成功发展的教育，强调培养学生的首创、冒险精神、创业能力、独立工作能力以及技术、社交和管理技能，对人的全面发展起着重要作用。促进人的自由而全面的发展，是建设中国特色社会主义的本质要求。针对"使大学生不再仅仅是求职者，而首先将成为工作岗位的创造者"，大学生创业教育坚持以人为本，高扬人的主体性和自由个性，注重开发潜能，培养学生具有创新性的思维方式和良好的个性，提高其创造力、学习力、适应力、竞争力与成功效率，在实践中获得新的知识、能力和健康的身心，使大学生具备生存能力、竞争能力，真正成为充满活力的社会个体和群体，走向社会担负起创业的重任，进而实现自我价值。综上所述，学生在创业教育和创业实践环境中，既能培养健全人格，又能发展知识和能力，从而有益于人的全面发展，成为推动经济、社会进步的源泉。

第二节 大学生创业教育的发展概述

一、大学生创业教育发展的实际状况

在我国，创业教育起步较晚。国内高校对大学生进行的创业教育系统性还远远不够，可以说只是起步阶段，无论是师资队伍、理论研究、课程设置、教材建设，还是实践基地等都不健全，还没有形成系统完善的创业教育理论与培训体系。虽然在这一领域进行探索的院校与专家不在少数，但没有形成一套适合中国国情与教育发展现状的行之有效的方案。到现在为止，创业教育在中国的发展可以大致分为两个阶段。此内容在第二章有所论述，故在此不赘述。从总体来说，创业教育在中国还只是处于起步探索阶段，鉴于高校之间的实际情况不同，加之创业活动本身的复杂性和多样性，各高校创业教育应该是立足自

身实际、走特色化的创业教育之路。

二、大学生创业教育中存在的主要问题

一是重能力培养、轻意识引导，创业教育观念有待改变。从目前来看，我国高校创业教育的重点基本上都放在了学生的创业技能上的培养，着重动手能力的培养，而忽视对学生创业意识的培养和引导。实际上，创业意识是创业情感、创业精神的综合体现，是学生对自己未来发展的一种主动的憧憬和希望，是发自内心的期盼，是人生理想和个人价值寻找实现的途径。1999年6月，中共中央、国务院《关于深化教育改革全面推进素质教育的决定》中强调了创业教育思想，"高等教育要重视培养大学生的创新能力、实践能力和创业精神，普遍提高大学生的人文素养和科学素养"。从教育本质上讲，教育从重知识到重能力，再到重素质、重意识是教育接近其本质的观念性改变。

二是大学生创业教育的理论体系不健全。首先，由于高校创业教育的理论研究不够，系统理论论述薄弱，加上对创业教育实践经验总结不够，导致理论研究不能够充分发挥对实践的指导作用。其次，大学生创业教育与学科专业教育分离。我国高校目前的创业教育，由于没有融合于高等学校整体育人的体系之中，与学科专业教育的开展并未形成有机联系，是在"正规教育"之外，利用课外时间进行的"业余教育"，这一舍本逐末、注重形式的做法使创业教育失去了学科专业这一最有力的依靠，致使创业学子们激情有余而内功不足。再次，就是我国尚未在高校中开设创业教育系列课程，仅有部分高校进行了试点，试点也主要停留在就业指导层面上，并没有开设系统的创业教育课程，很难全面地提高学生的创业素质，无法在校园内形成创新、创业的浓郁氛围。

三是创业教育动机误差。高校开展创业教育的动机不应该只停留在缓解大学生就业压力这个层面上，而应该着手于教育本身，通过创业教育来帮助学生树立远大的职业理想和目标，树立人生基本信念，培养学生正确的职业理想和人生价值观才是创业教育的题中之意。创业教育实施的是"以学生为本"的现代教育，它以促进学生综合素质的提高为目的，把培养人的全面发展作为具体目标，以教育学生做人为核心，使受教育者具备合理的知识结构、开阔的文化视野、创新的思维品质和健全的人格等。

四是大学生创业教育的师资建设不完善。一方面，大学生创业教育缺乏具

有创新、创业意识的师资队伍，老师普遍缺乏创业的意识、创业精神、创业知识和创业能力；另一方面，在高校中从事创业教育的教师大多缺乏实践经验，没有自身创业经历，还停留在纸上谈兵的阶段。从国外的情况看，例如，在英国的所有创业教育教师中，有21%是兼职教师，98%的教师曾经有过实业管理经验，高达70%的教师曾经创办过自己的企业。因此，国内高校如果要改变创业教育师资现状，就必须从目前的"知识型""传授型"向"智能型""创新型""全面型"的人才转化。高校应采取有力措施解决创业教育中专业化师资匮乏的问题，这是影响创业教育成败的又一个重要因素。

五是创业教育的开展范围不广泛，仅局限于少数学生。我国高校的创业教育开始于创业大赛，自开始就刻有极强的精英化痕迹。创业教育关注的是少部分人的骄人业绩。各个高等学校设立的学生创业机构，无论是大大小小的"创新实验室""学生创业俱乐部""科创中心"，还是"21世纪人才高等学校"，都是精英化的机构，大部分高校关注的仍然是少数人的"创业个案"，而不是多数人的"创业实践"，大部分同学因各方面条件的限制而只能成为袖手旁观的"看客"。

六是大学生创业教育的工作机制不健全。目前我国多数高校内部的培养目标、工作制度、激励导向、评价体系、文化氛围都未能向创业素质培养倾斜。在高等学校里，大家无法感受到一种积极向上、不畏困难、勇于探索的创新创业气氛，有的只是一种归于平庸、虚度年华的窘态或一种一心只读圣贤书的书呆子形象。大学生本应是具有朝气、富有激情的创业中坚，如果置身于这样一种封闭的、静态的、循规蹈矩式的"弱势文化"氛围中，必将掩埋掉大学生的创业激情和斗志。

七是高校在创业教育的专业实践教学中还存在不少问题。首先，高等学校的教学设置缺乏灵活性与互动性。由于很多高等学校还是沿用以前的教学模式、课程设置和教学内容，又在此之上生硬地添加了创业教育，没有根据学生专业化、差异化及社会化的需求对创业教育的内容进行更为详细的分类和归纳，这就导致了创业教育和学生的专业结合不紧密，没有针对性，而且由于学生在传统教育模式下的低动手实践能力和低创造性，从而造成了创业教育取得的成效并不理想，因此使创业教育和学生专业学习相结合、相呼应变得十分重要。其次，高等学校缺少专业实践基地。大学生的创业教育应当与专业联系起来，多参加专业实践活动，而目前我国高校的实习基地较少，尤其是贵州地区，由于经济落后，高等学校资金紧缺等问题，不能具体地安排学生参加专业实践活动。因此迫切地需要国家对高校专业实践基地的建设重视起来，加大经济的支持力度，使创业教育中的专业实践教学能够得到更好的实施。再次，各高校师生对专业实践教学重视不足。现在高校的教学采用的主要还是传统的教学方式，以在课堂上向学生传授理论知识为主，没有真正地把专业实践教学当成一项十分重要的教学方法来看待。在这种观念下，造成了专业实践教学成了一个空洞的口号，只属于少数人的实验型教学模式并没有被广大的高校所接受和应用，大部分高等学校只是把专业实践教学作为辅助教学的一种方式，并没有成为学生学习过程中的一个重要组成部分。

三、大学生创业教育中存在问题的原因分析

大学生创业教育中存在问题的原因是多方面的，概括起来有以下几个方面：

（一）高等教育体系弊端的影响

我国现行的教育体系存在脱离社会、脱离实际的状况，如部分高校有些专业设置滞后，培养出来的学生不适应社会发展对人才的需求，并且存在着专业设置过窄、人文教育薄弱（尤其是理工科院校）、教学内容陈旧、教学方法手段落后、教学模式单一等弊端。这样的教育体系对人的发展表现了极大的约束性及对文化多元发展的窒息性，培养出来的学生素质普遍不高，对国家和社会的依赖性有余，开拓性和主动性不足；传承能力有余，创新精神不足，容易趋于保守，缺乏自主能力和创新能力，难以适应复杂多变的社会生活和难以预测的外部环境。大学生创业教育正是克服上述弊端的有效探索，然而在现实中，高校把创业教育仍然置于高等教育体系之外，没能把创业教育纳入人才培养方案中，没有建立起真正的创业教育机制，为学生提供较好的创业教育条件和环境。

（二）高等学校传统教育模式的影响

1. 考核制度不利于创业教育。我国高校的考核制度实质上还是应试教育体制下的知识本位的考核制度。考核制度对于学生而言，是主要的指挥棒，高等学校考什么，学生学什么，高等学校如何考，学生如何学，在"片面追求升学率"

的应试教育制度下，学生的创新能力存在着严重的"先天不足"。在知识经济和经济全球化的背景下，我们不再以培养博学之士为目标，而是以培养具有合理的知识结构、良好的能力结构和健康的心理结构的全面发展的能解决问题的人才作为我们的培养目标。而现行的大多数考核方式方法、评价体系，把学生根据知识水平分为三六九等，不利于学生创业素质的培养，如英语教育的考核以笔试过级为主，使学生沉迷于背单词、做试题，虽然过了四六级，但仍是哑巴英语，不会在实际学习、生活、工作中运用。因此，在这样的情况下，高等学校不重视甚至意识不到创业教育，更不用说加强创业教育的理论研究、人才培养、课程体系建设了。

2. 教育方式依旧封闭落后。在高等教育教学中，学生一般处于被动接受的地位，在课堂上主要以教师讲授为主。在这种教育方式下，学生的积极性被严重忽视，直接导致了其学习主动性的逐渐丧失，学生的思想和行为受到很大的束缚。在缺乏积极的启发与讨论情况下，学生的独立思考能力和创新能力得不到提高。教学中单一的教学形式逐渐使学生丧失了学习的积极性和主动性，使学生学习越来越没有活力。这就造成很多学生虽然经过高等教育，但由于对所学的知识不能进行有机的联系，知识吸收僵化，不能在实践中加以运用，这也使学生很快遗忘所学过的知识。

3. 素质教育依旧匮乏。高等学校实施素质教育旨在全面提高全体学生的基本素质，开发人的潜能，使学生得到全面的、和谐的、充分的发展，而创新教育则是素质教育的核心。因为创造力是人的一种最宝贵的高品位素质，每一个正常人身上都具有创造的潜力，人的整体素质的提高，其核心就是创造潜力的开发。

我们培养的人才只有具有创新和开拓的应变能力，才能适应未来社会的各种挑战和竞争。而创业教育又是在素质教育和创新教育的基础之上建立起来的教育模式，是素质教育、创新教育的具体化和再深入。然而反观现实的素质教育，在实施的过程中呈现反复的现象，距离理想和目标当中的素质教育还有很大的差距。

4. 高校对大学生创业教育的重视程度不够。当前许多高校对开展创业教育停留在口头层面，还只是一种口号，对创业教育的重视程度严重不足，由此导致在实施过程中出现应付、变调等问题。对创业教育重视程度不足，直接反映在：没有理解创业教育的真正内涵和重要意义；没有形成完备的创业教育课程体系；创业教育仍处在"竞赛"的初级阶段；创业教育还停留于毕业生就业指导层面；图书馆关于创业教育方面的书籍和资料少之甚少等。所有这些问题直接导致创业教育形式单一，缺乏多样性、系统性与层次性，无法得到真正有效的落实，影响创业教育的实际效果。教育部原部长周济院士指出高等学校的声誉归根结底要靠毕业生就业创业的实力及就业创业后做出的成绩。然而，大多数高等学校从高等学校管理者到教师都没有从高等教育大众化、大学生未来就业及世界高等教育发展的趋势角度，来认识创业教育对培养社会经济文化发展所需要人才所具有的重要意义，普遍缺少对高等学校实施创业教育的价值认识，没有认识到"以创业促就业"对提高就业率的积极作用，忽视创业教育的根本作用。

总之，面对经济社会发展的新形势、新要求，创业教育作为一种新的教育理念和模式，不但体现了素质教育的内涵，而且突出了教育创新和对学生实际能力的培养，它必将引导和推动高等学校办学指导思想的根本性转变。高等学校要全面推进创业教育，必须突破传统教育模式，建立以大众教育为背景，以素质教育为基础，以通才教育为依托，以开放教育为手段，以能力培养为核心的新型教育模式。

第三节 实施大学生创业教育的体系构建

一、创业教育理念的把握与确立

创业教育理念是大学生创业教育体系的灵魂，从根本上来说，它应该包含以下几个方面：以人为本的教育理念，以大学生为主体的教学理念，促进大学生全面发展的质量理念，培养创造型人才的教育价值理念，坚持终身学习的学习理念。要使创业教育的理念成为高等教育改革与发展的全新理念，首先要转变教育观念，明确创业教育目标，树立创业教育的教育价值观。观念制约行动，目标指明方向，理论指导实践。创业教育的顺利实施，最主要的是创业教育的思想必须在高等学校的管理者、教师和学生中形成共识。

我国大学生创业教育是要培养大学生创业意识、创业知识及相关的能力与品质。创业教育可以弥补创业经验的不足，可以系统地发展创业技能，最终目的就是要使学生毕业以后能够大胆地走向社会，面对市场，自主择业、自我创业。高校应树立知识与精神、能力整体和谐发展的教育观，彻底改变高校人才培养中重智育轻德育、重理论轻实践、重知识轻能力、重共性轻个性、重理工轻人文、重专业轻基础、重功利轻素质等现象，在传承文化的基础上进一步研究和创新文化，在发展智力的基础上进一步培养能力，在专业教育的基础上逐渐拓宽知识领域，在灌输教育的基础上逐步实现自我教育，充分重视学生个性、主体意识和创造能力的培养，把培养学生的创新精神与能力置于中心地位。同时，大学生创业教育应面向全体学生，关注个体差异和专业差异，顺应知识经济时代特点，全过程实施、全方位实施、全面实施。

高等学校管理者应当学习了解《世界高等教育会议宣言》的主要精神，把握世界高等教育发展的总趋势，转变旧的、僵化的教育观念，树立现代教育思想，变应试教育为素质教育、创新教育，改革人才培养模式，清醒认识"高等教育在培养民族创新精神和培养创造性人才方面肩负着特殊的使命"的重要意义，尤其是"要帮助受教育者培养创业意识和创业能力"，通过努力，"培养出越来越多的不同行业的创业者"；并要按照这一要求，在高等学校的各项工作中全面贯彻创业教育思想，从提高学生的基本素质、创新能力入手，在教学内容、方法、课程设置及考试制度等方面进行改革，将创业教育纳入人才培养计划中，加强学生创业能力的培养，为学生提供创业环境和机会，帮助学生做好自己的职业规划。

教师是实施创业教育的主要力量，教师持有何种教育观念决定着实际培养出来的是就业型人才还是创业型人才。在国家大力提倡创业教育的今天，通过宣传教育和教育思想大讨论的方式，通过政策的宏观调控，转变教师传统的教育就业观，树立以创业为核心的、面向未来的新观念，引导教师主动参与到创业教育的改革实践中去。

大学生要正确认识当前的就业形势，突破传统意义上"就业"的思维定式，使"创业"成为生存、发展和价值实现的首选项；要转变"等、靠、要"的思想观念，树立自主创业意识，把创业作为一种人生追求，一种挑战自我的方式，一种自我发展、自我完善的完美形式；要认识到培养创业精神、提高创业能力、树立创业人格的重要性和紧迫性，了解创业素质的必备条件以及如何具备这些条件。在此基础上，大学生要综合分析，对未来职业生涯进行合理的规划，主动自觉地配合高校教育，确立创业理想，明确创业方向。

二、加大高校教育教学改革力度

（一）构建科学的学科课程体系和教学模式

要构建科学的学科课程体系和教学模式，要形成新的促进培养学生创新能力的教育氛围，改革目前的课程体系、教育模式、教学方法及教育评价机制是关键。

1. 构建科学的课程体系。学科课程体系的建设、教材及内容的选择必须以市场的需求为导向，以发挥学生的主观能动性和创造性为核心，逐步实现课程弹性化、国际化、实践化、特色化、个性化，从而促进课程的综合化。教学内容的选择不能固定不变，要有开放性和灵活性，让师生共同参与探索知识的过程。高等学校可以根据不同类型学生的需要，选择不同深度和广度的课程。各高校在设置创业课程时还应结合高等学校的特点和学科优势，不同高等学校争取形成各具特色和优势的创业课程。

2. 转变教育模式。由精英教育向大众教育转变，由传统灌输式教学向创造性教学转变，由培养专才向培养通才转变，由"知识加智力"向"智能加创新"转变，由封闭式教育向开放式教育转变，由应试教育向素质教育转变。以大学生全面素质的培养和提升为基础，在基础知识教育和专业教育中有机融入创业精神、创业意识、创业素质和创业技能的培养教育。

3. 丰富教学方式方法。结合创业教育特别注重实践和实务的特点，采取活动开展、系列讲座、案例教学、实验实习、混合讨论、模拟创业等多种形式，给学生传授创业经验和技能。在教学过程中逐渐培养学生的灵活性、敏锐性和独创性，弥补学生社会经验的不足和高等学校创业课堂的局限。一般来说，大学生的创业教育宜采用贯穿式与项目式相结合的方式进行，对于创业知识的获取和创业意识的培养应采用全程贯穿式教学，根据大学生不同年级特点开设不同的创业知识课程和进行不同方式的创业思想与创业品格教育。对于大学生创业技能的培养，应采用项目式教学，让学生通过项目的展开逐步获得创业的基本技能。

4. 完善创业教育评价体系。大学生创业教育目标的实现需要通过完整的评价体系加以检查，我们应主要从评价方式的选择、评价标准的制订、评价操作系统的设计等几个方面来构建大学生创业教育的评价评估体系。特别是教学效果的评估要以运用知识解决实际问题的能力、获取信息和处理信息的能力、运用知识和信息进行创新的能力、合作竞争的能力以及专业技能与创业的结合能力为重要指标，同时将创业教育纳入考试改革的范畴并建立相应的考核体系和机制。只有这样，才能保证创业教育落到实处，抓出成效。

（二）深化教学管理和学生管理制度的革新

高校在加强创业教育的时候，应该深化教学管理制度和学生管理制度的改革和创新。在教学管理方面，要大力改革和完善学分制，实施弹性学习制度，营造一个开放宽松、有利于学生个性充分发展的育人环境和创业环境，让学生充分发挥自己的兴趣与专长，使学生拥有广博的学科知识，具备创业的基本素质。学生在校期间，可以根据自身实际情况申请创业、就业，实行工学交替，分阶段地完成学业。学生管理方面，在规范的基础上，要更多地使用激励机制，激励学生进行创业训练，培养创业意识和能力，从而进一步激发大学生的创业热情。

（三）建立具有创新能力的专业化师资队伍

1.高校创业教育师资应采取选拔聘用制，向全社会敞开大门，充分挖掘和利用社会资源和校友网络，从校外各领域聘请一批具有实践经验又有一定管理理论修养的企业经营管理人才、成功企业家、孵化器的管理专家、风险投资家、咨询师、技术专家，以及其他理论知识与实践经验、操作技能均十分优秀的人才担任兼职讲师或作为"创业导师"，让他们走上创业教育讲坛，向学生开设讲座和进行咨询辅导，让学生体味直接来自实践的真知灼见。

2.高校应大力组织培养优秀的创业教育师资。首先，高校要遵循教学规律和人才成长的规律，采用民主推荐、个人自荐、竞争选拔、课题带动等方法，把有专业特长和发展潜力的学科带头人选拔出来，承担创业教育和科学技术研究的重任。其次，高校要通过培训、校企合作、国际合作、挂职锻炼等形式提高创业教育师资的理论水平并创造条件适当鼓励教师参与企业咨询，创办经营企业以及各种研究活动，增加其管理实践经验，提高其创业意识和创业实践感知。再次，转变教师的教学方式，通过互动式、案例式、讨论式、实践式的教学，既教给学生创业必备的知识，又能从思想上深入激发学生创新创业的欲望，从而调动他们的潜能，去从事创新创业活动。

总之，高校必须采取一切可行的办法来切实提高教师的创业素质，造就一支具有崇高的职业理想、积极的探索精神、开阔的人生视野、扎实的创业能力的专业化教师队伍。

三、加强大学生创业教育的组织和领导

（一）建立高等学校创业教育领导小组

高等学校成立由学校党政领导、督学、有关职能部门及各教学单位负责人组成的全校创业教育领导小组，负责领导、协调全校创业教育工作，对推进创业教育中牵涉全局的规划、政策、表彰等重大事宜有决策权力，负责对全校创业教育工作和下级创业教育组织或团体进行宏观管理和监控，形成一个党委统一领导、行政具体负责、主要领导挂帅、部门分工合作、学生工作部门为主、党政工团齐抓共管的高校创业教育与推广工作格局。

高等学校领导是创业教育的领导者和决策者，负责创业教育理念、目标的确定和相关政策的制订；教务处是创业教育的主要管理部门，负责制订符合创业教育要求的专业培养方案和学业评价标准并监督创业教育的质量；学工部是创业教育的重要管理部门，负责制订学生课外、校外创业教育活动要求和管理办法以及组织、指导学生的创业教育活动；校团委、学生会是创业教育的重要执行机构，负责按照创业型人才培养要求和教务处、学工部制订的要求，组织学生积极开展各项创业教育活动；宣传部是创业教育的主要宣传机构，负责宣传高等学校有关创业教育的理念、政策、制度和动态；人事部门要制订创业教育师资的规划、培训、选拔聘用、职称评定和福利的相关政策和制度；科研部门要制定创业教育科研的扶持与奖励的相应制度；创业教育研究指导中心要加强对创业教育的研究与指导并与人事、教务部门共同负责对创业教师的培养；各教学单位是创业教育的实际执行者，负责培养方案的落实、教学计划的执行、各项创业教育活动的具体实施以及本单位创业教育的研究与探索；教辅单位和后勤部门为创业教育提供服务与保障。

（二）成立创业与创业教育研究中心

高等学校创业与创业教育研究中心是进行创业与创业教育学术研究的机构，负责组织人员进行创业与创业教育的理论研究及课程开发；组织申报各类创业与创业教育研究课题；定期组织召开创业与创业教育学术研究会议并积极组织创业与创业教育论坛；建立广泛的外部联系网络；为创业和创业教育的理

论研究和交流提供园地。

（三）建立大学生创业指导中心

高校大学生创业指导中心是高等学校促进校企文化结合、扶持大学生创业的机构，负责宣传大学生创业政策和信息，普及创业教育；校内各教育机构的协调组织与管理；校内创业文化氛围的营造；学生创业项目的审查和辅导；开展创业指导和专题讲座，推广成功创业者的经验；创业社团的管理，风险投资的争取与管理工作。

总之，高校的各个部门和各级领导要把大学生创业教育作为高等教育改革、提升办学质量的重要载体来抓，纳入年度和中长期的发展规划中去，进一步明确大学生创业教育的使命和地位。高校要进一步统一思想，在高校形成人人重视创业教育，人人贯彻执行创业教育理念的良好氛围，凝聚起高校推广创业教育的合力。

参考文献

[1] 里尔登，等．职业生涯发展与规划 [M]．侯志谨，译．北京：中国人民大学出版社，2010．

[2] 屈善孝．大学生职业生涯规划与创新高校思想政治教育 [J]．思想政治工作研究，2010(6)：40-42．

[3] 崔世莹．大学生职业生涯规划教育中思想政治教育元素的研究 [J]．高等教育，2011(4)：32-33．

[4] 袁焕伟，张元．帕森斯职业指导思想对我国的借鉴 [J]．职业技术，2010(2)：4-5．

[5] 张音．以职业生涯规划教育为视角分析大学生择业观 [J]．思想政治教育研究，2011，27(3)：131-133．

[6] 杨怀祥．美国大学生就业服务体系研究及对我国就业指导工作的启示 [J]．学校党建与思想教育，2010(1)：85．

[7] 郭剑．当前大学生职业生涯规划的现状及对策 [J]．中国大学生就业，2010(20)：39．

[8] 尹娟．导师制在大学生职业生涯规划实践教学中的应用 [J]．江苏高教，2011(1)：120．

[9] 丁翠玲．大学生职业生涯规划教育研究 [J]．教育与职业，2009(32)：81-83．

[10] 崔智涛．从美国生涯咨询的发展看我国大学生就业指导的问题与出路 [J]．全球教育展望，2009(5)：80-83．

[11] 于东江．高校开展大学生职业生涯规划教育的必要性和措施 [J]．教育与职业，2010(2)：72-74．

[12] 缪子梅．切实加强高校校内创业教育师资队伍建设 [J]．中国高等教育，2013(23)：32-34．

[13] 张红梅. 基于创新创业应用型人才培养的教师队伍建设 [J]. 继续教育研究，2016（4）：21-23.

[14] 高国平，钱俊. 高校创新创业教育与专业教育互动融合中的师资队伍建设思考 [J]. 科技创业月刊，2016（23）：51-52.

[15] 刘彦军. 高等教育综合改革背景下的创新创业教育模式探索 [J]. 中国高校科技，2015（9）：82-85.

[16] 张兄武，徐银香. 探索分层递进式创业教育体系 [J]. 中国高等教育，2016（19）：54-57.

[17] 黄兆信. 推动我国高校创新创业教育转型发展 [J]. 中国高等教育，2017（7）：45-47.

[18] 李亚奇，王涛，李辉. 加强专业教师创新创业教育教学能力建设探析 [J]. 创新与创业教育，2017（5）：122-125.

[19] 鄢显俊. 课堂教学能力是高校教师的首要职业能力 [J]. 中国大学教学，2016（3）：71-75.

[20] 姜衍，孙潇宇，殷丹丹. 浅谈高校创业双导师队伍的建设 [J]. 创新与创业教育，2017（5）：133-136.

[21] 朱飞. 协同学视阈下的高校多元协同创业教育研究 [J]. 高等工程教育研究，2016（5）：39-43.